SHUZI JINGJI YINLING DE
NONGYE NONGCUN FAZHAN YANJIU

数字经济引领的
农业农村发展研究

吕延丰 ◎ 著

中国财经出版传媒集团
经济科学出版社
Economic Science Press
·北京·

图书在版编目（CIP）数据

数字经济引领的农业农村发展研究／吕延丰著．
北京：经济科学出版社，2025.1. -- ISBN 978 - 7 - 5218 -
6613 - 1

Ⅰ．F32 - 39

中国国家版本馆 CIP 数据核字第 20254TP711 号

责任编辑：刘　莎
责任校对：郑淑艳
责任印制：邱　天

数字经济引领的农业农村发展研究

SHUZI JINGJI YINLING DE NONGYE NONGCUN FAZHAN YANJIU

吕延丰　著

经济科学出版社出版、发行　新华书店经销
社址：北京市海淀区阜成路甲 28 号　邮编：100142
总编部电话：010 - 88191217　发行部电话：010 - 88191522
网址：www. esp. com. cn
电子邮箱：esp@ esp. com. cn
天猫网店：经济科学出版社旗舰店
网址：http://jjkxcbs. tmall. com
固安华明印业有限公司印装
710 × 1000　16 开　18 印张　260000 字
2025 年 1 月第 1 版　2025 年 1 月第 1 次印刷
ISBN 978 - 7 - 5218 - 6613 - 1　定价：89.00 元
（图书出现印装问题，本社负责调换。电话：010 - 88191545）
（版权所有　侵权必究　打击盗版　举报热线：010 - 88191661
QQ：2242791300　营销中心电话：010 - 88191537
电子邮箱：dbts@ esp. com. cn）

前言
Preface

当前，大数据、云计算、人工智能、物联网等信息技术的不断发展，与经济社会各个方面的深度融合，正成为引领经济增长的重要引擎。近年来，中国数字经济快速发展，数字技术与传统经济持续融合，各项指标位居世界前列，中国已成为名副其实的数字经济大国。

农业发展经历了原始农业、传统农业、现代农业三种发展业态。数字化农业作为现代农业的高级形态，以供求理论、搜寻理论、大数据理论、社会网络结构理论和平台战略理论等为基本的理论基础，包括农村社会经济数字化、农村环境资源社会化、生产方式数字化等方面的内容。中国数字化农业开展得如火如荼，在实践中呈现出操作实施的科学性、资源利用的高效性和信息处理的精准性等特点。数字化农业利用现代数字技术带动农业的市场化，从而推进农业的产业化，最终在更高的维度上建设中国的农业现代化。数字化农业作为现代化农业必备的基础条件之一，对数字化农业的研究及其发展趋势的预测有助于发挥其基础性作用。

本书对于数字化农业的研究致力于将现代数字技术引入农业生产领域，推动农业快速发展。该成果将有助于实现传统农业向现代农业的根本性转变，从而获得农业产业结构的全面升级和农业竞争力的飞速提高。

本书从梳理分析信息技术与乡村振兴战略的关系入手，阐述信息技术推动乡村振兴的机理，结合具体的案例，从农村电商、乡村治理数字化、数字农业、智慧绿色乡村、乡村公共服务数字化、网络扶贫等方面，阐述在各个领域如何建设数字乡村。同时介绍了部分国家数字乡村发展的经验，总结了不同的发展模式及其与农业农村现状的对应关系。之后，分析当前中国数字乡村建设中的主要问题，并提出有针对性的相关建议。

本书适合负责乡村振兴的相关政府部门负责人学习阅读，也希望参与数字乡村建设的企事业单位管理者及对信息化促进乡村振兴战略感兴趣的高校学生和科研院所研究人员能够参考阅读。

目 录

Contents

第一章

数字化农业

第一节 农业信息化与农业数字化的差异和联系

一、数字化和信息化

数字化是指充分利用计算机信息处理技术把光、磁、声和电等信号向数字信号进行转换，或把图像、文字和语音等信息进一步转变为数字编码，将数字信号或数字编码进行传输和处理的过程。相对于非数字信号而言，数字信号具有容量大、传输速度快、抗干扰能力强、在放大的时候不失真、保密性较好、便于计算机操作和处理等优点。也可以说，从计算机诞生的那天起，人类就已经进入数字化时代。在军事上，"数字化建设"的出现要早于"信息化建设"。实际上，这是同一事物不同发展阶段的两个不同称谓。"数字化"是建立"信息化"的基础，"信息化"是"数字化"发展的必然结果。

"信息化"是随着"信息科学与技术"和"信息"的发展而出现的。信息化是指社会经济结构的重心从物质与能量向信息与知识转变的一个长期的发展过程，在这一转变过程中，要充分利用现代信息技术，不断提高社会劳动生产力。信息化的概念是 20 世纪 60 年代由一位日本学者提出，后被翻译成英文传播到西方的，70 年代后期西方社会才普遍使用"信息化"和"信息社会"的概念。1963 年 1 月，日本社会学家梅棹忠夫在日本发表了《信息产业论》一文，文中首次提出信息化的思想，他认为信息化是工业社会朝着信息社会不断演进的过程，并且信息社会是在信息产业高度发达的前提下才能实现的。一般而言，信息化是指培养和发展新生产力，并使之造福于社会的过程，这里的新生产力是指与以计算机为主的智能化工具相适应的生产力，也被称为信息化生产力。自 90 年代以来，随着网络技术和信息技术的飞速发展，信息化逐渐成为世界各国关注的焦点。信息时代使信息成为人类活动的基本资源，同样，在农业发展中，信息技术也得到了广泛应用。

二、数字农业

数字农业的概念有两个来源：一个是美国国家研究委员会专门进行立项研究，并于 1997 年公布了一份研究报告，报告中提到了"精准农业"对农业发展的作用。次年，美国副总统阿尔·戈尔根据"精准农业"将"数字农业"定义为：智能农机技术和数字地球相结合所产生的农业方面的生产和管理技术。"数字农业"的另一个来源是由"数字中国"引出的。1999 年 11 月在北京召开的"数字地球"国际会议上，"数字农业"作为"数字地球"的重要应用领域，成为大会讨论的主要内容之一。可见，"数字农业"与"数字中国"和"数字地球"的大背景密不可分。

数字农业就是运用数字化技术，在现代管理方法、现代农业理论（农业经济与农业管理理论、农业工程技术理论、农业与农业生态理论）的支持下，对农业所涉及的对象按人类需要的目标进行数字化表达、控制、设计、管理，其本质是将计算机辅助设计和工业可控生产的思想引入农业，把信息技术应用于提升农业生产力上，通过空间信息技术、计算机技术、电子工程技术、网络通信技术与农业机械的融合，对农业服务、生产管理、流通、经营和农业资源环境等领域在数字水平上进行设计、智能化控制和可视化表达，使农业按照人类的需求目标方向发展。

三、农业信息化与数字农业的关系

农业信息化和数字农业既有区别，又相互联系。农业信息化是农业与现代信息技术的融合，是信息技术在农业领域广泛应用和全面渗透的过程。农业信息化包括农产品流通信息化、农业产业经营管理信息化、农业科学技术信息化、农业生产管理信息化。农业信息化的主要特征有以下几个方面。

（一）内容复杂性

中国地大物博，地理环境多种多样，各地农业生产在农产品种类、生产规模等方面存在较大差异，农产品生长规律不同，地方地形、气候等资源因素和自然因素多种多样，并且农产品的加工、制造、销售和消费等经济活动因农产品的不同而不同。另外，中国农村农业管理部门多，涉及面比较广。目前涉农信息资源主要分布在各类农业院校、农业科学研究机构及民政、农林渔牧、商务、环境保护、气象、劳动与社会保障等政府部门中，如何整合这些资源，在技术和机制上毫无疑问都是一项复杂的工程。同时，也缺少一个运行机制和组织系统对分散在广大农村中的信息资源进行整合，这些因素都导致了农业信息资源内容多、数据量大和复杂性强的特点。

（二）发展长期性

当前，农村农业信息化是农业现代化和社会主义新农村建设的重要内容，而这是一项长期的历史任务。从另一个角度来讲，即使基本实现

3

了现代化，从信息化自身看，它也是一个需要充分利用信息资源不断实现信息技术创新，促进经济发展方式转变，实现信息有效共享和交流，推动工业农业社会向信息社会转变的长远历史进程。另外，基层农业服务人员和农民是农业信息化的主要服务者和应用者，这是一个数量大、文化水平较低、对新鲜事物接受速度较慢的群体，这使得农业信息化在推进的过程中，必然经受很大阻力，需要长期地适应发展。

（三）社会公益性

中国农村人口众多，组织结构较松散，区域分布不集中。因此，农村农业信息化的成本相对于其他社会发展信息化的成本要高得多。虽然改革开放以来，我国农业和农村有了较快发展，但是农业弱质产业的特性和城乡二元结构的存在导致了农村经济落后、农民收入偏低和农业增效困难的情况。农民既没有技术能力，也没有足够的经济实力推进农村农业信息化建设。中国"三农"发展的特殊性和重要性，农民支付能力的欠缺和农村农业信息化建设成本高，在一定程度上决定了农村农业信息化建设只能由政府采取公共投入，即作为公益性事业，向农村社会成员以公共产品的形式免费或半免费提供，只有这样，才能够推进农村农业信息化建设。

（四）动态性

与其他事物一样，农村农业信息化建设是不断发展的，是一个动态发展的过程。现代信息技术的发展日新月异，农村农业信息化建设在新技术的推动下不断向前发展，从电话、广播、电视到有线和无线网络，从互联网技术到物联网、云计算等，中国农村农业信息化建设在探索中不断前进。正是由于信息化建设具有动态性，因此我们必须坚持动态发展的观念，明确每一阶段的特点和任务及其要解决的主要问题，对症下药，采取不同的方法，实现在动态中不断调整，继而实现农村农业信息化建设的不断发展。

（五）高效性

在农业产业化中，市场风险和自然风险并存，因此信息对农业生产经营就显得格外重要。农业信息化的主要目的之一就是将农业信息进行收集、加工并向下传递，引导农民认识信息资源重要性，树立信息观念，及时了解农业信息，以便尽可能按照完备、准确的信息对生产经营活动进行相应安排。农业信息化，不仅有利于将最新科技成果及时准确合理地运用于现代农业生产，使土地的生产力大幅提高，还有利于进一步加快农业产业结构优化升级，加快传统农业与信息技术相结合，有利于降低成本，提高综合效益。另外，农业信息化可以在农业产前、产中和产后的全过程中为农民及时提供便捷的信息咨询和技术指导，通过合理节约用水、无害化处理、健康饲养、科学用药、配方施肥等，引导农业生产由粗放型向精细型、集约型转变。农业信息化还可以对农村环境进行实时监测，有利于农村环境保护。

（六）差异性

中国作为农业大国，农业信息化毋庸置疑将对我国农业经济乃至国民经济的发展产生巨大的作用。但当前我国实际情况与农业信息化建设的需求存在一定差距。首先是农村人才流失，导致农业信息化人才严重短缺。大量的农村劳动力随着我国新农村建设向城镇转移，并且由于多数农村基础设施建设不到位，很难吸引优秀专业技术人才到农村工作，这都导致农村的农业信息化人才急剧缺乏。其次是各地区之间的发展差距较为明显，东部沿海地区经济发展水平较高，农业生产经营者信息需求强烈，信息化意识高，对农业信息的投入越来越多；而中西部地区与东部地区相比，经济发展相对滞后，农业生产经营者对农业信息的需求不够强烈，信息化意识水平较低。最后是农业信息传递要求高与农业基础设施落后之间的矛盾突出。现代化的农业信息传播需要快捷方便的现代化通信设备，而现在大部分农村地区的基础设施落后，与发展农业信息化的现实要求差距较大。

数字农业将计算机辅助设计和工业可控生产的思想引入农业，把信息技术渗透到农业各个环节中并使其成为农业发展不可缺少的重要组成部分。依据实现功能、操作对象的尺度大小的不同，数字农业表现出一定的层次性，主要内容包括对农业不同行业（种植业、水产业、畜牧业、林业等）、不同要素（技术要素、生物要素、环境要素、社会经济要素等）、不同部门（服务、生产、教育、科研、流通、行政等）、不同水平（分子、细胞、器官、个体、群体、社会水平等）、不同过程（经济过程、环境过程、生物过程等）的数字化设计、表达、管理和控制。数字农业具有如下几个特点。

（1）自动化和智能化。

数字农业生产的实施主要表现为智能化、自动化的农业机械操作。通过智能化、自动化的农业机械进行农业作业，可以轻松做到空间精确、时间精确、数量精确、质量精确和预测精确。

（2）及时性。

数字农业引入计算机辅助决策技术和网络技术。通过建立关于作物产量、水分条件、地貌、地形、土壤、农业土地管理等方面的数据库，对土壤肥力因素、农作物的生长情况、土地利用现状、病虫害和灾情分布等进行实时监测、模拟分析、网络传输和动态存储，达到对农业生产过程的实时调控。进而指导农民对各种变化情况及时准确地采取相应措施，降低农业生产的风险。

（3）数据多样性。

数字农业涉及的数据信息具有多维、多源、大量和时效性强的特点。数据来源包括实地调研、管理部门、气象部门、测绘数据等。不仅数据来源不同，数据形式也多种多样，包括文本数据、图形数据、音频数据、视频数据和遥感影像等。对于这种海量、多维数据，特别是实时动态数据的组织和管理，仅仅依靠现有的数据库管理软件是很难有效实现的，因此需要研究新的时态数据库管理系统，进而形成相应的时态空间信息系统。并且要求这种时态空间信息系统不仅可以形象地显示时空和多维数据分析后的结果，还可以有效地存储空间数据。

根据上述农业信息化和数字农业的特点不难看出，两者之间既有区别又有联系。农业信息化是农业整体的发展方向，农业信息化要求在农业的各个领域（科研、管理、流通、生产、教育等）都要实现信息化；而数字农业是在农业信息化的基础上，更加强调数字化特征。数字农业是农业信息化的核心内容，也是农业信息化的必由之路。农业信息化和数字农业的共同点是以信息技术为支撑，以信息资源为基础，全面应用信息技术，促进生产力和经济快速发展。数字农业的研究对农业信息化的建设起到大力推动作用，同时农业信息化的发展也为数字农业奠定更加坚实的基础，两者密切相关，不可分割。两者的关系如图1-1所示。

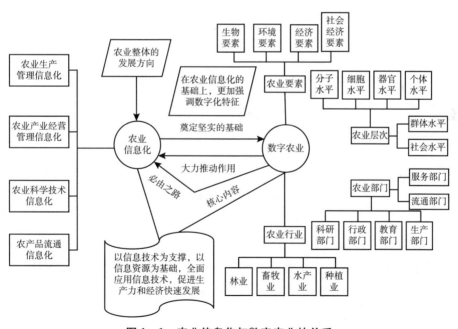

图1-1 农业信息化与数字农业的关系

第二节 数字化农业的理论基础

一、供求理论

（一）供给理论

供给量是指在某一特定的时期内，生产者在每个价格水平上能够并且愿意供应的产品数量。供给是用来描述价格与供给量之间关系的，其表达方式有供给函数、供给曲线、供给表等，供给曲线如图 1 - 2 所示。

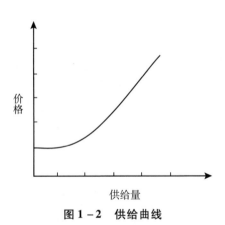

图 1 - 2 供给曲线

影响供给的因素有多个，如技术、价格、投入、预期等。由图 1 - 2 中的供给曲线可知，在其他因素不变的情况下，供给量与价格之间呈正相关关系。供给量受价格影响较大，价格越高，供给量越大；相反，价格越低，供给量越少。

（二）需求理论

需求量是指消费者在某一个时期内，在某个价格水平上，能够并且愿意购买的商品数量。这里要强调能够和愿意两个关键点，能够代表支付能力，愿意代表购买欲望，只有两者同时具备，才能构成需求量，否则不能。

影响需求量的因素包括收入、嗜好、相关物品价格等。如果在其他条件固定不变的情况下，商品的需求量随着价格变动而变化，并且两者呈负相关关系，如图1-3所示。

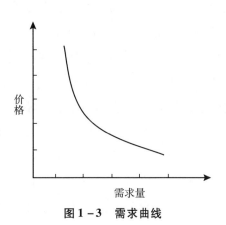

图1-3 需求曲线

由图1-3可知，商品价格越高，消费者对这一商品的需求量就会相应减少；而价格越低，则需求量增加，即两者呈现出明显的负相关关系，这一负相关关系可以用下面两个效应进行解释。

1. 替代效应

如果商品价格下降，消费者会购买更多此类商品，因为相对于其他同功能商品，此商品价格相对便宜，性价比相对提高。即使其他商品价格没有变化，但由于此商品价格降低，相当于其他商品相对提价，如果所能实现的功能相差无几，一个理性消费者很容易改变消费策略，选择物美价廉的降价商品，以取代其他同类型产品。

2. 收入效应

消费者即使实际收入没有变化，随着商品价格的下降，消费者的收入对于这件产品来说，相当于提高了，消费者有能力购买更多的这一商品。

（三）市场均衡理论

供给与需求具有着既对立又统一的辩证关系。两者彼此对立，但在一定程度上又互相联系。没有需求就不会产生供给，所以供给由需求来实现；只有需求，没有供给也不行，因此需求需要由供给来满足，供给和需求相互联系，密不可分。但是，因为供给和需求相互作用的条件不同，同时各自形成的原因也不尽相同，所以在客观上，两者总是存在着既不相适应又相适应的不同情况，两者交替出现不平衡和平衡的现象。供给和需求之间不相适应，即供给和需求的不平衡是绝对的；供给和需求之间相互适应，即供给和需求的平衡是相对的。因为各种不平衡互相对立，并且因为彼此连续不断地发生，所以这些不平衡会因为它们之间的矛盾及相互的反向对立相互制约，进而出现平衡。虽然在任何一定的条件下供给和需求是不一致的，但是供给和需求的不平衡偏离到一个方向，会引起另一个方向与之对应的相反的偏离。因此，就一个整体的时期来看，供给和需求又总是一致的。由此不难看出，供给和需求之间的对立和统一，构成了供给和需求的矛盾运动。

供给和需求不平衡产生的原因主要有两个：一是在需求量不变的情况下，供给量发生变化，供给量变大就会产生供过于求，相反供给量变小就会产生供不应求；二是在供给量不变的情况下，需求量发生变化，需求量变大就会导致供不应求，相反需求量减少就会导致供大于求。当然供给和需求不平衡还可能是由于需求量和供给量同时发生变化引起的，这种变化要么是方向相同，要么是方向相反，但变化程度的差异会使供给和需求产生新的不平衡。由于供给和需求同时发生变化改变了两者之间的比例，所以，最终要么供大于求，要么供不应求。总之，供给和需求作为两个统一体，既互相对立，又互相发生作用。

随着价格的上涨，供给量不断增加，需求量会随之减少。当供给量大大超出需求量，就会导致产能过剩，产能过剩之后，价格就会下降，供给量随之下降，需求量会有所增加，当供给量不断下降并且需求量逐渐增加到产能不足时，价格又会随之不断上涨。以此类推，又一轮循环就揭开了序幕，最终在往复中实现供需和价格的平衡，即市场均衡状态。如果用图形来表达这一状态的话，需求曲线和供给曲线会相交于一点，即供需平衡点。均衡价格和相应的商品数量取决于需求曲线和供给曲线的位置。如果想要分析某一事件对市场造成怎样的影响，就要分析这一事件是怎样影响商品需求和供给的，经过变动之后的需求曲线与供给曲线的新交点就是市场所达到的新的平衡点。

供求理论在农业现代化过程中主要表现在对各种农业信息的供需平衡上。也就是说上述供求理论中的"商品"就是"农业信息"。为了方便把分析模型与传统经济学分析相结合，在此做两个假定。第一个假定是：获取农业发展方面的相关信息是有成本的，并且获取有用的信息对于信息要求者来说是有一定收益的。第二个假定是：与农业发展有关的信息的价格是大家共同知晓的。

农业信息运作表现为农业信息的需求和供给，并且农业信息市场化或商品化的过程，实际上就是农业信息的需求与供给结合更为有效的一个过程。农业信息对于农业经济发展是非常重要的，上文已经对此观点做了相应论述，在此不再赘述。农业信息对农业发展的重要性体现在消费、生产、要素市场、产品市场等方方面面。

农产品、农产品的相关服务及农产品要素（下面统称为农产品）的需求者在购买这些农产品的时候，存在一个或简单或复杂的消费决策过程。在这个过程中，对消费者的决策造成影响的因素有很多，如需求的农产品在市场上是否存在、数量有多少、能否获得、分布如何、能满足消费者需求的程度、质量如何、获得过程成本如何、价格怎样等。这些影响消费者消费决策的因素都是农产品市场信息，可见这些信息的重要性。

不仅农产品需求者在消费过程决策中需要这么多信息，农产品的供应者在农产品供应方面，也需要做相应决策，该决策也需要相关信息，如农业生产相关方面的科学技术信息、农业生产可以投入的领域方面信息、各领域的投入对于生产者的收益信息、产前农业生产要素市场方面的信息、产中生产方面的信息、产后农产品市场方面的信息及农产品在产后的加工和贮藏方面的相关信息等。这些信息对于农产品供给方的供给决策具有非常大的影响。

由此可见，不管是消费者还是生产者，不管是在要素市场还是产品市场上，尽管需求的信息有所不同，但是供给和需求方面的原理和运作规律是如出一辙的，都表现为供给和需求按照供求规律进行运作，正是因为这些信息对农业的影响，才促使农业信息商品的形成。

1. 农业信息需求

随着社会经济的发展，农业经济的发展出现了一定的差异性，在不同时期，人们的收入呈现出差异性和层次化。这使得农业信息价格与需求量之间的关系在不同时期呈现出阶段性的变化。从长期来看，农业信息的价格与需求虽然具有明显的相关关系，但不是单一的线性关系。

由于我国不同地区的经济发展情况不同，相应地，农业经济发展存在一定的差异性，因此不可避免地存在收入的差异性。假设农业信息的需求弹性具有层次性或呈现阶段性变化。那么当需求处于某个阶段的时候，需求弹性较小，但是当农业信息需求跨越不同的阶段时，弹性就变得较大。这样的变化与农业经济发展的层次性和收入的层次性具有很大关系。

在不同的阶段上，收入这个外生变量和价格共同影响农业信息需求量，即在不同阶段上不仅价格影响农业信息的需求，收入对农业信息的影响也较大，有时还处于主要地位。在同一阶段上，价格是影响农业信息需求的主要因素，这里只考虑价格和需求量之间的关系，因此要假设在同一阶段上。

2. 农业信息供给

信息商品往往呈现出生产初始成本非常大，但是生产之后成本又非常小的特点。农业信息商品作为信息商品的一种，也具有相同的特性。这就给人一种感觉，即农业信息的供给量貌似与成本没有太大关系，与价格的关系也不大，甚至还有很多人认为农业信息价格与其生产成本存在微弱关系甚至无关，因此认为农业信息市场主要是买方市场，只要有合理的市场价格，供给量就会源源不断。但实际上，这是一种误区，通常情况下，由于农业信息商品初始的生产成本较高，所以刚进入市场时其价格也定得较高。因为，农业信息的初始生产者通常对该信息进行垄断，为了能够达到利润最大化，垄断者会通过农业信息的供应量对市场价格进行操控，不会采用价格战来获得利益。只有在这一价位下购买信息的消费市场饱和时，农业信息的生产者才会考虑分级降价。由此可见，在农业信息市场的初期，市场总是对卖方有利，也就是说初期呈现的是卖方市场的景象。

3. 农业信息需求与供给的均衡

农业信息的供给具有跳跃性，而其需求具有阶段性，那么如何在两者之间实现市场的均衡呢？农业信息供求均衡点与农业信息供给的特性相似，也具有跳跃性，当供给价格发生跳跃，并且需求阶段发生变化时，可以实现农业信息供求的市场均衡。农业信息供求均衡与其他商品的供求均衡不同，具有极不稳定的特性。

正是因为农业信息供求均衡的不稳定性及传统的农业信息供给模式导致供需结构极不平衡，而将各种农业信息进行数字化处理有利于信息供给与传播的效率，从而使农业信息市场得以稳健运行。由此，供求理论解释了农业数字化的必要性，而农业数字化的整个过程必须遵循供求理论才能顺利运行。

二、搜寻理论

（一）搜寻理论概述

对于搜寻的理解，目前主流的有以下几种观点：（1）戴蒙德认为，搜寻是一种与资源配置有关的分析过程，它通过广泛收集信息促进潜在市场交易的实现。（2）马肯南则认为，搜寻只是一个简明术语，它是用来描述所有信息收集活动的。搜寻通过发现各种可能的经济机会实现获得利益的目的。（3）与上述两种观点有所不同，施蒂格勒理解的搜寻是一种确定最终价格的经济行为，即买卖者只有与其他买卖者相互接触后，才能确定对自身最为有利的价格。在劳动者就业选择、投资与金融、商品买卖等领域，搜寻更多的是一种有利可图的活动。综合各学者和专家的理解，笔者认为，搜寻不是简单地收集市场信息，更重要的是在收集相关的市场信息之后进行经济决策的资源配置行为。

信息搜寻结果受信息搜寻的方式影响较大。信息搜寻的方式多种多样，常见的有个体通信搜寻、信息机构、直接走访、信息资源共享、广告、专业贸易商等。不同的信息搜寻方式对搜寻成本有着不同程度的影响。通信搜寻是目前比较常用的一种搜寻方式，函件求职、电话咨询等都属于通信搜寻。通过这种方式，信息需求者可以比较方便地以较低的搜寻成本获取所需的各种信息。信息机构或个体，如职业介绍所、信息公司等对信息化的推动作用有目共睹。对于一个享受悠闲生活的人来说，为了对市场进行实地调查，其搜寻活动可以选择逛商场等直接走访的方式。资源信息共享的例子很多，两个买主相互比较价格就是典型的共享各自搜寻到的信息的行为。广告是买卖者交换市场信息的典型方式，也是现在人们信息搜寻的主要方式之一。专业贸易商的出现可以使潜在的买卖者通过其集中的专业贸易活动取得所需的市场信息。另外，电子商务的发展对于信息搜寻来说是一个福音，它可以让信息搜寻者足不出户，通过互联网查询自己所需的各种信息，这不仅提高了搜寻效率，还大大降低了搜寻成本。

信息搜寻之所以具有存在的可能性和必要性，与市场价格的离散或者说市场信息分布不均匀有着密不可分的关系。价格离散是指同质商品在不同地区、不同时间，常常以不同价格进行销售，并且在不同的价格下，有人对该商品进行购买。上述不同价格的序列就是所谓的价格离散。造成价格离散的原因有很多，主要表现在以下三个方面。

1. 商品的异质性及其时空特征

在现实生活中，很多消费品都具备相同功能，但这些产品的质量却不一定相同，这种质量上的差距往往是市场价格离散的主要原因；另外，即使是质量相同、功能相同的产品，由于时间和空间的不同，在市场上的价格也不同，即价格离散。

2. 商品销售条件的差别和商品市场规模的变化

对于由非价格竞争和价格竞争所产生的相应的成本函数，不同厂商有着不同的反映，相应地，厂商对商品价格的制定策略就有所不同，这进一步导致市场价格的离散。另外，商品的市场规模，如市场交易人数和交易量的变化，同样可以使价格的离散幅度发生一定的变化。

3. 市场本身是变化和分散的

如果供给和需求条件一直不发生改变，人们会掌握准确的市场信息，并且获得的信息永远不会变得过时。如果这样的话，每一次搜寻所获得的收益都将是一劳永逸的。但事实并非如此，市场上的信息是不断发生变化的。市场信息变化的速度由买者与卖者的一致性和市场的性质决定。需求和供给的条件不稳定性越大，市场价格就越容易发生相应变化。如果单个卖者和买者频繁地出入某个确定的市场，他们所能掌握的平均信息量相对而言就会比较少，这使市场原有买卖者的市场知识过时，导致市场价格的离散。

由此可见，如果市场信息是完全对称的，购买者可以清楚地知道所需商品的地理分布和价格分布，那么商品购买者不用搜寻就可以买到最实惠的商品。如果商品市场价格保持不变或者价格是连续分布而非离散分布的，购买者可以通过现在的商品价格和价格变化规律，推算出未来的商品价格，那么购买者就不需要任何的搜寻，搜寻也就失去它应有的意义。实际上，市场价格不会一直不变，也不会呈现某一确定的变化规律，市场上的商品交易者不通过搜寻就不能一下找到或推算到性价比最高的商品。市场进入者对所在市场的各种不确定性反应和市场信息的持续离散都是构成搜寻的前提，这就是搜寻的科学基础问题。

（二）搜寻理论与数字化农业

上述搜寻理论中强调市场并不是统一、稳定的，而是分散并不断变化的。市场中商品质量的差异性和市场本身的一些因素导致市场中商品的价格呈现出离散状态。正是因为价格的离散才使搜寻变得有实际意义，由此可见，搜寻行为实际上是市场交易者的一种理性选择。

在进行信息搜寻之前，不能只考虑搜寻之后的收益，还要考虑搜寻过程本身需要的成本。信息搜寻成本包括两个组成部分：一个是搜寻过程中的交通及其他查询费用；另一个是搜寻的时间成本，即施蒂格勒所说的"鞋底"和"时间"两部分。因此，并不是所有的市场信息都需要搜寻，只有当确定搜寻的预期收益大于或等于成本时，才需要做搜寻工作。在做搜寻决定前，先考虑清楚到底值不值得展开搜寻，然后再在搜寻次数和搜寻方式上作出科学合理的决策，这样才可能使搜寻工作效益最大化。

根据上述观点，作出决定之前的信息具有不完全性，并且这样的不完全性有可能带来巨大的决策风险，因此需要信息搜寻来降低风险。因为风险意味着有可能造成损失，而信息搜寻就是为了使信息尽可能趋于完全，进而降低风险和减小损失。同时，信息搜寻是需要花费成本的，这就需要权衡是否进行搜寻，权衡搜寻的收益与搜寻成本之间的关系。如果通过搜寻信息有效避免了风险，提高的收益大于搜寻成本，那么搜寻是有效交易的，反之，搜寻是没有必要的。农、林、牧、渔等产业及相关服务业等都有相应的产品需求，并且在这些产业的发展过程中，各自的决策者都被信息的不完全性所困扰，承担着由此带来的风险。而信息搜寻可以增加信息量，有效降低这些风险，这是农业数字化形成与发展的主要动力。

农产品数字化是农业数字化的一个重要组成部分，下面通过农产品数字化讲解搜寻理论在农业数字化中的应用。农产品数字化是在信息搜寻方式持续不断改进的过程中实现的，数字化技术通常包含在搜寻的方式中，农产品数字化过程与数字化技术息息相关。农产品数字化就是通过综合运用各种搜寻方式，建立相应制度，结合各种数字化技术的科学运用以减少农产品交易中搜寻成本的过程。农业数字化与农业信息搜寻方式有着密切的关系，可以说，农业数字化的过程就是农业信息搜寻方式选择的过程。农业数字化中要进行信息搜寻方式的选择，首先必须比较分析成本效益，在比较分析成本效益中选择利润最大化的方式。也就是说，在成本相同的情况下，选择效益最大的方式；在效益相同的情况下，选择成本最小的方式。因为比较分析过程中牵扯到多种现实问题，所以比较分析成本效益需要具体问题具体分析。

在方式选择的过程中，经济和技术条件都是十分重要的限制因素。传统的信息搜寻方式和在数字化技术发展推动下形成的新的高效的信息搜寻方式对经济和技术条件的要求是不一样的，这成为信息搜寻方式选择的限制条件。人力资本平均水平和人文地理环境对信息搜寻方式的选择具有重要影响。人力资本水平和人文环境不同，人们对信息搜寻方式的接受能力不同，相应地在信息搜寻方式选择上需要采取不同的决策。实际上，因为农业区域中人力资本水平差距较大，人文地理环境参差不齐，需要根据当地不同的情况，进行信息搜寻方式的选择。例如，专业贸易商对农业数字化技术要求比较高，广告对人文环境和经济技术条件都有较高要求，直接走访对人文地理环境和人力资本有一定的要求且成本较高，通信搜索虽然相对于直接走访大大降低了成本，但是对人力资本、经济技术条件、人文环境等具有较高要求，网络技术搜索对人力资本和经济技术条件要求更高，专业信息机构受人力资本和人文地理环境影响较大。

总而言之，农业数字化形成之路就是在一定的制度环境、人文地理、社会经济条件下，通过成本效益的比较，对适宜的信息搜寻方式进行选择的过程。

三、大数据理论

（一）大数据理论概述

网络通信技术与信息技术的融合，极大地促进了一批新生事物的快速兴起，如互联网、物联网、移动互联网、云计算等。随着这些新生事物如雨后春笋般出现，以及各种移动智能终端的快速普及和广泛应用，人类社会获取信息和数据的速度达到了前所未有的大幅提升。移动互联网的发展速度可谓惊人，因其具有明显的使用和技术优势，已成为目前市场上潜力最大的应用领域之一，并且拥有庞大的用户群体，受到现代人的极大追捧。据统计，截至 2022 年 6 月，中国网民总数已达 10.51 亿人，且互联网普及率为惊人的 74.4%，其中，农村网民规模相比于 2014 年底增加了 1.1 亿人，已经达到 2.93 亿人，占比为 27.9%。加之云计算和物联网等技术的不断延伸和普及应用，会引发数据爆发式的增长。在这些技术的推动下，数据容量将不断增大、增长速度将不断加快、冗余数据将不断增多、数据结构将变得愈发复杂、应用和数据处理将更加困难。正是随着这种发展趋势，一个崭新的概念——"大数据"应运而生。

大数据是对目前网络上海量的文本、数字、图像、视频和音频等数据进行采集，然后对采集到的数据加以分析，进而进行相应的加工和利用。其目的主要在于从庞大的数据集合中对有价值的知识和数据进行挖掘，通过挖掘和分析，为各行业提供对应的有用的知识和数据。大数据集是多样化、复杂、庞大的，它由各类仪器设备、网上交易、传感器、点击流、视频、电子邮件等现在和未来可能采用的数字化信号源产生。对于大数据的特征，业界通常采用"5V + 1C"进行表示。5V 的含义为：（1）规模化（volume），数据规模从 GB 变为 TB、PB，直至到现在开始采用 EB、ZB 进行计算；（2）有价值（value），大数据中的数据量巨大，但是价值密度较低；（3）真实性（veracity），数据良莠互见，真伪杂陈；（4）高速率（velocity），数据的产生速度和处理的速度可以按秒来计算；（5）多样性（variety），数据类型多种多样，包括非结构化数据、半结构化数据及结构化数据，尤其是最近几年，随着大数据技术的发展，个性化的非结构化数据增速惊人，以几何级增长。除了上述 5V 以外，要想全面反映大数据的特征，还得用到 1C，即复杂性（complexity）。它是指大数据的数据结构复杂，要想实现实时数据处理和异构数据统一接入等功能需要采用新的技术方法。以大数据为基础，引申出来的理论就是大数据理论。大数据理论是指对所研究对象相关的数据尽可能全面地收集，然后通过相应的数据处理技术对所收集的数据进行分析，找寻研究目的与研究对象之间的相关关系，用来发现问题并解决问题的一种理论。大数据理论在人文、教育、医疗、科技、政府、经济等社会的各个领域都已取得广泛应用，并取得了理想效果。

（二）大数据理论与数字化农业

中国改革开放 40 多年以来，多次进行农业资源区划和调查，顺利完成了大量的基础性工作，并相继积累了大量的社会和农村经济、生态环境、农村能源、水资源、海岸带资源、生物资源、气候资源、土地资源等方面的数据、文字报告和图件等资料。20 世纪 80 年代，信息技术在中国迅速崛起，这使信息化手段逐渐向农业渗透，数据库、3S 技术和计算机逐渐在农业中应用。水域、土地、气象等方面的海量数据能够通过先进的信息技术手段轻松获得，并与传统测量、调查数据相结合，逐渐成为农业生产过程中应用分析数据的主要来源。农业中的数据多种多样且具有上述"5V＋1C"的特性，是大数据应用的广阔天地，也是产生大数据的无尽源泉。运用大数据的方法、技术和理念，可以有效解决农业及涉农领域各种数据的采集、计算、存储和应用等一系列问题。目前，大数据理论在我国农业中已得到广泛应用，主要集中在以下几个方面。

1. 科研活动产生的大数据

如大量的生物实验数据，包括农业基因组、大分子与药物设计、大规模测序、基因图谱和大量的遥感数据，包括地面与空间数据等。由此可见，大数据理论对我国的农业数字化进程起着不断的推进作用，并指导着我国农业经济的管理和发展，接下来需要人们认真思考的是如何才能更好、更充分地将大数据理论的强大作用发挥出来。

2. 农业设施与装备监控大数据

包括实施工况和设备的监控、服务调度、远程诊断等。关键是农业消费和市场的监测和预测、农业产品安全、农业生产过程、农业环境与资源等。

3. 农产品与食品安全管理大数据

包括产业链管理、产地环境、产前产中产后、市场流通领域、物流、供应链、溯源系统与储藏加工等。

4. 农业生态环境管理数据

包括土壤、气象、水质、大气、灾害、污染等。需要进行精准管理和相应的全面监测。

5. 农业资源管理数据

包括生产资料、农业生物资源、水资源和土地资源等。我国生物多样性和生态环境逐渐退化，农业资源越来越紧缺，迫切需要人们在充分了解我国农业资源的基础上，进一步合理开发、优化配置，实现农业节能高效、高产优质的可持续发展。

6. 生产过程管理数据

包括精准农业、设施养殖业和设施种植业等。目前我国农业数字化的紧迫任务是提高整个生产过程的智能化决策、精准化监测、科学化调控和管理。

四、社会网络结构理论

（一）社会网络结构理论概述

任何组织或个人与社会中其他组织或个人或多或少都会发生一些关系，不可能独立于社会之外。社会中的组织和个体及他们之间的各种关系共同组成了这个复杂社会网络的基本构架。以这种社会网络的特征、影响和结构等为研究对象的理论就是社会网络理论。社会网络理论将社会看作一个网络图，并提倡用这种新的网络图对社会进行认识。网络图中有多个节点，并且节点与节点之间通过线段进行连接，这些线段表示社会连带。社会中的组织或个人可以通过这个网络建立社会接触并维持某种社会认同,通过这个网络获取对自己有利的相关资源。

社会网络包含行动者和关系这两个基本要素。行动者虽然是有意识的行为主体,但其行为又始终受到社会网络的制约;关系则是在行动者之间的联系模式。社会网络分析理论中的节点关系可以用图1-4进行简单表示。

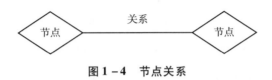

图1-4　节点关系

与社会网络结构相关的理论目前主要有三种,分别是小世界网络理论、结构洞理论和社会资本理论。

1. 小世界网络理论

20世纪60年代,著名心理学家斯坦利·米尔格兰姆(Stanley Milgram,1933)通过一系列实验,得出一个结论:世界上任意两个人之间平均通过6个熟人就可以取得联系,这就是著名的六度分离现象。其实,这种六度分离现象就是一种小世界效应,并且小世界网络理论就是基于这样的小世界效应而提出的。这样看来,尽管世界很大,但组织或个人可以通过各种先进的手段进行信息的迅速传递,这就使得大世界有了向小世界进行转化的条件。在现实的社会网络中,有些地方关系稀疏,而有一些地方关系则相对密集,也就是说关系并不是平均分布的。正是因为这种关系的不均匀分布,使得聚集现象出现,显然聚集程度高、关系密集的区域中存在的社会资本比较多,且传统的随机网络模型无法对这种具有聚集现象的现实网络进行模拟,需要找到一种新的理论模型来对其进行模拟。1998年,W-S小世界网络模型应运而生,并且小世界模型正是既具有信息聚集程度高,又具有信息传递路径短、传递速度快等特点的一类网络模型。经过大量研究发现,这种小世界特性在现实世界的网络中广泛存在，因此，在解释社会网络关系和内部结构方面，小世界网络理论具有广泛的适用性。

2. 结构洞理论

小世界网络理论侧重于对现有网络中存在的关系进行解释，而结构洞理论与小世界理论存在区别，其更偏向于解释社会网络的变化过程和结构形成。

1992 年，罗纳德·博特（Ronald Burt）提出了结构洞理论。他在描述结构洞理论时对社会资本的概念进行了借用，但实际上，马克·格兰诺维特（Mark Granovetter）所提出的联结强弱重要性假设是其主要的理论渊源。这里提到的联结（tie）是指各种社会关系，并且个人与其交往紧密的社会关系称为强联结，个人与其交往稀疏的社会关系则为弱联结。相对于强联结而言，弱联结在资源传递的过程中，更有力度且显得更为重要。这主要是因为强联结的关系过于密切，在经验、背景和知识结构等方面相似度极高，因此增加的信息和资源重复度和冗余度都较高；相比而言，弱联结关系没有那么密切，并且掌握的资源和信息不存在明显的重复和冗余，因此如果搭起"桥梁"将会传递多种多样的资源，这样更有利于增加新的价值。

博特在格兰诺维特观点的基础上进行了改进。他认为一个在网络之中给参与者带来竞争优势可能性最大的位置不是在关系稠密地带之内，而是在关系稠密地带之间，他将这种穿插于关系稠密地带之间的相对稀疏地带称为结构洞。由于结构洞的存在，整个网络的价值和参与者竞争优势将进一步得到提升。每个参与者在关系稠密的社会网络中，所得到的信息基本上是相同的，所以在同一时刻参与者所发现的机会往往相同或相近，相互之间也就无法拉开较大的差距。相反，在关系稀疏的网络中，由于一些结构洞的存在，并且结构洞地带与相邻的关系密集地带有所不同，参与者能得到的信息更加多样化，部分能力突出的参与者完全可以利用信息的差异化提升他们各自的竞争优势，进而取得先行优势甚至是主导地位。另外，由于存在结构洞，并且结构洞由弱联结进行填充。

因此在结构洞中活动的组织或个体会将两个关系密集地带紧密地联结起来，使资源通过这种新的联结相互流动，进而为这些联结起来的其他参与者带来新信息。这种填补结构洞的行为称为搭桥。同时，由搭桥所带来的新联结和新关系，意味着网络结构正在朝着更有利于资源和信息流动的方向进行相应变化，同时意味着网络中的社会资本在不断增加。

3. 社会资本理论

社会资本的概念最早由社会改革家海尼凡（L. J. Hanifan，1916）于1916 年提出，当时这一概念主要用于说明以经济和商业观点对社会结构进行观察的重要性。真正对社会资本展开深入研究是从 20 世纪 80 年代末开始的，詹姆斯·科尔曼（Jamess Coleman）从社会资本的功能角度对其进行了定义。他的观点是，作为社会结构构成要素的社会资本，使某些缺少它就无法实现的结果成为现实。1993 年，罗伯特·帕特南（Robert D. Putnan）对社会资本做了进一步定义，他认为社会资本是有助于合作和协调的社会结构。从此之后，越来越多社会资本的概念、影响因素、评价指标等方面的相关研究相继问世，并对企业的结构产生了深远影响。

目前，普遍被接受的社会资本定义为组织或个体与社会上其他组织或个体之间所形成的相对来说较为持久的联系，并且依靠这种相对持久的联系获取资源的总和，或是组织或个体能够从其拥有的关系网络中实际获取的或者可以获取的资源的总量。组织或个体想要在社会中存在并发展，必须拥有一定的资本。这种资本既可以是无形的，也可以是有形的，并且这种资本一般情况下表现为社会资本、人力资本和实体资本三种形式。人力资本与实体资本一般属于组织或个体本身，并且仅由组织或个体的特性决定。与前两者不同的是，社会资本不仅取决于组织或个体自身，与其他组织或个体相互认可的关系是其更重要的表现，同时可以反映出组织或个体从其所处社会网络中进行资源获取的能力。组织或个体与外界的联系越多，代表着其现在或未来获取资源的方式或者渠道越丰富，并且相应的社会资本就越多。

社会资本如何影响社会网络结构？

（1）社会资本是形成社会网络的基础。

社会成员中所有的组织与个体跟外界都拥有一定的社会资本，即存在一定的资源交流关系。由于社会资本的存在，不同的组织或个体之间会发生各种联系，从而形成不同维度、不同层面的复杂网络，对各种资源在整个社会范围内畅通流动起到了极大的促进作用。

（2）社会资本的数量在一定程度上对组织或个体在社会网络结构中的地位起到决定作用。

如前所述，社会网络中关系的分布具有明显的差异性，在关系稠密的网络里的组织或个体拥有较多的社会资本，相较而言，组织或个体获得成长所需的资源更加容易，所以他们竞争起来更有优势，并且他们在网络结构中的地位显得尤为重要。

（3）社会资本影响着组织或个体网络的扩展。

首先，原有的社会资本对新成员的选择标准产生一定影响，即某一社会网络成员在寻找新合作成员时会按照已有网络的规范和特征对合作者进行确定的倾向。其次，社会资源稠密的区域对社会网络结构变动的影响较大，即当组织或个体扩展社会网络时，会更多从资源稀疏地带移向资源稠密地带，即社会资源稠密的区域对组织或个体具有更大的吸引力。

（二）社会网络结构理论与数字化农业

农业部建立了国家农业门户网站，该网站将20多个专业网站联合为一体，并且以中国农业信息网为核心，创建了我国农业指挥调度的卫星通信系统。不仅如此，中国各省的农业部门都设立了信息网络和局域网，并且80%以上的县级农业部门也都相应建立了信息服务平台。在全国范围内，8 000多个信息采集点被相继建立起来，经过努力，覆盖全国的600多个农产品主产区集贸市场对应的市场信息网络和200多个农产品大中型批发市场得以初步形成。部分学者通过采用社会网络结构理论对全国范围内的多个农业信息网站进行了详细分析，分析研究发现，虽然这些农业信息网站在促进信息传播方面起到了不容忽视的作用，但当前的信息网络体系存在资源整合不足问题，导致信息资源供需失衡，信息供给不能满足用户在数量和质量上的需求。正是基于此，导致庞大的信息网络对我国农业现代化的贡献非常有限。数字化农业已经不限于在各大网站上发布农业相关信息，而更为注重网络结构的紧密性和交互性。如与单纯的民间或官方网站相比，新浪微博交流群"农业行业"这一社会网络结构在信息的交互方面存在显著优势，该群的用户包括农业权威专家、研究人员、农业从业者和爱好者，这些用户在农业技术、农产品推广、农业新闻传播、农业项目合作和知识宣传等方面展开全方位讨论。由此，"农业行业"微博交流群一定程度上实现了社会网络结构的小世界效应，信息交流渠道较为畅通且信息覆盖面广。因此，发展数字化农业必须选择并优化具有合理网络结构的农业信息发布和传播载体，在农业相关者之间形成稳定、充足的信息流。

五、平台战略理论

（一）平台战略理论概述

《中国十大成功商业模式》调查报告显示，中国位居前列的成功商业模式包括阿里巴巴、百度、腾讯、携程、苏宁、拼多多等。

这些成功的商业模式虽特点各异，但这些特点恰恰是平台战略的具体表现，即对多主体共享的商业生态系统进行构建，并且产生网络效应，以此来实现多主体的共赢。平台战略的特点包括：第一，单一的主体无法构成平台，即平台战略强调的是多主体参与；第二，平台战略强调网络效应，与互联网紧密结合；第三，平台战略不是给一个主体带来利润，而是强调多方共赢。

（二）平台战略理论与数字化农业

在目前的发展阶段，我国的数字化农业迫切需要实现数字信息的开发和共享，一个完备的信息平台是必不可少的。因为，平台战略理论和互联网密不可分，体现了现在的主流趋势，因此，平台战略理论必然能够对平台的建立健全具有一定的指导作用。

1. 平台战略对我国农业的转型升级具有重要作用

平台战略可以从根本上解决农业效益低下的顽疾。一种全新体系（需求引导生产）在平台战略的指导下建立起来，颠覆传统的农业经营体系（以产定销），这对实现农产品的优价优质起到至关重要的作用。平台战略在生产和销售领域，通过整合生产服务资源，完善产业规划，进行标准化、生态化生产，对农产品质量大幅提升起到促进的作用。另外，平台战略通过减少产业环节，对产业链条进行优化整合，有效降低了成本，并通过加强营销终端体系的建设，实现体验消费和短链营销。在消费领域，平台企业通过平台战略在保证农产品价格基本稳定和粮食安全的前提下，满足人们对优质农产品的需求，实现生产消费的有效对接，实现产品供给层次的多样性，有效解除人们对食品安全的忧虑。产业的优化整合和农产品的优质优价对产业效益的大幅提升起到重要作用，同时吸引优质资源、社会资本涌入农业，解决了农业的"失血"问题。平台战略通过"四化同步"方式可以有效解决"三农"问题。

在实现城乡一体化发展方面，我国传统做法是通过经济、政策等手段，使城市带动农村、工业反哺支持农业。这样的做法虽然对农业的发展起到一定的推动作用，但没有根本摆脱救助式的农业发展思维。平台战略强调互利共赢的商业模式，强调以经济利益推动城乡之间深度、自愿融合。在这样的指导思想下，以城带乡、以工促农、城乡统筹的发展思路在我国逐渐形成并进行了相应实践。平台战略的实施，促进了技术、资本等要素向"三农"领域不断流入，对农业现代化建设起到加速推进的作用。在这一过程中，农民转化为社区服务人员和农业产业工人，农村就地城镇化、社区化。同时，农业、农村又为城市提供了大量的优质安全农产品，使得城乡之间实现了要素和资源的双向流通，对城镇化健康推进起到了重要作用。

2. 平台战略对农业经营体系的创新具有重要作用

平台企业通过对科技、政策、农资、零售、金融、物流等在内的涉农生产服务资源进行有机整合并加以优化，形成了强大的农业产业引擎，实现了对农业产业链中全部参与主体的全面服务和整体开发，保证了农产品生产链、产品链和资金链的绿色安全，顺利实现了农产品需求消费和生产供给的畅通对接。平台战略以平台经济模式为载体，立足互联网思维，用服务业对传统农业进行重塑和提升。平台战略通过总结多种经营体系的利弊，探寻符合未来发展趋势和中国国情的集开放性、时代性、前瞻性、创新性、实用性于一体的创新型农业经营体系。这既能快速横向、纵向整合，又尊重我国现有的农业和土地政策；既能兼施政府调控与市场机制，又能兼容国际竞争优势与农业乡土特色；既能兼顾社会长远稳定和当前经济增长，又能兼顾社会公正和市场效率。

平台战略是中国农业转型升级的突破性创新模式，全产业链闭合平台战略与现有的个体农业龙头企业在微观层面上构建的全产业链不同，它是一种新型的从宏观层面进行设计的农业经营体制。其主要由农业转型升级的双引擎设计体系、闭合运行体系和平台商业模式的支撑体系三大体系构成。

这三个体系使平台战略具有了推动农业转型升级的可行性，并对推动转型升级起到了重要的保障作用。通过平台战略可以引发聚变效应，使现代农业发展模式进一步突破创新。

可见，平台战略理论在指导农业经营体系创新与战略升级过程中也在不断深化着农业信息的数字化，两者相互影响、互相依存，共同促进我国农业现代化又好又快地向前发展。

第三节　数字化农业内容

数字化农业是一个动态过程，是数字中国总体战略的重要组成部分，其涵盖范围较广，内容主要包括以下几个方面。

一、农村社会经济数字化

农业在中国具有十分重要的地位，农业的发展受到农村的经济、社会状况的影响。农村人口的变化，农村科技、教育的普及程度，农村的能源、道路、卫生情况，农民的收入水平，农村居民的房屋建筑等都是农村社会经济数字化的内容。目前，对农村社会经济情况的了解，主要依靠农业、农村工作部门和各级统计部门的调查。农村社会经济数字化就是要求各级部门统计的信息，可以通过互联网实现地区性甚至全国的互通。这样，农业科研单位和相关研究机构就可以通过互联网及时获取最新信息，从而及时准确地提出相关建议，促进农业健康持续发展。通过这样先进的信息处理和传输技术，各级领导部门能够及时准确获取农村的社会经济变化相关资料，从而制定切实有效的决策，促进农业发展。

二、农业环境资源数字化

中国幅员辽阔，地大物博，农业环境资源多种多样且具有较大差别，并且水资源、农业环境的污染情况和土地、耕地面积等具有较强的时效性，这些都需要通过农业数字化措施准确掌握。全球定位系统、地理信息系统、航测、遥感及其他监测农业资源的仪器和设施等，都是农业环境资源数字化的重要手段。这就需要建立农业环境资源数据网络，这样不仅可以有效引导企业和农民科学合理地保护环境、有效利用资源，使农民能够根据外部条件的不断变化合理安排生产活动，减少甚至有效避免不必要的损失，还可以使各级领导部门能够及时准确获取农业环境资源数据，进而制定政策和策略。

三、农民生产作业数字化

农业生产与病虫害、天气状况等有着密切的联系，而这些因素又时刻发生着变化，如果不能采取及时准确的对策，就会造成重大损失。农业生产作业，包括家禽的养殖、农作物的生产等，在先进的数字化科学技术指导下，生产效率可以大幅提高，损失将大幅减少。

四、农业科技数字化

科学技术是第一生产力。目前，国内外农业科技成果可谓硕果累累，但苦于信息闭塞，农业生产活动和科学技术研究互相割裂，无法统一。农业科技活动数字化的目的就是将农业的最新科学技术成果充分利用到农业生产领域中，通过互联网实现数据交换、信息交流，进而促进科技成果的普及和应用。因此，目前迫切需要加快农业数字化建设，通过农业科技信息网络，加强生产活动和农业科研的信息沟通，才能提高农业技术推广的效率，进而增加农业的科技含量，促进农业快速发展。

五、农业生产资料市场数字化

农业生产资料是指农用机械、农药、化肥、种子、农用薄膜等，但我国生产资料市场存在着诸如价格、品种、质量等信息不对称的问题，使得生产厂商和用户之间不能有效沟通，只有通过建立农业生产资料市场数字化，这些矛盾才有希望得到解决。农业生产资料的数字化有利于解决农业生产资料市场信息、数据不对称的问题，促进农业生产资料市场的良性发展。另外，作为农业市场中的重要商品，农产品直接关系到一个地区的经济发展，关系到农民的收入。为了促进各地农产品的销售，以互联网为基础的农产品市场数字化建设势在必行。这不仅可以提高农产品的流通速度，还可以增加农民收入。通过农业生产资料市场数字化，农民可以有针对性地根据相应数据信息进行生产经营，有利于促进农业结构的合理改善。

六、农业教育数字化

农业教育数字化可以使生活在农村的农民与农业方面的技术员通过远程多媒体、计算机等先进的数字化手段进行交流，获取专业的技术资料，增强农业知识，提升农民的文化修养和科技素质，提高农民的科学意识。这对农业数字化的建设和长期发展起到了重要的推动作用。

七、农业生产管理数字化

农业生产管理是指利用科学的方法和技术，对一系列的农业生产进行的管理活动，如病虫害防治、农作物栽培和动物饲养、农田基本建设等。农业生产管理数字化是指通过农业生产方面相关数据的收集和利用，帮助农民对生产和管理中存在的问题进行有效解决。由此可见，农业生产管理数字化可将农业多个方面（如企业、科技、生产、行政等）的管理水平提升到新的高度，有效地解决调控不及时、管理效率低等问题，使农业管理更加合理化和科学化。

八、农业政策法规数字化

相对于其他行业的知识分子群体而言，农民的文化修养和法律意识不足，并且获得政策法规消息的渠道闭塞，不利于农业的良性发展。农业政策法规数字化建设，一方面可以使广大农民及时获取农业政策法规数据信息，及时了解农业动向；另一方面，可以维护农业管理者、开发者、生产者等农业数字化主体在农业数字网络体系中平等竞争等权利。不仅如此，农业政策法规数字化建设，可以对农业领域的知识产权、商业秘密、国家机密等进行依法保护，促进农业数字化，抑制负面效应，发挥正面效应。

第二章
农业人工智能技术

第一节　人工智能及其发展

一、人工智能的定义

人工智能（artificial intelligence，AI）是计算机学科的一个分支，20世纪70年代以来被称为世界三大尖端技术之一（三大尖端技术分别是空间技术、能源技术和人工智能）。

人工智能是研究、开发用于模拟、延伸和扩展人的智能的理论、方法、技术及应用系统的一门科学。关于人工智能，至今没有统一的定义。

"人工智能"一词于1956年由麦卡锡（J. Mc Carthy）提出。1956年夏季，以麦卡锡、明斯基（M. L. Minsky）、罗切斯特（N. Lochester）和香农（Claude Elwood Shannon）等一批有远见卓识的年轻科学家相聚在一起，共同研究和探讨用机器模拟智能的一系列有关问题，并首次提出了人工智能这一术语，它标志着"人工智能"这门新兴学科的正式诞生。从那以后，研究者们发展出了众多理论和原理，人工智能的概念也随之扩展。

人工智能是研究怎样让人工系统（例如计算机等）去代替人做事，人工系统通过软硬件来完成人类的某种智能行为。人工智能期望了解智能的实质，并生产出一种新的能以人类智能相似的方式作出反应的智能机器。该领域的研究包括运算、机器人、语言识别、机器学习、图像识别、自然语言处理和专家系统等。

（一）自然智能

与人工智能相对应的是自然智能。自然智能是指人类和一些动物所具有的智力和行为能力。人类的自然智能（简称智能）是指人类在认识客观世界中，由思维过程和脑力活动所表现出来的综合能力。人类智能的特征体现在具有感知能力、记忆和思维能力、学习能力和行为能力等方面。

人类的感知能力是指通过视觉、听觉、触觉、嗅觉等感觉器官感知外部世界的能力。其中，80%以上的信息通过视觉得到，10%的信息通过听觉得到。

记忆和思维能力是指存储由感知器官感知到的外部信息及由思维所产生的知识、对记忆的信息进行处理。思维包括：（1）逻辑思维（抽象思维），依靠逻辑进行思维，思维过程是串行的，容易形式化，思维过程具有严密性、可靠性；（2）形象思维（直感思维），依据直觉思维，思维过程是并行协同式的，在信息变形或缺少的情况下仍有可能得到比较满意的结果；（3）顿悟思维（灵感思维），不定期的突发性，非线性的独创性及模糊性，穿插于形象思维与逻辑思维之中。

学习能力既可能是自觉的、有意识的，也可能是不自觉的、无意识的；既可以是有教师指导的，也可以是通过自己实践的。

行为能力（表达能力）是指人类在感知到各种信息后，进行思维作出判断，并给予相应的反应行为表达出来，将信息输出。

人工智能是对人的意识、思维等的信息过程的模拟。人工智能不是人的智能，而是那些能像人会思考，也可能超过人的智能的人工系统（机器）。

（二）人工智能具体定义

关于人工智能的定义，有以下几种。

定义 1：智能机器（intelligence machine），能够在各类环境中自主地或交互地执行各种拟人任务（anthropomorphic tasks）的机器。

定义 2：人工智能，斯坦福大学的尼尔逊（Nilsson）提出，人工智能是关于知识的科学（知识的表示、知识的获取和知识的运用）。

定义 3：人工智能（学科），是计算机科学中涉及研究、设计和应用智能机器的一个分支。它的近期主要目标在于研究用机器来模仿和执行人脑的某些智能功能，并开发相关理论和技术。

定义 4：人工智能（能力），是智能机器所执行的通常与人类智能有关的功能，如判断、推理、证明、识别、感知、理解、设计、思考、规划、学习和问题求解等思维活动（以人工智能所实现的功能来定义）。

综上所述，关于人工智能的定义是有区别的，侧重点有所不同。这些说法反映了人工智能学科的基本思想和基本内容。即人工智能通过研究人类智能活动的规律，以构造具有一定智能的人工系统（机器），模拟、延伸、扩展人类某些智能行为，去完成以往需要人的智慧能力才能胜任的工作。

由于对人工智能的研究角度不同，从不同的途径认识和模拟人类的智能行为，就产生了不同的人工智能的理论和技术，形成了不同的研究学派，如符号主义学派、连接主义学派、行为主义学派等。

传统人工智能是符号主义学派。符号主义认为人工智能起源于数理逻辑，人类认识的基本元素是符号，认知过程是符号表示的一种运算。它以艾伦·纽厄尔（Allen Newell）和赫伯特·西蒙（Herbert Alexander Simon）提出的物理符号系统假设为基础。物理符号系统是由一组符号实体组成，它们都是物理模式，可在符号结构的实体中作为组成成分出现，可通过各种操作生成其他符号结构。物理符号系统假设认为，物理符号系统是智能行为的充分和必要条件。主要工作是通用问题求解程序

（general problem solver，GPS），通过抽象将一个现实系统变成一个符号系统，基于此符号系统使用动态搜索方法求解问题。

连接主义学派。是从人的大脑神经系统结构出发，研究非程序的、适应性的、大脑风格的信息处理的本质和能力，研究大量简单的神经元的集团信息处理能力及其动态行为，也称为神经计算。研究重点侧重于模拟和实现人的认识过程中的感觉、知觉过程、形象思维、分布式记忆和自学习、自组织过程。它是基于神经网络及网络之间的联结机制和学习算法的人工智能学派。人工神经网络在图像处理、模式识别等方面得到了广泛的应用。

行为主义学派认为人类的智能是从生物的进化中得到的，从对生物演化的模拟产生了演化算法。行为主义认为人工智能起源于控制论，提出智能取决于感知和行为，取决于对外界复杂环境的适应，而不是表示和推理。注重研究人在社会中的行为，将人类模拟成由多种智能品质构成的有机整体（agent），综合考察 agent 本身及其在 agent 环境中的行为，这就是智能 agent 的理论。

二、人工智能的产生及其发展

人工智能的历史源远流长。自远古以来，人类就有用机器代替人类脑力劳动的幻想，对人工智能有持久狂热的追求，并凭借当时的认知水平和技术条件，设法用机器替代人的部分脑力劳动，用机器来延伸和扩展人类的某种智能行为。

早期人类就有制造机器人的幻想。在古代的神话传说中，技艺高超的工匠可以制作人造人，并为其赋予智能或意识。中世纪出现了使用巫术或炼金术将意识赋予无生命物质的传说。19 世纪的幻想小说中出现了人造人和会思考的机器之类题材，如玛丽·雪莱的《弗兰肯斯坦》和卡雷尔·恰佩克的《罗素姆的万能机器人》。塞缪尔·巴特勒（Samuel Butler）的《机器中的达尔文》一文探讨了机器通过自然选择进化出智能的可能性。至今人工智能仍然是科幻小说的重要元素。

中国和外国古代均有用机器替代人的记载，例如，西周时期研制出了能歌善舞的伶人；公元前2世纪，希腊人发明的自动机，它是会动和唱歌的雕像，由气压驱动；三国时期诸葛亮发明了"木牛流马"，用以运送军粮。12世纪末至13世纪初，西班牙的神学家和逻辑学家曾试图制造能解决多种问题的通用逻辑机。

从古至今，通过科学家们的不懈地努力，为今天的人工智能发展作出了贡献。

公元前384~322年的亚里士多德，是古希腊伟大的哲学家和思想家，创立了演绎法，为人工智能的研究奠定了推理分析的基础。

17世纪，法国物理学家和数学家巴斯卡（B. Pascal）制造了世界上第一台会演算的机械加法器并获得实际应用。随后，德国数学家和哲学家莱布尼茨（G. W. Leibniz）在这台加法器的基础上发展并成功制造了能进行全部四则运算的计算器，他还提出了逻辑机的设计思想，即通过形式逻辑符号化，对思维进行推理计算。这种万能符号和基于符号的推理计算的思想是智能机器的萌芽，奠定了数理逻辑的基础，因而莱布尼茨被誉为数理逻辑的奠基人。

进入20世纪后，人工智能相继取得了很多开创性的成果。1936年，年仅24岁的英国数学家图灵（A. M. Turing）发表了一篇关于理想计算机的论文，创立了自动机理论，即著名的图灵机模型，自动机理论也称图灵机，是一个理论计算机模型。在文中他对可计算性下了一个严格的数学定义，并提出著名的图灵机设想，从数理逻辑上为人工智能用上机械大脑开创了理论先河。

1940年，维纳开始考虑计算机如何能像大脑一样工作，发现了二者的相似性。维纳认为计算机是一个进行信息处理和信息转换的系统，只要这个系统能得到数据，就应该能做几乎任何事情。他从控制论出发，特别强调反馈的作用，认为所有的智能活动都是反馈机制的结果，而反馈机制是可以用机器模拟的。维纳的理论抓住了人工智能的核心——反馈，因此被视为人工智能行为主义学派的奠基人，其对人工神经网络的研究影响深远。

1946 年，在美国诞生了世界上第一台电子数字计算机 ENIAC。同时，控制论和信息论的创立、生物学家设计的脑模型等，都为人工智能学科的诞生作出了理论上和实验上的巨大贡献。

1950 年，图灵发表了一篇划时代的论文，文中预言了创造出具有真正智能的机器的可能性。由于注意到智能这一概念难以被确切定义，他提出了著名的图灵测试，即如果一台机器能够与人类展开对话（通过电传设备）而不能被辨别出其机器身份，那么称这台机器具有智能。这一简化使得图灵能够令人信服地说明思考的机器是可能的。论文中还回答了对这一假说的各种常见质疑。图灵测试是人工智能哲学领域第一个严肃的提案。

20 世纪 50 年代中期，随着数字计算机的兴起，一些科学家直觉地感到可以进行数字操作的机器也应当可以进行符号操作，而符号操作可能是人类思维的本质。这是创造智能机器的一条新路。

1955 年，纽威尔和西蒙（Newell & Simon）在肖（J. C. Shaw）的协助下开发了"逻辑理论家"（Logic Theorist）的程序。这个程序能够证明《数学原理》中前 52 个定理中的 38 个，其中某些证明比原著更加新颖和精巧。西蒙认为他们已经"解决了神秘的心/身问题，解释了物质构成的系统如何获得心灵的性质。"这一断言的哲学立场后来被约翰·塞尔（John Searle）称为"强人工智能"，即机器可以像人一样具有思想。

麦卡锡首次提出了"人工智能"这一术语。1955 年他联合信息论创立者香农、人工智能大师明斯基、IBM 计算机设计者之一罗切斯特，发起了达特茅斯项目（Dartmouth Project），1956 年该项目正式启动，洛克菲勒基金会提供了有限的资助。这个项目不但是人工智能发展史的一个重要事件，也是计算机科学的一个里程碑。1956 年，该项目举办了为期 2 个月的学术讨论会，讨论机器智能问题，被认为是人工智能学科诞生的标志。在会上经麦卡锡提议，正式使用"人工智能"这一术语，从而开创了人工智能作为一门独立学科的研究方向。

1956年，人工智能的研究取得了两项重大突破。第一项是由纽厄尔、肖和西蒙所领导的研究组创立了一个逻辑理论程序LT（The Logic Theory Machine），模拟人类用数理逻辑证明定理的思想，这是用计算机模拟人的思维活动的一个重大成果，是人工智能研究的真正开端。第二项成果是由IBM工程研究组的塞缪尔研制的西洋跳棋程序。这个程序可以像一个优秀棋手一样向前考虑几步来下棋，尤其是它具有自学习、自组织、自适应的能力，能在下棋过程中不断积累经验从而提高棋艺。

1958年，麦卡锡发明了表处理语言LISP，由于LISP语言可以方便地处理符号运算，很快成为人工智能程序设计的主要语言。在20世纪60年代中期以后，人工智能由追求通用的一般研究转入特定的具体研究，通用的解题策略同特定领域的专业知识与实际经验相结合，产生了以专家系统为代表的基于知识的各类人工智能系统，使人工智能真正地走向社会，走向实际应用研究。人工智能在经历了自然语言的机器翻译，竞争消解法和人工神经网络研究等一次次的高潮之后，由于人们忽视了现实世界的复杂性和问题的多样性，人工智能的早期研究只能停留在实验室里进行。1976年纽威尔和西蒙提出了物理符号系统假设，认为物理符号系统是表现智能行为必要和充分的条件。这样，可以把任何信息加工系统看成是一个具体的物理系统，如人的神经系统、计算机的构造系统等。

"人工智能"一词被提出以后，研究者们发展了众多理论和原理，人工智能的概念也随之扩展。人工智能致力于研究探索揭示人类智能的实质，并生产出一种能像人类一样聪明智慧地解决各种问题的智能机器。该领域的研究包括机器人、语言识别、图像识别、自然语言处理和专家系统等。人工智能的理论和技术日益成熟，应用领域也不断扩大。

20世纪60年代中期以后，人工智能由追求通用研究转入特定的具体研究，通用的解决策略与特定领域的专业知识及实际经验相结合，产生了以专家系统（expert system，ES）为代表的各种人工智能系统，使人工智能走向社会，走向实际应用研究。1965 年，斯坦福大学的年轻教授费根鲍姆（E. A. Feigenbaum）开创了基于知识的专家系统这一人工智能研究的新领域。

在费根鲍姆的主持下，第一个专家系统课题 DENDRAL 化学分子结构分析系统于 1965 年在斯坦福大学开始研究，并于 1968 年研制成功。该系统能根据质谱仪数据推断未知有机化合物的分子结构，这个系统把化学专家关于分子结构质谱测定法的知识结合到控制搜索的规则中，从而迅速消除不可能为真的分子结构，避免了搜索空间以指数级膨胀。

MAC - SYMA 系统是麻省理工学院 1968 年开始研制的大型符号数学专家系统。该系统从应用数学家获得了几百条关于一个表达式与另一等价表达式之间转换的规则，1971 年研制成功后，由于它具有很强的与应用分析相结合的符号运算能力，很多从事数学和物理学的研究人员及各类工程师争相使用 MAC - SYMA 系统，遍及美国各地的很多用户每天都通过 ARPA 网与它联机工作达数小时。

在 DENDRAL 和 MAC - SYMA 的影响下，化学、数学、医学、生物工程、地质探矿、石油勘探、气象预报、地震分析、过程控制、计算机配置、集成电路测试、电子线路分析、情报处理、法律咨询和军事决策等各领域出现了一大批专家系统。

在医疗领域，著名的 MYCIN 系统就是由斯坦福大学人工智能研究所于 1973 年开始研制的一个用于诊断和治疗细菌感染性血液病的专家咨询系统。

1976 年，斯坦福大学的杜达等（R. D. Duda et al.）开始研制地质勘探专家系统 PROSPECTOR。这一时期，与专家系统同时发展的重要领域还有计算机视觉和机器人、自然语言理解与机器翻译等。

但是，专家系统本身存在的应用领域狭窄、缺乏常识性知识、知识获取困难、推理方法单一、没有分布式功能、不能访问现存数据库等问题逐渐暴露出来。

人工智能 AI 技术发展过程中具有划时代意义的会议是 1977 年第五届国际人工智能联合大会。在那年的会议上，美国斯坦福大学费根鲍姆教授在一篇题为《人工智能的艺术：知识工程课题及实例研究》的特约文章中系统阐述了专家系统的思想并提出了"知识工程"（knowledge engineering，KE）的概念。他认为，人工智能的研究应该从获取智能的基于能力的策略转变成基于知识的系统（knowledge based system，KBS）研究，由此确定了知识在人工智能中的重要地位，开创了知识工程研究的新时期。

基于知识的系统 KBE 技术集成了面向对象编程（Object Oriented Programming，OOP）、人工智能 AI 技术和计算机辅助设计等技术，有益于客户化定制或变形设计自动求解。与传统的计算机辅助设计不同的是，KBE 技术能通过表示"设计中的为什么"、"怎样进行设计"和"设计什么"来捕捉产品设计背后的意图。各国政府在 KBE 技术的开发与应用方面给予了有力的支持，许多跨国公司和著名大学纷纷开展研究，以提高产品开发的创新能力和智能能力。具有代表性的大学研究机构，如 MIT、Carnegie – Mellon University、Berkley University、University of Washington、Sydney University 等，都积极开展相应的研究工作，并在土木工程、机械工程和电子工程等领域开发设计专家系统或建立智能支撑环境。而一些大型企业公司更是率先将这种新型设计方法学应用于实际设计过程中，例如，英国的 Lotus Engineering 开发了一系列汽车概念设计模块，集成化后形成了一个商业应用软件 I. C. E.（Integrated Car Engineer）；美国的波音公司已经将 KBE 技术广泛地应用于飞机平台开发和设计阶段，最成功的应用实例是波音 777 运输机的机身断面设计和波音 737（600/700/800）运输机的机翼结构设计；福特公司专门成立了 KBE 部门，开发了 KBE 应用软件，涵盖内容从模具设计到仪表板布置，如 AIS（AirInduction System）、HVAC（Heat Ventilation Air Conditioner）。KBE 成功应用的典范还有很多，取得了显著的成效。

中国对 KBE 技术的系统研究开始于上海交通大学的模具 CAD 国家

工程研究中心。在分析 KBE 技术发展与核心技术的基础上，该研究中心的研究人员创造性地提出了 KBE 技术的新概念、KBE 的新内涵、KBE 领域的新技术及 KBE 技术在模具设计领域的新应用。上海交通大学的模具 CAD 国家工程研究中心在对 KBE 技术进行理论研究的基础上，始终进行着对 KBE 技术实践的探索工作，并先后与瑞士 Feintool 公司、日本山中合金株式会社、青岛海尔集团等国内外知名企业分别在精密冲压、冷挤压和注塑成形等领域开展了模具 KBE 技术的合作研究，取得了很好的实际应用效果。所有这些理论研究和实用 KBE 系统的研制，为企业保存设计经验和知识找到了一条切实可行的有效途径。

中国从 1978 年开始把 "智能模拟" 作为国家科学技术发展规划的主要研究课题。1981 年成立了中国人工智能学会。国家开始设立人工智能的研究课题，主要在定理证明、汉语自然语言理解、机器人及专家系统方面，并取得一批研究成果。在我国的 "863" 高技术研究开发计划中，智能计算机系统和智能机器人被列入我国高技术的重点发展主题。自该计划实施以来，我国在人工智能与智能计算机领域已取得许多可喜成果。根据智能计算机系统的高技术研究开发计划，我国将研制可扩充大规模并行的、智能化的先进计算机系统，它们主要用于智能化的可视计算、事务处理、信息管理、信息分析和服务，具有高速的和可视化计算的能力，对大量复杂信息进行存取与分析的能力，有效灵活的推理及机器学习的能力，以语音、文字、图形、图像为界面的和谐的人机交互的能力以及方便有效的智能化的软件开发能力。

1981 年，日本宣布第五代计算机发展计划，并在 1991 年展出了研制的 PSI - 3 智能工作站和由 PSI - 3 构成的模型机系统。

长期以来，人工智能科学家的目标一直是开发在某种意义上能够思考的程序，即开发一种必须用人的智能才能求解的程序，使计算机在信息处理过程中更能够体现出智能化的特点。在经历了一段曲折的发展过程后，20 世纪 90 年代以来人工智能进入了发展的黄金时代，研究成果层出不穷，在自然语言处理、机器学习、定理证明、专家系统、模式识别和人工神经网络等众多领域取得了突破性的成果。

自 2006 年深度学习算法提出以来，语音和视觉识别的准确率得到大幅提升，人工智能发展进入了第三次高峰期。当前，在技术突破和应用需求的双重驱动下，人工智能技术已走出实验室，加速向各个产业领域渗透，产业化水平大幅提升，人工智能产业发展正处在黄金期。随着中国软件和互联网技术在各行各业的持续深入及云计算、大数据、物联网等相关产业的不断进步，人工智能产业市场规模持续扩大，预计人工智能及其相关产业发展增速将超过 40%。从细分行业看，语音服务相关技术和模型趋于成熟，围绕智能语音的行业应用不断加速，市场逐渐打开，成为人工智能产业发展的主要方向。图像处理等计算机视觉技术随着训练数据的快速累积实现大的突破，而面向各个行业领域的专业化智能服务则创造出新的市场空间，有望造就新的行业领军者。

人工智能受到的关注度持续提升，大量的社会资本和智力、数据资源的汇集驱动人工智能技术研究不断向前推进。从发展层次看，人工智能技术可分为计算智能、感知智能和认知智能。当前，计算智能和感知智能的关键技术已经取得较大突破，弱人工智能应用条件基本成熟。但认知智能的算法尚未突破，前景仍不明朗。随着智力资源的不断汇集，人工智能核心技术的研究重点可能从深度学习转为认知计算，即推动弱人工智能向强人工智能不断迈进。一方面，人工智能核心技术方面，在百度等大型科技公司和北京大学、清华大学等重点院校的共同推动下，以实现强人工智能为目标的类脑智能有望率先得到突破。另一方面，人工智能支撑技术方面，量子计算、类脑芯片等核心技术正处在从科学实验向产业化应用的转变期，以数据资源汇集为主要方向的物联网技术将更加成熟，这些技术的突破都将有力地推动人工智能核心技术的不断演进。

当前，中国人工智能产业发展的基础条件已经具备，未来十年内都将是人工智能技术加速普及的爆发期。人工智能将带动其他相关技术的持续进步，助推传统产业转型升级和战略性新兴产业整体性突破。人工智能技术有望在农业、工业、服务业等多个领域催生新的应用模式和产品。在农业领域，人工智能将为农作物的生产提供更加智能化的辅助手段，其作用将贯穿从种植、灌溉到收获的生产全流程。人工智能将有助于实现自动化、智能化的灌溉模式，提高灌溉效率，减少水资源浪费。在工业领域，人工智能可以应用到生产、制造的多个环节中，改进现有的制造控制和管理体系。全自动生产线将大幅提高产品的制造效率和质量，减少人力投入，并且易于实现个性化定制等新型制造模式。在服务业领域，人工智能技术的应用场景更加多样，涵盖教育、金融、交通、医疗、文体娱乐、公共管理等多个领域。如在医疗领域，智能临床决策支持系统将有助于提高临床诊断的准确度和效率，大幅提高医疗服务水平。

目前，中国有上百家人工智能相关企业开始渗透并构架起产业基础层、技术层、应用层，形成产业链模型，覆盖机器学习、自然语言处理、大数据处理、计算机图像识别、人工智能认知等多个细分领域。

这些互联网巨头都在把更多的人工智能技术应用到公司的产品中，并组建专门的研究机构进一步加速技术的发展。以谷歌为例，这家公司以深度学习技术为依托，涉足人机交互、自然语言理解、机器人等人工智能核心技术应用领域，全方位布局人工智能产业。技术方面，谷歌通过基于深度学习的人工智能技术，提升了谷歌传统搜索、翻译和社交业务，推动集视、听、说、感知和控制于一体的无人驾驶汽车发展，并先后开源了第二代机器学习平台 Tensor Flow 和自然语言理解软件 Syntax Net 的源代码，引领互联网巨头在人工智能领域开源的趋势。谷歌通过对 Deep Mind 等人工智能行业创业企业的并购及与强生、福特等传统产业巨头的合作，实现人工智能领域全面布局及纵深式发展团。

从 1956 年人工智能一词的出现至今已经几十年了。一个以人工智能为核心，以自然智能、人工智能、集成智能为一体的新的智能科学技术学科正在逐步兴起，并引起人们的广泛关注。人工智能已经由一个概念发展成一整套理论、方法、技术，形成一个学科，并且已经在全世界大规模的产业化。从全球范围看，人工智能领先的国家主要有美国、中国及部分发达国家。截至 2022 年 6 月，全球人工智能企业总数达到 3.6 万家，其中美国有 1.3 万家，占 33.6%；中国有 4 227 家，占 16%。其余分布在瑞典、新加坡、日本、英国、澳大利亚、以色列、印度等国家。

2017 年全球移动互联网大会（Global Mobile Internet Conference, GMIC）于 2017 年 4 月 27 日在北京开幕。此次大会的亮点之一就是破解 AI 学习路线，加速 AI 职业发展。随着互联网技术的发展和升级，智能 AI 技术越来越多地被企业所接受，到如今已经演变为一门新的技术科学。人工智能能够高度模仿人的思维方法，也可能超越人的思维，凌驾于人类的智慧之上。在未来，人工智能将彻底颠覆人们的思维模式和工作方式，在医疗、教育、工业生产等多个领域大幅提高人们的工作效率。

目前，人工智能在一些领域领先人类，如下棋、知识检索等。由于棋类具有初始条件固定、规则边界清晰的特点，人工智能凭借远超人类的计算能力大展身手。在知识检索领域，人工智能也已胜过人类。2011 年，IBM 公司的人工智能"沃森"在美国智力问答节目中战胜两位人类冠军，这说明电脑在海量数据存储和快速检索能力方面的强大。

不过人工智能并不是万能的，它在很多领域仍然表现不佳。人类习以为常的一些学习能力对人工智能来说仍难以实现，例如，人类拥有举一反三的能力，能够将解决某一问题的知识用于解决另一新问题，根据有限的经验就能学习一定技能，还有在抽象层面进行推理的能力及与他人协作的能力等。

目前，大部分人工智能系统的应用范围仍很狭窄，只能执行一对一、点对点的特定任务。

在 2017 年的全国高考中，类人答题机器人也参加了数学考试，它用时 22 分钟完成北京卷文科数学考试，在 150 分满分的情况下，它获得了 105 分。随后它又用时 10 分钟完成全国二卷数学卷，150 分满分，它得了 100 分。专家认为人工智能对于语言的理解还存在偏差。

2017 年 7 月，国务院印发《新一代人工智能发展规划》，提出了面向 2030 年我国新一代人工智能发展的指导思想、战略目标、重点任务和保障措施，部署构筑我国人工智能发展的先发优势，加快建设创新型国家和世界科技强国。

人工智能势不可挡，随着刷脸支付、无人驾驶等人工智能领域的发展，人工智能已经被看作是继蒸汽机、电力和计算机之后，人类社会的第四次革命。毫无疑问，人工智能的迅速发展将深刻改变人类社会生活、改变世界。

三、人工智能的发展前景

2017 年 6 月 7 日，由国际电信联盟举办的人工智能造福人类全球峰会在日内瓦开幕，与会者们就如何积极正面地应用人工智能、确保人工智能的安全性等议题进行广泛探讨。国际电联主办人工智能造福人类全球峰会有两个目的：一是加速人工智能的研发和应用，以应对贫困、饥饿、健康、教育和环境保护等全球性挑战；二是探讨如何确保人工智能的安全性并符合伦理规范，防止其带来意想不到的后果。此次会议吸引了来自不同领域的重量级人物，包括政府官员、联合国机构负责人、非政府组织代表，以及业界领袖和人工智能专家等。

国际电信联盟秘书长赵厚麟在开幕式上致辞时强调，要加速推进人工智能的创新发展，为人工智能发展创造良好的环境。他说："人工智能是一个新的前沿领域，这次大会也是一个新征程的开始。大会为人们提供了一个平台，以激发一些具体建议和设想，发挥人工智能的力量，应对人类面临的巨大挑战。"

在过去 20 多年中，人工智能经历了一个快速的发展过程。从超级机器人深蓝对决国际象棋世界冠军，到阿尔法围棋连战连胜，人工智能变得越来越强大。目前人工智能的研发更聚焦于深度神经网络、长期记忆、学习能力、情感情绪等领域，人工智能机器人已不再是简单地执行指令，而是开始自己做决定。显然，借助人工智能的力量应对人类面临的巨大挑战是人们对机器的美好期待。

在创新方面，深度学习带来了机器学习的新浪潮，推动"大数据 +

深度模型 + 数据发现挖掘"时代的来临。人工智能技术与互联网的融合，是两个领域发展到一定阶段后探索创新的必然结果，深度学习为拥有强大计算能力和数据资源的互联网巨头公司带来下一次全面领跑的机会。例如，谷歌、百度在硅谷的研发实验室中，对深度学习、算法升级，对机器学习模仿人脑的智能活动，让机器像人脑一样识别图像、理解自然语言，解析网络内容之间关系做深度探索。百度语音和图像等相关网络产品应用的快速崛起，正是受益于对机器学习等领域的技术突破。

在融合发展层面，人工智能技术的发展促进多种科学与网络技术的深度融合。从国际上看，人工智能技术在美国、欧洲和日本发展迅速，并且带动了多种信息科学领域的发展，信息学、控制学、仿生学、计算机学等领域的技术突破均被运用到人工智能应用中去。

从技术发展脉络发展上，人工智能很多技术一直处于创新的前沿，未来会在很大程度上影响信息产业的发展方向。人工智能发展至今涉及多个研究领域，研究方向包括符号计算、语言识别、模式识别和计算机视觉、机器翻译和机器学习、智能信息检索、问题求解和专家系统、逻辑推理和逻辑证明、自然语言处理等，逐渐成为更为广泛的智能科学学科。人工智能尚未形成统一的理论，很多研究和应用工作是结合具体领域进行的，人工智能最主要的应用领域包括专家系统、计算机视觉、智能决策支持系统、模式识别、分布式人工智能、自然语言理解、智能机器人、智能信息检索、自动程序设计、神经网络、智能控制、智能搜索技术、定理机器证明、遗传算法与进化计算、人工生命、AI 语言等。

当今人类社会正在从"互联网 +"向"人工智能 +"转型。"人工智能 +"是指让人工智能融入各个传统行业，对行业进行改造，在旧领域创造新业态。"人工智能 +"时代，以深度学习等关键技术为核心，以云计算、生物识别等数据或计算能力为基础支撑，推动人工智能在金融、医疗、自动驾驶、安防、家居和营销等领域将应用场景落地生根，创造出巨大价值。如今，互联网已经发展到了万物互联的阶段，爆发式增长的数据引发人们对信息进行有效筛选并合理分配资源的需求。在这种万物皆互联，无处不计算的时代下要进行精准生活，"人工智能＋"成为必然趋势。未来的人工智能将从专业性较强的领域逐步拓展到生活的各个领域，转变成为通用智能进而推动新一轮的产业革命。

除谷歌外，微软、Facebook、亚马逊等跨国科技企业，以及国内的IT巨头都在投入巨大研发力量，抢夺人工智能这一新的技术领地。Face-book 提出在未来 5 至 10 年，让人工智能完成某些需要"理性思维"的任务；数字人"微软小冰"通过理解对话的语境和语义，建立用于情感计算的框架方法；IBM 的认知计算平台 Watson 在智力竞赛类电视节目中击败了优秀的人类选手，并进一步应用于医疗诊断、法律助理等领域。

现在人工智能需要以滚动方式发展，既需要推进现有的基于深度学习和大数据的人工智能技术的成熟和产业化，也需要针对未来人工智能的前沿问题进行理论攻关。以认知智能为重点，借助脑认知科学研究和量子科学研究的发展，研究透明性、可解释性、通用性更强的新一代机器学习模型，研发具有迁移能力、自主学习能力和强泛化能力的人工智能技术，在新一代智能计算范式方面形成理论储备，探索新的科学发现。

四、人工智能的基本方法

（一）启发式搜索

人们解决问题的基本方法是方案—试验法，对各种可能的方案进行试验，直至找到正确的方案。搜索策略有盲目搜索、启发式搜索之分。盲目搜索是对可能方案进行顺序的试验；启发式搜索是依照经验或某种启发式信息，摒弃希望不大的搜索方向。启发式搜索大大加快了搜索过程，使得人们处理问题效率得到提高。

（二）规划

人们待解决的问题一般可以分解转化为若干小问题，对于每个小问题还可以继续进行分解。由于解决小问题的搜索难度大为减少，使得原问题的复杂度降低，问题的解决得到简化。规划要依靠启发式信息，成功与否，很大程度上取决于启发信息的可靠程度。

（三）知识的表达技术

知识在计算机内的表达方式是用计算机模拟人类智能必须解决的重要问题。问题解决的关键是如何把各类知识进行编码、存储，如何快速寻找需要的知识，如何对知识进行运算、推理，如何对知识进行更新、修改。

第二节　人工智能的研究和应用领域

智能（intlligence）即智力功能，是人类大脑所具有的感知、认识、学习、理解、分析、综合、判断、推理、创造等局部功能的总和与其有机综合的统称。因此，完善的智能中需要包含人类的情感、意识、自我、思维、意志等因素。

智能是解决感性问题的能力，需要经验的积累和归纳推理并形成新的经验，即具有自动学习、经验积累和应用知识的能力。智能可以利用一般经验或理论解决特殊问题，也可以归纳总结个别的经验使之上升到普遍的理论。

人工智能是对人的意识、思维等的信息过程的模拟。人工智能不是人的智能，是能像人那样思考分析、处理问题，是可能超过人的智能。

人类唯一了解的智能是人本身的智能。但是限于人类的认知水平，人类对自身智能的理解尚在不断探索之中，因此人工智能的研究往往涉及对人的智能本身的研究。

人工智能是研究使用人工系统（如计算机等机器设备等）来模拟人的某些思维过程和智能行为（如学习、推理、思考、规划等）的学科，主要包括计算机实现智能的原理、制造类似于人脑智能的计算机，使计算机能实现更高层次的应用。人工智能涉及计算机科学、心理学、哲学和语言学等学科，其范围已远远超出了计算机科学的范畴。人工智能与思维科学的关系是实践和理论的关系，人工智能是处于思维科学的技术应用层次，是它的一个应用分支。从思维观点看，人工智能不能仅限于逻辑思维，需要考虑形象思维、灵感思维才能促进人工智能的突破性发展。数学常被认为是多种学科的基础科学，数学也进入语言、思维领域，人工智能学科也必须借用数学工具，数学不仅在标准逻辑、模糊数学等范围发挥作用，当数学进入人工智能学科，它们将互相促进从而更快地发展。

人工智能利用设备或机器，用人工的方法对人脑的思维活动过程进行模拟。当使用人工系统的设备或机器的功能与脑功能大体等价时，这种设备或机器的功能就可以认为是具有某种程度的人工智能。人工智能应该以平均智力商为评定标准，并在与对比者（人）同等条件状况下进行全面的综合测试或进行某几种局部功能的单项测试。当测试结果不低于规定的智商数时，应当承认该设备或机器具有某种程度或某种意义的人工智能。

传统的人工智能研究思路是自上而下式的，其目标是让机器模仿人，认为人脑的思维活动可以通过一些公式和规则定义，因此，希望通过把人类的思维方式翻译成程序语言输入机器，使机器有朝一日产生像人类一样的思维能力。近年来神经生理学和脑科学的研究成果表明，人脑的感知部分，包括视觉、听觉、运动等脑皮层区不仅具有输入/输出的通道功能，而且具有直接参与思维的功能。智能不仅是运用知识，通过推理解决问题，智能也处于感知通道之中。人工智能除了涉及计算机科学以外，还涉及信息论、控制论、自动化、仿生学、生物学、心理学、数理逻辑、语言学、医学和哲学等多门学科。

近些年，人工智能的研究和应用又掀起了新高潮。一方面是因为计算机硬件性能的突破，另一方面是以云计算、大数据等为代表的计算技术快速发展，使得信息处理速度和质量大为提高，能够快速并行处理海量数据。

一、模式识别

模式识别，是研究如何使机器具有感知能力的一个研究领域，其中主要研究对视觉模式和听觉模式等的识别，通过计算机用数字技术方法研究模式的自动处理和判读。用计算机实现模式（文字、声音、人物、物体等）的自动识别，是开发智能机器的一个关键的突破口，也为人类认识自身智能提供线索。计算机识别的显著特点是速度快、准确性高和效率高。识别过程与人类的学习过程相似。

以语音识别为例，语音识别就是让计算机能听懂人说的话，如七国语言（英、日、意、韩、法、德、中）口语自动翻译系统。语音识别主要是关注自动且准确地转录人类的语音技术。该技术必须面对一些与自然语言处理类似的问题，在不同口音的处理、背景噪声、区分同音异形或异义词方面存在一些困难，同时还需要具有跟上正常语速的工作速度。语音识别系统使用一些与自然语言处理系统相同的技术，再辅以描述声音和其出现在特定序列与语言中概率的声学模型等其他技术。语音识别的主要应用包括医疗听写、语音书写、电脑系统声控、电话客服等。

二、机器学习

机器学习是机器具有智能的重要标志，同时是机器获取知识的根本途径。机器学习主要是研究如何使计算机能够模拟或实现人类的学习功能。机器学习是一个难度较大的研究领域，它与认知科学、神经心理学、逻辑学等学科都有着密切的联系，并对人工智能的其他分支，如专家系统、自然语言理解、自动推理、智能机器人、计算机视觉、计算机听觉等领域也起到重要的推动作用。

机器学习是指计算机系统无须遵照显式的程序指令，而只依靠数据来提升自身性能的能力。其核心在于，机器学习是从数据中自动发现模式，模式一旦被发现便可用于预测。例如，给予机器学习系统一个关于交易时间、商家、地点、价格及交易是否正当等信用卡交易信息的数据库，系统就会学习到可用来预测信用卡欺诈的模式。处理的交易数据越多，预测就会越准确。

机器学习的应用范围非常广泛，针对那些产生庞大数据的活动，它几乎拥有改进一切性能的潜力。除了欺诈甄别之外，这些活动还包括销售预测、库存管理、石油和天然气勘探以及公共卫生等。机器学习技术在其他的认知技术领域也扮演着重要角色，例如在计算机视觉领域，它能在海量图像中通过不断训练和改进视觉模型来提高其识别对象的能力。

三、问题求解

问题求解，是指解决管理活动中由于意外引起的非预期效应或与预期效应之间的偏差。从人工智能初期的智力难题、棋类游戏、简单数学定理证明等问题的研究中开始形成和发展起来的一个技术集合，主要包括问题表示、搜索和行动计划等内容，即为了实现给定目标而展开的动作序列的执行过程。这样，一切人工智能系统便都可归结为问题求解系统。问题求解的第一大成就是下棋程序，目前的计算机程序已能够达到下各种方盘棋和国际象棋的锦标赛水平。但是，尚未解决包括人类棋手具有的但尚不能明确表达的能力，如国际象棋大师们洞察棋局的能力。

问题求解系统一般由全局数据库、算子集和控制程序三部分组成。

（1）全局数据库，用于反映当前问题、状态及预期目标。所采用的数据结构因问题而异，可以是逻辑公式、语义网络、特性表，也可以是数组、矩阵等一切具有陈述性的断言结构。

（2）算子集，用于对数据库进行操作运算。算子集实际上就是规则集。

（3）控制程序，用于决定下一步选用什么算子并在何处应用。解题过程可以运用正向推理，即从问题的初始状态开始，运用适当的算子序列经过一系列状态变换直到问题的目标状态。这是一种自底向上的综合方法。也可以运用逆向推理，即从问题的目标出发，选用另外的算子序列将总目标转换为若干子目标，也就是将原来的问题归纳为若干较易实现的子问题，直到最终得到的子问题完全可解。这是一种自上向下的分析方法。

人工智能的许多技术和基本思想在早期的问题求解系统中便孕育形成，后来又有所发展。如现代产生式系统的体系结构大体上仍可分为三部分。只是全局数据库采用更复杂的结构（如黑板结构），用知识库取代算子集，控制功能更加完善，推理技术也有所发展。

四、逻辑推理与定理证明

逻辑推理是人工智能研究中最持久的领域之一，其中特别重要的是要找到一些方法，只把注意力集中在一个大型的数据库中的有关事实上，留意可信的证明，并在出现新信息时适时修正这些证明。医疗诊断和信息检索都可以和定理证明问题一样加以形式化。因此，在人工智能方法的研究中定理证明是一个极其重要的论题。

定理证明的研究在人工智能方法的发展中曾经产生过重要的影响。我国人工智能大师吴文俊院士提出并实现了几何定理机器证明的方法，被国际上承认为"吴氏方法"，是定理证明的又一标志性成果。

五、机器视觉

机器视觉也称为计算机视觉，是用计算机实现并模拟人类视觉功能的新兴学科。研究目标是使计算机具有通过二维图像认知三维环境信息的能力，对三维环境中的物体形状、位置、姿态、运动等几何信息的感知，对以上信息的描述、识别、存储和理解，现在已成功地应用于图像和图形识别、指纹识别、染色体识别、字符识别等领域。

机器视觉技术运用由图像处理操作及其他技术所组成的序列，将图像分析任务分解为便于管理的小块任务。例如，一些技术能够从图像中检测到物体的边缘和纹理，分类技术可被用作确定识别到的特征是否能够代表系统已知的一类物体。

机器视觉已从模式识别的一个研究领域发展为一门独立的学科。在视觉方面，已经给计算机系统装上电视输入装置以便能够"看见"周围的东西。

机器视觉的前沿研究领域包括实时并行处理、主动式定性视觉、动态和时变视觉、三维景物的建模和识别、实时图像压缩传输和复原、多光谱和彩色图像的处理与解释等。

机器视觉有着广泛的应用，在医学方面有图像的脏器重建，医疗成像分析被用来提高疾病预测、诊断和治疗；人脸识别被 Facebook 用来自动识别照片里的人物；在安防及监控领域被用来指认嫌疑人；在购物方面，消费者现在可以用智能手机拍摄下产品以获得更多购买选择；在航天与军事方面有卫星图像处理、飞行器跟踪、成像精确制导、景物识别、目标检测等；在工业方面有各种监测系统和生产过程监控系统等。

六、自然语言理解与处理

自然语言理解，是人工智能发展早期较活跃的研究领域之一，也是新一代计算机的必备特征之一。研究如何使计算机识别并理解书面语言、有声语言等，并生成自然语言。自然语言理解是一门由语言学、逻辑学、生理学、心理学、计算机科学和数学等相关学科发展为一体的交叉学科。经过多年研究发展，这一领域已获得了大量令人瞩目的成果。目前该领域的主要课题是计算机系统如何以主题和对话情境为基础，生成和理解自然语言。这是一个极其复杂的编码和解码过程。

自然语言处理是指计算机拥有的人类般的文本处理的能力。例如，从文本中提取的意义，从那些可读的、风格自然、语法正确的文本中自主解读出含义。一个自然语言处理系统并不了解人类处理文本的方式，但是它可以用非常复杂与成熟的手段巧妙处理文本。例如，自动识别一份文档中所有被提及的人与地点，识别文档的核心议题，在一堆仅人类可读的合同中将各种条款和条件提取出来并制作成表。以上这些任务通过传统的文本处理软件根本不可能完成，后者仅针对简单的文本匹配和模式就能进行操作。

自然语言处理像机器视觉技术一样，将各种有助于实现目标的多种技术进行了融合。建立语言模型预测语言表达的概率分布，例如，某一串给定字符或单词表达某一特定语义的最大可能性。选定的特征可以和文中的某些元素结合识别一段文字，通过识别这些元素可以把某类文字与其他文字区别开来，例如垃圾邮件同正常邮件。将以机器学习为驱动的分类方法作为筛选的标准，用于来决定一封邮件是否属于垃圾邮件。

七、其他领域

（一）分布式人工智能

分布式人工智能在 20 世纪 70 年代后期出现，是人工智能研究的一个重要分支，是随着计算机网络、并行计算技术而发展的一个新的人工智能研究领域。分布式人工智能系统一般由多个智能体（Agent）组成，每一个 Agent 是一个半自治系统，Agent 之间及 Agent 与环境之间进行并发活动，并通过交互完成问题求解。分布式人工智能的研究内容主要包括研究在逻辑或物理上分散的智能系统之间如何相互协调各自的智能行为，实现问题的并行求解，它为在网络环境下设计和建立大型复杂智能系统提供了一条有效途径，体现了新一代软件设计思想。其主要有两个研究方向：一是分布式问题求解，建造一个对某一问题进行共同求解的协作群体；二是多智能主体系统，建造一个多智能体之间能相互协调智能行为的、可以共同处理单个或多个目标的智能群体。

（二）计算智能

计算智能是以生物进化的观点认识和模拟智能。按照这一观点，智能是在生物的遗传、变异、生长及外部环境的自然选择中产生的。在用进废退、优胜劣汰的过程中，适应度高的（头脑）结构被保存下来，智能水平也随之提高。因此，计算智能就是基于结构演化的智能。计算智能的主要方法有人工神经网络、遗传算法、遗传程序、演化程序、局部搜索、模拟退火等。这些方法具有如下的共同要素：自适应的结构、随机产生的或指定的初始状态、适应度的评测函数、修改结构的操作、系统状态存储器、终止计算的条件、指示结果的方法、控制过程的参数。计算智能的这些方法具有自学习、自组织、自适应的特征和简单、通用、鲁棒性强、适于并行处理的优点。在并行搜索、联想记忆、模式识别、知识自动获取等方面得到了广泛的应用。

目前，计算智能算法在国内外得到广泛的关注，已经成为人工智能及计算机科学的重要研究方向。计算智能还处于不断发展和完善的过程，目前还没有牢固的数学基础，国内外众多研究者仍在不断地探索前进。计算智能技术在自身性能的提高和应用范围的拓展中被不断完善。

（三）专家系统与决策支持系统

专家系统是目前人工智能中最活跃、最有成效的一个研究领域，是一种基于知识的智能系统，能够在某特定领域内，以具有大量知识和经验的专家水平去解决该领域中复杂困难问题的计算机程序。人类专家由于具有丰富的知识，所以才能达到优异的解决问题的能力。那么计算机程序如果能体现和应用这些知识，也应该能够解决人类专家所能解决的问题，而且能够帮助人类专家发现推理过程中出现的差错，现在这一点已被证实。专家系统已广泛应用于医疗诊断、图像处理、石油化工、地质勘探、金融决策、实时监控、分子遗传工程、教学、军事等多个领域中，产生了巨大的社会效益及经济效益，同时也促进了人工智能基本理论和基本技术的研究和发展。

决策支持系统是近年来新兴的一个研究领域，将人工智能的有关技术应用于决策支持系统领域，是支持决策活动的具有智能作用的人机系统。

（四）智能机器人领域

机器人是指可模拟人类行为的机器。人工智能研究日益受到重视的另一个分支是机器人学，其中包括对操作机器人装置程序的研究。这个领域所研究的问题，从机器人手臂的最佳移动到实现机器人目标的动作序列的规划方法，无所不包。目前已经建立了一些比较复杂的机器人系统。机器人和机器人学的研究促进了人工智能思想的发展。

机器人是将机器视觉、自动规划等认知技术整合至极小却性能高的传感器、制动器及设计巧妙的硬件中，这就催生了新一代的机器人，它有能力与人类一起工作，能在各种未知环境中灵活处理不同的任务。

自 20 世纪 60 年代初以来，机器人的研究已经从低级到高级经历了三代的发展历程，即程序控制机器人、自适应机器人、智能机器人。

智能机器人的研究和应用体现出广泛的学科交叉，涉及众多的课题。智能机器人对外部环境具有一定的适应能力，根据实际的环境信息进行综合处理，并做出正确的响应。这种机器人应用于航天、军事、工业制造等领域。智能机器人的研究目前在三个方面深入：（1）依靠人工智能基于领域知识的成熟技术，发展面向专门的特种机器人；（2）在研制各种新型传感器的同时，发展基于多传感器集成的大量信息获取和实时处理技术；（3）改变排除人的参与，机器人完全自主的观念，发展人机一体化的智能系统。

（五）智能控制

人工智能的发展促进自动控制向智能控制发展。智能控制是一类无须（或需要尽可能少的）人的干预就能够独立地驱动智能机器实现其目标的自动控制。

智能控制是同时具有以知识表示的非数学广义世界模型和数学公式模型表示的混合控制过程，也往往是含有复杂性、不完全性、模糊性或不确定性及不存在已知算法的非数学过程，并以知识进行推理，以启发引导求解过程。

第三节　农业机器人技术

机器人（Robot）是一种自动控制机器，接受人类指挥，运行预先编排的程序，根据以人工智能技术制定的原则纲领行动，协助或取代人类工作。

机器人一般由执行机构、驱动装置、检测装置和控制系统和复杂机械等组成。智能型机器人是最复杂的机器人，也是人类最渴望能够早日制造出来的机器人。

一、智能机器人

智能机器人是一个在感知、思维、效应方面全面模拟人的机器系统，外形不一定像人。智能机器人有相当发达的"大脑"。在脑中起作用的是中央处理器。

智能机器人具备形形色色的内部信息传感器和外部信息传感器。

智能机器人至少要具备以下三个要素：（1）感觉要素，用来认识周围环境状态；（2）运动要素，对外界做出反应性动作；（3）思考要素，根据感觉要素所得到的信息，思考出采用什么样的动作。

智能机器人的工作过程由识别过程、智能运算过程、控制动作过程构成。识别过程，外界输入的信息向概念逻辑信息转译，将动态静态图像、声音、语音、文字、触觉、味觉等信息转化为形式化（大脑中的信息存储形式）的概念逻辑信息。智能运算过程，输入信息刺激机器人进行自我学习、信息检索、逻辑判断、决策，并产生相应反应。控制过程，将需要输出的反应转译为肢体运动和媒介信息。实用机器人在第三个方面做得比较多，而识别和智能运算则较弱，尤其是概念知识的存储形式、逻辑判断和决策这些方面鲜有成果，这正是人工智能要重点解决的问题。

随着电子技术和计算机技术的发展，智能机器人已在众多领域得到了日益广泛的应用。在农业生产中，由于易对植被造成损害、易污染环境等原因，传统的机械通常存在这样或那样的缺点。为了解决这个问题，国内外都在进行农业机器人的研究，特别是一些发达国家，农业人口较少，劳动力问题突出，对农业机器人的需求更为迫切。同时，农业机器人相对于传统农业机械能够更好地适应生物技术的新发展。就我国而言，由于机械化、自动化程度比较落后，农业机器人的问世有望改变传统的劳动方式，改善农民的生活劳动状态。因此，世界各国对农业机器人非常重视，投入了大量的资金和人力进行研究开发。

近年来，随着工业机器人的高速发展和广泛应用，在农业领域的智能机器人也得到快速发展，21世纪将是农业智能机器人的时代。

现在已开发出来的农林业机器人有耕耘机器人、施肥机器人、除草机器人、喷药机器人、蔬菜嫁接机器人、收割机器人、水果采摘机器人、林木修剪机器人、果实分拣机器人等。

二、农业智能机器人的特点

农业智能机器人是一种以农业生产为操作对象，兼有人类部分信息感知和四肢行动功能，可重复编程的柔性自动化或半自动化设备。其作业的环境和工业生产等有着许多的不同特点。

（一）作业对象的娇嫩性和复杂性

农作物具有软弱、易伤的特性，且其形状复杂，生长发育程度不一，相互差异很大。

（二）作业环境的结构性不统一

由于农作物时间和空间的变化，机器人的工作环境也是变化的、未知的。作物生长环境除受地形条件的约束外，还直接受季节、天气等自然条件的影响。这就要求农业机器人要在视觉、推理和判断等方面具有相应的智能。

（三）作业过程的复杂性

农业领域的作业行走不是从出发点到终点的直线行走，而是具有范围狭窄、距离较长和遍及整个田间表面等特点。通常是农业机器人作业和移动同时进行，而且工作时具有特定的位置和范围。

三、农业智能机器人的应用

农业智能机器人集合了先进传感技术、环境建模算法、规划导航算法、自动控制技术、柔性执行机构技术等多种机器人领域的前沿技术和关键理论，成为机器人技术发展的一大重要分支。

现在已开发出来的农业智能机器人有耕耘机器人、施肥机器人、除草机器人、喷药机器人、蔬菜嫁接机器人、收割机器人、水果采摘机器人、果实分拣机器人等。

（一）自行走耕作机器人

自行走式耕作机器人是在拖拉机的基础上加上方位传感器和嵌入式智能系统等，可在耕作场内辨别自身位置，推动执行机构动作，实现无人驾驶，配上各种农具，能进行各种田间作业，从而保证田间垄作方向正确与耕作精准。随着 GPS（全球卫星定位系统）的应用，卫星导航和精确定位行驶发展成熟，自行走式耕作机器人的技术也随之成熟，并已处于实用性阶段。

（二）施肥机器人

施肥机器人除具备在田间作业自动行驶的功能外，还会根据土壤和作物种类的不同，自动按不同比例配备营养液，计算施肥总量，降低农业成本，减少施肥过多产生的污染。

（三）除草机器人

除草机器人采用了先进的计算机图像识别系统、GPS 系统等。其特点是利用图像处理技术自动识别杂草，利用 GPS 接收器做出杂草位置的坐标定位图。机械杆式喷雾器根据杂草种类数量自动进行除草剂的选择和喷洒。如果引入田间害虫图像的数据库，还可根据害虫的种类和数量进行农药的喷洒，起到精确除害、保护益虫、防止农药过量污染环境的作用。

（四）水田管理作业机器人

水田中的作物是有规则地栽种，因此可以通过测量作物方位进行机器人式作业。水田管理作业机器人的自主行走系统采用类似猫的胡须的接触传感器，沿着列行走，到地头时自动停止，并转一个作业宽度至返回方位，再由操作者确认是否进入正确的列进行作业，为半自动作业方式。

（五）收获及管理作业机器人

收获及管理作业机器人能根据预先设置的指令，利用自动控制机构、陀螺罗盘和接触传感器进行自动田间作业。

（六）嫁接机器人

嫁接机器人是一种集机械、自动控制和园艺技术于一体的高新技术，可在短时间内把蔬菜苗茎秆直径为几毫米的砧木和芽坯嫁接为一体，大幅提高嫁接速度，同时避免切口长时间氧化与苗内液体的流失，提高嫁接成活率。中国农业大学率先在我国开展了自动化嫁接技术的研究工作，先后研制成功了自动插接法和自动旋切贴合法嫁接技术，开发出我国具有自主知识产权的嫁接机器人技术。

（七）采摘机器人（果实收获机器人）

采摘机器人采用彩色或黑白摄像机作为视觉传感器寻找和识别成熟果实，主要由机械手、终端握持器、视觉传感器和移动机构等主要部分组成。一般机械手有冗余自由度，能避开障碍物，有时终端握持器中间有压力传感器，避免压伤果实。很多国家已经广泛投入使用的有番茄采摘机器人、黄瓜采摘机器人、葡萄采摘机器人、西瓜收获机器人和柑橘采摘机器人等。

（八）育苗机器人（移植机器人）

育苗机器人主要是用于蔬菜、花卉和苗木等种苗的移栽。现在研制出来的育苗机器人有两条传送带，一条用于传送插盘，另一条用于传送盆状容器。在多种原因下，种子发芽率约有70%，而且发芽的苗也存在坏苗，所以育苗机器人引入图像识别技术用于进行判断。经过探测之后，准确判别好苗、坏苗和缺苗，指挥机械手把好苗准确移栽到预定位置上。

四、农业智能机器人的主要技术

（一）自主导航与路径规划（感知与避障技术）

农业机器人在执行任务过程中，需要感知多变环境中的行走路线、被枝叶遮挡的加工对象、运行中的动态机器人等，这是农业智能机器人准确完成群体运移、定位工作以及工作任务执行的基础。

目前农业单体机器人主要利用 GPS 粗定位，定位精度达到了厘米级，融合陀螺仪、路标检测、地图匹配、CCD 彩色摄像机识别等多种信息的检测手段，已被广泛研究应用，该检测手段促使单体机器人进行运移感知、作业环境定位等广播通信方式下的系统环境信息共享。

（二）目标探测与定位技术（机器视觉技术）

任何一种农业生产机器人的正常工作均有赖于对作业对象的正确识别和定位，但由于作业环境的复杂性，特别是光照条件的不确定性、环境的相似性、个体差异性和遮挡等问题的存在，致使对作业对象的识别与定位技术仍是有待于解决的关键技术。

目前主要采用机器视觉技术，但需要融合其他技术，并改进图像获取和图像处理算法等，以提高识别和定位的准确性与精确度。机器视觉技术利用图像传感器获取物体的图像，将图像转换成一个数据矩阵，并利用计算机来分析图像，同时完成一个与视觉有关的任务。

其基本原理是在收获机械上配备摄像系统，采集田间或果树上作业区域的图像，运用图像处理与分析的方法判别图像中是否有目标（如水果、蔬菜等），发现目标后，引导机械手完成采摘。

（三）信息融合技术

农业机器人系统的定位和导航及作业对象的识别与定位应具有更高的智能特性，因此需要融合多种传感器信息或一些经验知识，实现对环境信息的充分理解，便于机器人作出正确的决策。

信息融合能提高系统的可靠性与分辨率，增加测量空间维数，拓宽活动范围，从而提高系统在复杂条件下正常工作的适应性。

第四节　模式识别在农业中的应用

一、模式识别

按照广义的定义，模式是指一些供模仿用的、完美无缺的标本。模式识别就是识别出特定客体所模仿的标本。

识别能力是人类和其他生物的一种基本属性。模式识别是研究一种自动技术，依靠这种技术，机器将自动地（或人尽量少地干涉）将待识模式分配到各自的模式类中去。但模式识别不是简单的分类学，其目标包括对于识别对象的描述、理解和综合。

模式识别也称为模式分类，其过程实质是处理分析文字、图像等信息，并将识别对象归为预定的某一类。这些处理和分析的信息都是描述事物和现象的，且来源于对事物信息的提取。

物理识别是对接收的信息实现物理、化学和生物学的量化认识。视觉包括明暗、颜色、大小、形状、远近、运动状态等。听觉包括声音大小、频率、方位、波形等。触觉包括温度、导热率、硬度、黏度、大小、形状、受力、活动状态等。嗅觉和味觉包括物质的组成及化学成分。

现代科技与电脑相结合在物理识别范围和识别精度方面早已大大超过人自身的能力。几乎所有的科学仪器都是用于这种识别。这种识别的特点是识别内容分别独立互不相关，事件具有精确的重复性，无须经验和智能，完全可以程序化。所以它是最低层次的识别。

模糊识别是指在大量复杂的信息中识别出有用的部分，即对接收的信息与以往的记忆和经验进行关联认识，剔除无关的信息。视觉包括在复杂的背景中辨认特定的人和物或以往经历过的人和物。听觉包括在嘈杂的背景中辨别出特定的声音，特别是不同人的讲话声。模糊识别可解决有谁、有什么、是谁、是什么的问题。这种对人来说轻而易举的能力对电脑来说却很难。目前电脑可通过对照记录的方式实现单一识别能力，如指纹、图形、语音等。由于电脑不能实现关联记忆，所以它在模糊识别方面难以有突破性进展。这个层次的识别与人们常见的宠物、牲畜、鸟、昆虫的识别能力大致相当，因此它不能产生高级智能。

由于被识别的对象多半是具有不同特征的非电量，如灰度、色彩、声音、压力、温度等，所以第一步要将其转变为电信号，然后经 A/D 转换，将它们转化为能由计算机处理的数字量。

数字化后的电信号需经预处理，以滤除样品采集过程中掺入的干扰、噪声，并人为地突出有用信号，以得到良好的识别效果。

经改善后的有用信号，还要作特征抽取或基元抽取，才能对其分类。由于特征的提取与待识模式的类别密切相关，很难一次成功。需要将识别的结果再反馈至于处理或特征提取环节，进行修改与完善后再输出识别结果。

模式识别就是在前几步准备工作的基础上，把被识别对象归并分类，确认其为何种模式的过程。这是模式识别出成果的阶段，直接以其分类结果表明本次识别的结束。

二、百合花识别系统

对花卉等生物进行分类识别时，采用模式识别的方法，以花卉图像的视觉特征等信息为基础，提取并加以分析，再利用专用分类器对该图像进行判断。判断该花卉所属哪一类，这样能很好地代替传统的人工检索方法，极大程度地提高花卉分类及花卉检索效率，简化操作，减小难度，为农业、林业等科学研究提供便捷。除此之外，模式识别带来的价值不仅如此，在科普教育和观赏园艺方面也具有实用价值和利用的意义。对于图像处理方面，对图像进行图像分割，模式定义，高效率分类其设计及高准确率模式识别技术理论等，这些理论和技术在图形图像处理领域也有很高的理论价值。

模式识别流程包括很多环节，如信息采集、特征提取、数据处理、类型匹配等。另外，选择合适的模式定义，采集有代表性的样本，隶属度高的特征及高效率分类器的设计等，都是模式识别系统设计的关键环节和步骤。分类的要求不同，样本数据也不同，这些差异会导致不同性能的模糊识别系统，特别是特征定义部分，决定着模糊识别系统之间的差别程度。在设计分类器时，加入某些修正规则，对潜在的失误进行矫正和修改，或是在判断推理之前进行一些预处理操作，进而缩小需要识别样本的判别范围，这样做是为了研发出更为稳定及识别率更可靠的模式识别系统，提高识别的准确率和成功率。

（一）花卉识别分类方法

花卉识别是植物分类的一个组成部分，是其中一个分支，不论是植物科学研究还是农业林业生产经营，研究植物分类都具有重要的意义和很高的价值。植物的叶、根、茎、花、果实、枝干等的不同特征是植物分类的主要依据，植物分类中一项很重要的组成部分就是花卉识别和分类，而有效利用计算机或结合其他电子设备对花卉进行识别和分类就有更重要的意义，其实用价值会得到很大提高。对于花卉的分类，可分为两种方法。

一种识别分类方法比较传统，即用语言文字对花的特点特性进行描述，例如，颜色特点用红、黄、绿等颜色表达，环境适应性用强、弱表达等，传统方法易于操作，简单容易，描述结果直观且容易理解。另一种识别分类方法是数量法，即将花卉的特点特性用数值表示，并且将参与识别的花卉特点从多维经过处理降至一维，将样本看作是空间中的点，依据多维空间中这个点的距离进行分类，该方法以计算机等电子设备作为工具和手段，且结果精确，大大促进花卉的自动化识别和分类。但是不论是传统方法还是数量法，参与识别分类的特性都是方便直观的特点，如花色、形状、花瓣数等，由此，人们研究分类法也要从这些特点出发，对图像特征进行合理的定义，表达这些易于获取且最基本的特征特点。

在实际的科学研究和生产实践中，生物学家专门编制了生物分类检索表对生物进行区分。二歧分类检索表是目前使用最频繁最广泛的检索表，对于同一类别的生物，根据其一对或者若干对的生物相对特征，相应地分成带有级别的两个分支，直到编写出包含所有生物类别分类的检索表。根据这个生物检索表，人们只要掌握了生物特征，就可以按照检索表标明的顺序，依次确定其所属的门、纲、目、科、属、种。如果遇到一个未知的生物，利用生物检索表逐级进行核实，并且需要仔细观察其特征，需要时刻进行解剖，了解内在特征后再次根据生物检索表进行核实，直到检索表的最终层，也就是检索表的终点，这样就完成了对一个未知生物的分类识别。因为生物物种众多，生物检索表的规模非常庞大，所以生物分类的工作是一个复杂并且耗时耗力的工作。

对于花卉来说，由于某些媒体条件限制了生物分类检索表功能的发挥和使用，花卉的特点需要运用一些特殊方法描述和表达，对于花卉植物的分类，最好的依据就是花卉的结构特点及其果实的结构特点，这些特点也是目前花卉识别中应用最多的特点，通常用花公式和花图式对花进行描述和表达。花公式是指用符号将花卉的特征、特点组合成数学表达式的形式，而花图式是指将花卉用横切面的图表示其数目、排列特征的特点。但是这种方法很抽象，增加了其检索的难度和效率。

传统的检索方法基于文本检索，只适用于传统数据库，小型数据库，图像存储量小的情况，该方法才能发挥应有的作用。但随着科学进步、技术发展，越来越多的图像被存进数据库，图像访问量在不断上升，传统的数据库既不能满足日益扩展的信息数量，也不能满足需要处理的信息，所以基于文本的图像检索技术的缺点逐渐显现出来。

第一，基于文本的图像检索主要依靠人工形式对图像进行文字描述，随着时代的不断发展，人们需要的图像资源不断增加和扩展，需要处理的信息也在不断增加，这时，仅靠人工方法进行作业耗时耗力，其工作效率受到很大的影响，远远不能满足人们的需求和工作需要。第二，在以人工形式用文字对图片信息进行描述时，其主观影响阻碍了描述的准确度，即不同的人在描述相同的图像时，会随着年龄、层次、知识面等因素的不同而改变，而其所用的语言文字也有差别，即便是同一个人在不同的时刻和不同的地点对同一幅图片也会产生不同的看法。所以，以上问题导致人们在使用该技术检索图像时，出现关键词和数据库中的描述不一致影响检索结果，甚至会检索不到所需要图片的情况。第三，在对图像进行描述时，描述的图像特征仅是重要特征，而不是整幅图片的特征，随着图片信息量越来越大，这个问题也越发突出。第四，随着国际化程度的提高，人们经常需要世界各地的图像，但是传统的基于文字的检索技术并没有一套标准对其进行描述，或者说，没有通用的符号描述图像信息。

以上所述的缺点和不足，严重影响了基于文本的图像检索技术的发展，因此，一个全新的思想——基于内容图像的检索技术应运而生。这个新思想诞生于20世纪90年代初，两者的主要区别在于该技术依靠图像的理解技术，即将图片的纹理、颜色、形状等这些底层特征通过计算机等设备提取出来，以此特征作为图像检索的基础数据，有效避免和纠正了人的主观因素。其更突出的优点在于不受任何地域、国家的限制。该技术迅速被人们所关注，令很多专家学者不断深入研究，该技术已经在生物识别等领域广泛应用。各行各业也融入了该技术，以解决传统检索的缺陷，实现对海量图片的管理和处理。

底层视觉特性和高层语义特性是图像内容的两大组成部分。由于高层语义特性目前还不能被计算机技术完全驾驭，在视觉和处理技术上受到一些限制和影响，当前图像内容检索主要集中在底层特性，如颜色、纹理、形状等。

1. 基于颜色特征

在基于内容图像检索的领域里，最直白、最直观、最显而易见的就是视觉特征，用眼睛直接观察到的特征，相对于其他复杂的特征要易于判断，不用做剪裁旋转等复杂操作。对于一幅图像的颜色，当前主要处理的依据有两种：一个是全局性；另一个是空间性。全局性是从图像的整体颜色入手，目前应用最广泛的是直方图提取法，其主要手段和方法是量化颜色空间，随后分析整幅图像的颜色分布。全局性颜色提取的另一种方法是色彩信息矩阵，该方法由低阶矩阵描述图像颜色。全局性颜色顾名思义要把握整幅图像的颜色，描述整幅图像的颜色信息，这就有可能忽略图像像素之间的相对位置关系，导致图像检索产生误差。所以，一些专家学者提出考虑图像像素间空间位置的颜色提取法，以避免或缩小误差，这就是空间性颜色提取法。该方法基于全局性提出，修正了空间距离和位置被忽略的缺陷。当今图像包含的颜色信息越来越多，颜色信息量越来越大，需要处理和计算的数据也越来越多，如何应对这些问题是该方法要克服的技术问题之一。

2. 基于纹理特征

该领域另一个视觉特征就是纹理特征，该特征目前是基于内容图像检索常用的特征之一，该特征描述的是图像表面的组织排列规律特征。统计法、频谱法和几何法等是分析纹理特征常见的方法。对于统计法，利用灰度级描述和刻画图像的纹理是主要依据，并以此依据进行图像特征提取，典型的统计法有空间灰度共生矩阵，视觉感知纹理描述方法等。所谓频谱法，其主要依据是图像纹理特征的频率，使用最广泛、最常见的有小波变换、傅立叶变换等算法。几何法的主要依据是图像中复杂的纹理，而这些纹理都是由简单的纹理按照一定的规律和规则重复组合而成。在众多的几何法中，最典型、最具有代表性的有机构法及棋盘格特征法。但是此方法只适用于人工纹理，因为人工纹理较为规则，若将此方法运用到自然纹理中，其效果会相对降低。几何法的基础是要先确定纹理基元，该基元组成了整幅图像，然后寻找纹理基元的组合排列规律，以此提取图像特征。利用模型法提取图像特征，其依据是图像的构造模型，用模型参数提取图像特征。

3. 基于形状特征

形状是判断图像中物体类别的只要依据之一，同时也是图像物体的基本特征之一。如人们在描述立方体时，最普遍的说法就是，它的形状是方的。形状是物体特有的宏观体征，它不随颜色的改变而改变，也不随周围环境的改变而改变。与颜色特征和纹理特征相比，形状特征的最大缺点是很难通过量化的语言进行描述，即很难通过数字，或者数学表达式表达其特征。所以，基于形状特征的图像提取和检索也有其局限性，该特征仅限于一些容易识别的物体，如球类、立方体等，若要描述图像中千变万化且没有规律的物体则相当困难。基于边缘和区域提取法是当前形状特征提取主要使用的方法和手段。基于边缘提取法，其主要研究的内容是对图像边缘的识别，目前该方法最典型的算法是傅立叶描述符、小波形状描述及曲率尺度空间描述符等。基于区域的算法，其主要原理是分割图像进而得到图像的感兴趣的区域，再利用区域内颜色特征信息对图像进行特征提取。

（二）花卉识别步骤

花卉识别主要分为两个步骤：一是特征提取，通过提取算法获得特征信息，包括图像的纹理、形状、颜色信息等。二是推理过程，通过一定的算法和模型，针对提取获得的特征信息进行匹配。

（三）百合花识别系统

该系统围绕百合花及模糊推理而建立，将模糊推理算法移植于百合花识别之中、其功能如下。

1. 系统用户注册及登录

使用该系统需进行不同用户类型的登录，系统角色有普通用户和管理员两种类型。不同类型用户登录时的界面不同。普通用户和管理员有各自的专用登录界面，并且能做到相互跳转。对于新用户，使用该系统之前需要进行注册操作，注册要有单独的注册界面，并且录入其个人信息，注册功能仅限于普通用户。管理员需进行内部指定并内部录入，登录后需要对该系统的数据进行维护。

2. 新闻的发布

该系统要求能够实现对花卉栽培、种植技术等关于花卉新闻的发布、更新等操作，为用户及时提供最新的新闻和动态，发布新闻操作由管理员在后台进行操作。

3. 图像识别

图像识别功能为该系统的核心功能，包括图像读取、特征提取和模糊推理功能，将读入的图像进行推理得出其所属类别。图像数据库由管理员在后台进行管理。

该系统分为前台和后台，前台为普通用户提供所有功能的使用和相关数据的查询功能，而后台则由管理员进行数据和人员信息的管理及维护。前台实现的功能有注册登录，为系统各个角色提供进入系统的入口。最新动态，供用户阅览关于花卉的最新信息。图像识别，判断用户输入的图片是否属于百合花，且属于哪类品种。灾害防治，对百合花的各种病虫害进行预测和治理。技术查询，提供相关技术介绍，供用户学习和阅览。花卉预订，向用户销售部分品种的百合花。后台实现的功能有人员信息管理，对系统角色及其信息进行管理。新闻发布，及时更新最新动态。各个数据库维护，对数据库内容进行更新。

系统开发语言为 C#，开发平台为 Visual Studio 2010，采用 asp.net 开发环境、ado 设计模式，该系统使用的数据库系统为 SQL2008。

图像识别作为核心功能，其主要任务是对用户输入的百合花图像进行识别。识别过程分为图像输入、图像处理、特征提取、模糊推理及图像输出。用户选取一张图片并上传系统，上传的图片将在图像识别界面显示。界面中为用户准备了两个功能，即图片预处理和查询结果预览。上传后首先选择图片和处理命令，处理完成后即可查看处理后的信息，而这些信息将存入临时数据表，然后选择查询结果命令，系统将临时数据表里提取的数据和图像数据库中的信息进行匹配和判断，完成后将在查询结果界面显示出符合要求的前 5 张图片，并给出相应的图片描述，若没有查询到符合要求的图片结果，将会给出提示。对于图像数据库，

将由管理员在后台进行更新和维护。

该系统实现百合花推理识别分为三个步骤，首先是读取图像，其次是对该图像进行预处理，并对特征信息进行处理，最后是运用处理后数据与数据库进行匹配进行模糊推理。

第五节　农业智能温室管理系统

一、物联网在智能温室监控中的应用

物联网的信息感知采集、智能计算处理和可靠传递技术能有效克服农业生产中分散化和小型化的行业弱势。强大的计算能力、智能化技术和软件技术，使畜牧业生产中极其复杂和多变的生产要素定量化、规范化和集成化，改善了时空变化大和经验性强的弱点。物联网与"3S"技术的结合，加强了对影响农业资源、生态环境、生产条件、气象、生物灾变和生产状况的宏观监测和预警预报，提高了农业生产的可控性、稳定性和精确性，并能对农业生产过程实行科学、有效的宏观管理。

（一）物联网技术的组成

将物联网技术应用于农业生产，由感知对象（温室的环境及植物）、感知与预处理、网络传输模块、智能分析处理模块、控制调整执行模块等组成。

1. 感知对象

农业物联网的感知对象包括农业生产的环境状况参数和种植（或养殖的动物）的植物生长状态等。

2. 感知与预处理

感知模块负责各类应用相关数据的采集与感知，主要用于采集联网的物理世界中发生的物理事件和数据，包括物理量、标识、音频、视频数据等。物联网利用传感技术可以实现物与网连接。物体通过嵌入 RFID 和无线传感器等感知器件，自组织地形成局部网络，获取自身状态或周围环境信息，这些数据经过预处理环节转换为二进制的信息并通过接入网将信息传入传输层。

感知与预处理模块的基础技术主要包括传感器和控制器技术以及短距离传输技术（如无线传感网、RFID 等）。传感器网络组网和协同信息处理技术实现传感器、RFID 等数据采集技术所获取数据的短距离传输、自组织组网及多个传感器对数据的协同信息处理过程。

3. 网络传输模块

网络传输模块实现更加广泛的互联功能，将各种通信网络与互联网融合，实时准确地接收感知信息，并把感知到的信息进行无障碍、高可靠性、高安全性地传送。

网络传输是基于现有的通信网和互联网基础上建立起来的，其关键技术既包含 4G/5G 移动通信技术、有线宽带技术、无线联网（Wireless Fidelity，Wi-Fi）技术等现有的通信技术，也包含连接传感网与通信网结合的网关设备，为各种行业终端提供通信能力的通信模块等终端技术。

网络传输的泛在能力不仅使得用户能随时随地获得服务，更重要的是通过有线与无线技术的结合，和多种网络技术的协同，为用户提供智能选择接入网络的模式。

4. 智能分析处理模块

物联网处理的重要特征是智能，对获取的信息进行智能的分析计算和处理。物联网时代需要处理的信息是海量的，需要处理的平台也是分布式的。当不同性质的数据通过一个处理平台处理时，需要多个功能各异的处理平台协同处理。首先需要进行数据类别分类，按照数据的类别分配处理平台，还要解决处理加密数据的问题。因为安全的要求使许多信息都是以加密形式存在的，因此如何快速有效地处理海量加密数据是智能处理阶段遇到的一个重大挑战。

具有快速、高效运算能力，能对各种问题进行智能处理，可以有效识别并自动处理恶意数据和指令，具有很小的失误概率等，是物联网智能处理层要解决的重要问题，也是一个重大挑战。物联网在高性能计算技术的支撑下，将网络内海量的信息资源通过计算整合成一个可以互联互通的大型智能网络，为上层服务管理和大规模行业应用建立起一个高效、可靠和可信的支撑技术平台。

智能处理平台的大小不同，大的可以是高性能工作站，小的可以是移动设备，如手机等。

5. 控制调整执行模块

执行智能处理模块输出的各种信息智能化决策控制任务，根据需要改变农业生产环境和动植物的状态、位置、方式等，及时掌握影响园区环境的一些参数，如土壤湿度、降水量、温度、气压、光照等，并且按照它们的变化做适当调整，使农作物生长在良好的生长环境中，保证植物更好的生长，提高生产质量和产量。

农业物联网是物联网在农村、农业生产中的应用，除了具有一般物联网的特点外，还具有其不同的特点。

农业物联网中的许多设备布置在野外，工作环境恶劣。设备经受自然界的风霜雨雪等破坏作用，会缩短设备的使用寿命，降低工作可靠性。且设备分散面积大，给维护造成麻烦。因此要求设备应具有在恶劣环境中能长期可靠工作的性能。

用于农业生产过程中信息采集的传感节点，布置在大规模的农田里，节点与节点之间的距离较大，需要很好地解决远距离可靠通信的问题。

布置在大规模农田里的传感节点，因其距离远，能源供应是一个特殊问题。要求设备具有功耗小、低成本的特点。

（二）温室智能控制

温室大棚是农业物联网技术应用的重要领域之一，未来温室智能控制的发展方向是各控制算法的融合技术，专家系统、遗传算法与模糊神经网络的结合。其主要内容如下。

1. 具有优化性能指标的模糊神经网络控制

未来温室智能控制发展的核心仍然是以神经网络的强大自学习功能与具有较强知识表达能力的模糊逻辑推理构成的模糊逻辑神经网络控制系统。根据不同的需要，采用不同的算法对其控制参数进行优化，如改进的 BP 算法、遗传算法等。遗传算法作为一种随机搜索的全局优化算法，在模糊规则的自动获取与神经网络的学习过程中呈现了强大的生命力，对控制参数寻优进化有良好的效果，如遗传算法调整规则集合，调整隶属函数等。

2. 专家控制与神经网络、模糊控制相结合

对于温室这种复杂系统除了采用数学模型的方法进行定量的描述分析外，还需要利用农业专家的知识和经验进行定性判断，做到定性与定量的分析相结合，解决复杂的温室生产管理决策问题。专家系统因其快速的计算能力和不寻常的推理能力，具有良好的应用前景。在模糊神经网络控制中，专家系统既可以作为辅助控制，间接缓解对神经网络快速学习的要求，也可以通过专家系统方法直接改进神经网络学习问题。神经网络的自组织、自学习特性，对环境变化有适应性，具有潜在的克服专家系统面临问题的能力，如专家系统存在知识获取瓶颈的问题，性能的窄台效应等问题。

3. 基于被控对象的特征模型描述的控制方法

所谓特征模型描述，是指对被控对象建立一个比原动力学模型更为简单的特征模型方程及有关的特征参量表达式。特征模型描述的基本原则是当与实际对象加入同样的控制量时，其特征模型方程的输出与实际对象的输出在误差允许的范围内是等价的、在稳态情况下是相等的。满足控制任务要求，对于不同控制性能的要求，即使对同一对象也可以建立不同的特征模型描述，如对于恒值控制，要求稳态输出方差小，则最关键的参量就是静态增益，这一点在工程上容易实现。温室环境控制涉及环境模型、作物生长模型、土壤模型等，由于目前这些模型的信息量

较少，基于被控对象的特征模型描述的控制方法应该是适用的。

4. SPA 控制方法

SPA（speaking plant approach），即基于生物信息的植物对话型控制方法，这种方法在日本比较流行，但这种控制方法仍在研究之中。

5. VPD 控制方法

基本依据是能量平衡，建立三个 VPD（Vapor Pressure Deficit）控制模型来调整环境因子。

6. 控制的执行机构

无论上述哪种方法，控制的执行机构无外乎是两大类：一是开关执行机构；二是连续执行机构。目前的研究大多局限于连续执行机构，而现实生产中使用的执行机构大多是开关机构，因此必须加大力度研究、探索具有开关执行机构一类系统的智能控制问题。

7. 完善温室环境建模理论

数理方程建模、智能控制理论建模、支持向量基的建模技术，从目前看，时间尺度相对比较小，目前还没有一个完整的模型（如番茄、黄瓜）能支持调控一个完整的生长周期。探讨研究具有大时间尺度的建模方法，用以支持提高智能控制技术水平的含量。

总之，将智能控制与传统控制及诸方法之间的交叉综合是温室控制的发展趋势，使温室控制系统向着自动化、智能化、无人化的方向发展。

二、智能温室监控系统

（一）系统的结构

现代温室一般采用分布式监控，通常为上下位机结合模式，通过通信系统传递信息。上位机用于远程控制、系统管理，其他的功能（测量和控制任务）则由下位机来完成。许多独立的功能单元组成下位机，而每个独立单元只完成一部分工作。

1. 上位机控制系统

上位机一般位于管理室，主要由通信管理、控制管理、数据库管理等功能模块组成，其主要任务为存放温室作物不同生长时期的环境参数，设置执行机构产生动作时参数阈值，也可以结合上位机中多种典型作物专家知识库，而通过对传感器采集到的实测环境数据及比较专家库内标准环境参数得出相应控制信号，传送控制信号至下位机控制器，从而控制各种执行机构达到调节温室环境的目的。同时，上位机系统还要具有友好的可视化用户界面，以便人机交流。

上位机系统软件设计大多采用可视化编程语言完成界面设计，开发所需时间短、操作方便，所以在上位机的系统软件设计中得以广泛应用。另外可借助网站开发的技术，网络发布上位机系统，以做到随时随地可在网络上查看温室环境数据、远程发出控制信息。

2. 通信系统

温室监控系统中需使用大量传感器和执行机构，分布范围广、通信距离远，因此需要一个造价低同时可靠性高的通信系统。现场总线是连接智能设备间双向、多站、全数字的通信系统，主要解决智能化仪器的控制器、执行机构、仪表等现场设备之间数字通信、信息传递问题。分散化、开放性和低成本是现场总线最显著的三个特征，在温室系统中应用较为普遍。

3. 下位机系统

下位机位于温室大棚现场，主要由前端控制器、传感器和执行机构所组成。其主要实现温室环境数据的实时采集、显示和处理，并且通过无线通信模块或总线网络传输这些数据到上位 PC 机，以及接受上位机的控制，控制执行机构采取动作，或将采集到的数据与预设的阈值进行比对，自主运行决策程序，自动调节温室环境，具有脱机运行功能。

（1）下位机控制器。

即指前端控制器，下位机监控系统的核心，能够独立运行并对测试现场传输采集信号进行简单分析、处理，同时产生相应控制信号进行智能控制。一般以单片机为基础，或用 PLC 代替，外加传感器的输入接口、键盘输入接口、控制输出接口及 LED 输出接口等共同组成。

（2）传感器和执行机构。

用传感器对温室内的光照、湿度、温度等进行实时的数据采集。根据温室作物生长的特点和环境等要求选择合适的传感器，一般选择数字传感器，其优点是与 CPU 接口方便，不必过多考虑前向通道中零点漂移、信号放大、传感器供电和干扰等因素的影响，可以在满足系统要求前提下最大限度减少系统开发成本和技术难度。

执行机构是执行控制指令，打开、关闭相应设备，调节温室环境因子。如通风装置通过天窗自然通风或机械通风，以完成降温、去湿等调节目的。调光装置通过内外遮阳网、人工补光等方法完成光照的调节等。

（二）智能控制

智能控制系统已成为有关自动化科学的研究热点。源于人工智能、自控、运筹学等多领域多学科知识、方法与此热点交叉结合。诸如复杂工业过程控制系统、智能机器人系统、航空航天控制系统、计算机集成制造系统、环境能源系统等多种类系统都期盼于此热点萌发出更好求解途径。无论从研究方面还是应用方面，都在不断探讨智能控制理论和技术。

1. 智能控制是人工智能和控制理论相结合的产物

20 世纪 60 年代，自控理论技术的发展日趋成熟，人们开始着手人工智能的研究。1966 年，门德尔（J. M. Mendel）首先主张将人工智能技术运用于飞船控制设计。1971 年傅京逊（K. S. Fu）从发展学习控制角度，首次正式提出了智能控制这一新兴学科领域。随后，1977 年萨里迪斯（G. N. Saridis）出版的《随机系统的自组织控制》一书对智能控制发展作出了重要贡献。1986 年奥斯特洛姆（K. J. Astron）发表了《专家控制》一文，在控制系统中引入了人工智能中专家系统技术，组成一种智能控制系统。

2. 智能控制是传统控制理论发展的高级阶段

主要用来解决一些用传统方法难以解决的复杂系统控制问题，其研究对象往往具有以下几个特征。

（1）不确定性模型。

传统的控制基于模型控制，认为控制、对象和干扰模型是已知的，或者是经过辨认可以得到。然而智能控制的研究对象往往存在着严重不确定性，一是模型未知或知之甚少；二是模型结构参数在很大范围内可能存在变化。

（2）高度非线性。

传统控制理论中，具有高度非线性的控制对象虽然也有一些非线性控制方法可利用，但总体来说非线性理论远不如线性理论成熟，而且有些方法过于复杂。

（3）复杂的任务要求。

传统控制系统中，控制任务要求较单一或要求输出定值，或要求输出为跟随期望的运行轨迹。

3. 智能控制系统功能

（1）自学习功能。

系统可以对一个过程或其所在环境未知特征固定的信息进行学习，同时将得到的经验作为进一步的分类、估计、控制或决策，使系统性能得到改善。

（2）适应功能。

与传统自适应控制相比，本文所说的适应功能包括的含义更广泛，具有更高层次。包括插补功能、适应性能、自修复功能等。

（3）组织功能。

对复杂任务和分散传感信息具有能够自行组织和协调的功能。

第三章

数字经济时代下农业农村
综合服务平台构建*

第一节　智慧农业农村综合服务平台建设

一、平台建设原则

智慧农业农村综合服务平台建设立足于服务"三农",是一项复杂、长期的系统工程,需要在满足智慧农业农村化建设要求的基础上,充分利用现有资源,总体规划,分步实施,在建设内容上要从实际需求出发,在技术及设备上要考虑一定的前瞻性,以满足平台功能及技术需求,技术方案设计在保证高标准、高起点的同时,要避免重复建设、资源浪费。

(一) 标准化原则

技术方案设计尽可能采用国际标准、国家标准、行业标准或地方标准,便于系统扩展、功能重组和集成创新,便于和相关信息系统的功能

---

* 本章节以湖南省的农村综合服务平台建设为例。

对接。

（二）整体规划、分步实施原则

充分结合未来发展趋势，坚持长期规划与近期需求相结合的原则，先建设成熟、必要且容易实现的部分，后建设困难、技术尚未成熟的部分。对应用先进技术的部分，采用先试点后示范的方式由点到面地逐渐铺开。

（三）先进性与可行性相结合原则

技术方案的设计要具有一定的前爵性，要考虑相关领域技术的发展趋势，满足业务未来发展的需求，同时要保证方案的可行性和可操作性。

（四）兼容性、开放性和扩展性原则

系统设计必须满足广泛适用性和可移植性，软硬件平台应具有良好的可扩充和兼容能力，以适应整个项目应用及需求的扩展。

（五）系统完整性原则

考虑到各方面因素，应实现优化的系统设计、安全的数据管理、高效的信息处理、友好的用户界面。

（六）适度安全原则

在安全策略制定上，要尽量考虑安全机制的合理性，对重点信息资源实现重点保护。在保证安全的前提下，应尽量减少安全机制的规模和复杂性，使之具有可操作性，避免因过于复杂而导致安全措施难以执行。

（七）高可靠性原则

设计方案应确保系统功能的稳定，充分考虑系统容错和容灾功能，保证系统运行的高可靠性。

（八）高效性原则

设计方案要确保可操作性、系统运行的稳定性、用户使用的简洁性，同时要考虑系统功能的持续扩大及用户的逐渐增多，保证整个系统运转正常，不会产生通道瓶颈、频繁死机、操作繁杂等问题。

（九）低运营费用和低成本维护原则

考虑整个系统服务对象的特殊性和经济能力，整个系统运营费用及相应衍生产品价格定位不应太高，维护成本应尽可能低廉。

（十）易管理、协同性和一体化原则

由于系统服务对象的特殊性，针对这类人员重点考虑管理的简洁性、操作的简化性与系统导航能力的清晰性。

（十一）集成性和协调性原则

一是要加强通信网络与资源网络的集成，避免零散开发、重复建设，为农民提供有效的信息服务；二是要加强农业异构信息资源的整合利用，在不改变原有信息资源的数据结构、组织方式的基础上，对其进行整合，屏蔽异构信息数据的平台、系统环境、结构等方面的差异性，对它们进行统一管理和应用，针对用户的信息需求，提供准确、智慧、便捷的一站式信息服务，提高网络资源利用率，促进多种形式的信息资源共享，满足多功能、多层次、多样化服务的需要。

（十二）信息传递的及时性与准确性原则

健全智慧农业农村信息收集和发布制度，整合涉农信息资源，加强智慧农业农村的分析整理工作，提高农产品市场的分析预测能力，推动智慧农业农村数据整理规范化、标准化，通过对智慧农业农村的标准化处理，实现信息共享和交换，为农民提供及时、准确、实用性高的信息。

（十三）信息的多样性及服务方式的多样性原则

建立清晰的信息分类，使农民能够方便快捷地获取他们想得到的信息。建立与农民进行信息互动的运行机制，及时了解农民所想、所需，随时更新信息内容编排和表达形式，满足农民接收信息的习惯、兴趣和需要。提供和农民进行信息交流的通道与平台，通过各种形式，在农民与网络之间架起桥梁，来及时解答农民提出的各种问题。

二、平台建设目标和体系架构

（一）建设目标

按照平台上移、服务下延的整体思路，面向百万农户、万家企业、农业农村基层组织三大服务对象，集成运用现代通信技术、计算机网络技术、信息检索与推送技术和现代信息管理技术，构建集热线呼叫、短信互动、智慧检索、信息推送、技术撮合、电子商务等多功能于一体的省级智慧农业农村综合服务平台。解决智慧农业农村服务的多网融合、资源共享、互联互通、产业联盟、专家服务、监督管理和绩效评价等问题，实现12396平台、农村远程教育、科技特派员三大工作体系的无缝对接，为快捷、优质、高效满足农民诉求和农村中小企业发展需求提供技术支持。平台构建按照自顶向下规划设计，自底向上建造实现的总体思路，着重解决"三统一"和"四整合"。三统一是指统一规划、统一标准、统一平台。四整合是指整合网络资源（信息通道）、整合信息资源、整合基层服务站点、整合已有的信息服务系统。在此基础上，形成一个全省横向到边、纵向到底的智慧农业农村综合服务平台。

（1）在湖南省星火科技12396平台、农村党员远程教育平台、企业竞争情报平台的基础上进行集成创新，构建集农业农村信息服务与中小企业服务于一体的立体化、多渠道、多终端的扁平式智慧信息服务平台。

（2）依托现有的信息化通道，实现多种服务组织的互联互通互动，整合全省科技资源，通过网络咨询、电话语音、手机短信、数字电视、专家现场即时服务等互动形式，面向全省所有农民、农民专业合作组织、农村种养大户、涉农企业和科技人员开放共享。

（3）突出湖南省优势特色农业产业发展和中小企业信息服务需求，建设十大农业支柱产业数据库、农业特色产业数据库、中小企业信息服务数据库等知识库群，并在此基础上重点加强基于信息服务的常见问题解答（FAQ）知识库积累，打造全面、有效、动态的智慧农业农村数据支持系统。

（4）按照平台上移、服务下延的扁平化服务体系，研发可扩展的双向互动管理平台系统，通过对12396呼叫中心座席人员的状态监控、辅助呼叫处理、运行数据、分析和输出等数据的记录和分析，实现对相关机构和人员服务的全程跟踪与评价，并通过专家激励机制、利益共享机制、政策激励机制实行精确化、可视化管理，确保平台有效运行。

（5）按照资源整合、统一接入、实时互动、集成共享的基本原则，面向农村居民及基层政府，结合产业特点和应用需求，集成湖南省现有的农村民生信息服务系统、农村中小企业专业信息服务系统和产业信息服务系统。

（6）全方位反映农民诉求，多渠道解决农民问题。通过建立集电话、网络、短信和现场服务于一体的多维立体服务体系，融合政府、科研院所、通信运营商、专业合作组织、涉农企业、专家等多种社会力量，打通百万农户、万家企业与现代城市文明的对接通道，使城市智力资源快速导向农村。

（7）建立多元参与、主体协同合作的长效运营信息服务体系。在智慧农业农村综合服务平台的支撑下，开展多层面、多元农村信息服务主体共同参与的农村信息服务长效运营信息服务体系，形成多种长效运营机制，服务于多元的用户群体。

（二）智慧农业农村综合服务平台体系架构

按照资源整合，统一标准的基本原则，构建支持语音、短信、视频等多方式接入的"1＋M＋N"的智慧农业农村综合服务平台，简称一体多翼。其中，"1"是指一体，即具有统接入功能的智慧综合服务平台；"M＋N"是指面向多翼重点服务群体——百万农户、万家企业农业农村基层组织而形成的相应信息服务系统。"M"是指面向百万农户，以公益化事务为主的农业农村民生信息服务系统，"N"是指面向万家企业，以社会化服务为主的农业农村中小企业智慧信息服务系统和产业信息服务系统。智慧综合服务平台和智慧信息服务系统在统一标准下实现无缝对接，形成多部门联动、全程推送、一站式服务的新模式。

智慧农业农村综合服务体系的核心内容包括综合信息服务平台、基础服务站点和信息通道三大部分。综合信息服务平台通过集成各类农村民生信息服务和产业信息服务，并整合分散在政府各个部门、科研院所、专家、市场、企业等的涉农信息资源，利用互联网、移动通信和广播电视等方便、快捷和低成本的信息通道，以农村综合信息服务站、专业信息服务站和各种终端设备为落地手段，为农业生产经营活动和农村生活服务提供全面的信息技术支撑。

智慧农业农村综合服务平台主要由交互平台、应用服务平台、基础服务平台、业务数据库、云计算平台五个子平台构成。

（1）交互平台是综合服务平台的重要组成部分，是全省农村信息资源统一发布和展示的窗口，主要为广大农村从业者和农村管理者（包括农民、技术人员、市场经纪人、合作组织、农村中小企业、基层管理者、相关政府部门、科研院所等）提供信息服务。交互平台门户通过对接应用服务平台、基础服务平台、数据资源及各类基层站点、终端，为用户提供各类涉农资源发布和下载、信息查询、技术交流等服务，提供各类信息服务系统访问接口。用户可以通过交互平台实现在线咨询、远程诊断和视频、电子交易、个性化知识推送定制、社情民意调查、乡镇信息服务更新等。交互平台主要包括数字门户、产业社区、乡镇网站群、呼叫中心、广播电视和移动应用六大部分。

（2）应用服务平台以应用支撑系统为基础，通过先进的应用集成技术，集成农业农村、医疗卫生、气象预警、农业灾害预测、防汛抗旱、地理信息、文化资源、远程教育等各领域的应用服务，为百万农户和万家企业提供各类应用服务。

（3）基础服务平台为平台建设提供应用支撑框架和底层通用服务，主要由统一认证系统、知识管理系统、电子交易系统、应用与数据集成系统、视频服务、应用监控和统计报表等几部分构成。统一认证系统提供用户管理、权限管理、日志管理、配置管理等系统应用支撑；知识管理系统提供了智慧农业农村收集、知识管理和知识使用等管理服务；电子交易系统为整个系统中涉及需要电子交易支付的地方提供应用支撑；应用与数据集成系统是行业统一、具有一致性和可扩展性的数据交换及服务共享平台，满足纵向国家级资源数据库、省级资源数据库、科研院所资源数据库三级数据交换、服务共享及各级单位横向应用系统间的数据交换和信息共享需求。

（4）业务数据库是整个平台为农业应用提供服务的核心，主要为综合服务平台内各个业务子系统提供数据存储的场所，包括配套农业知识库的数据库及业务子系统的数据库，还有通过应用与数据集成系统集成的外部数据库等。其在数据层级的划分上，可以划分为主数据库和各个业务系统数据库。

（5）云计算平台构成了智慧农业农村综合服务平台的基础网络硬件环境，主要由计算、存储、网络、安全四大模块组成，可分为基础设施平台、数据中心资源池、资源池管理平台。基础设施平台主要是为数据中心提供物理空间、电力系统及机房制冷系统。数据中心资源池主要是为农村综合信息化服务平台提供 IT 资源，主要包括计算资源、存储资源、网络资源。资源池管理平台主要是通过虚拟平台对 IT 资源进行集中整合与管理，并且通过云资源管理系统的动态迁移和负载均衡技术为综合信息服务平台提供具有高可用性的架构。

第二节　交互子平台

交互子平台通常由数字门户、产业社区、呼叫中心、广播电视、乡镇网站群、移动应用六个部分构成。

一、数字门户

数字门户是信息服务平台的重要组成部分，是全省农村信息资源统一发布和展示的窗口。可利用先进成熟的门户技术、网络技术与数据库技术，通过科学合理的管理规范和技术规范，构建安全、可靠、可扩展、易维护的数字门户平台。数字门户可以为广大农村从业者和农村管理者（包括农民、技术人员、市场经纪人、合作组织、农村中小企业、基层管理者、相关政府部门、科研院所等）提供门户信息渠道。通过应用和数据集成服务，数字门户与应用服务平台、基础服务平台、业务数据库进行数据交换，将民生信息服务和产业信息服务融合在门户相关栏目中，为访问者提供全方位、立体、一站式的数字门户信息展示平台。

数字门户重点提供新闻中心、技术服务中心、站内搜索、个人空间等信息展现形式。访问新闻中心的用户能够及时了解涉农新闻和生活资讯。通过技术服务中心，用户可以在线学习农业相关技术。使用门户内部的站内搜索功能，用户可以方便地找到需要的门户信息。个人空间提供了个人信息门户功能和一种信息发布渠道。

随着门户中内容和栏目的不断丰富，数字门户在湖南省智慧农业农村建设中发挥了越来越大的作用。使用统一认证的技术，用户可以通过数字门户方便地进入民生信息服务系统和产业社区，并提供便捷高效的统一门户服务。数字门户总体架构可分为以下三个层次。

（一）展示层

提供各类门户栏目，为民生信息服务、产业社区、乡镇网站群提供统一的展现方式。通过对门户内容的规划，主要展现新闻中心、惠农政策、农产品供求、政策与融资、打假宣传、农资供求、人才信息、个人空间、科普知识、农机设备供求、农情分析和技术服务中心等相关栏目。同时，也提供民生信息服务、产业社区和乡镇网站群的展示窗口。用户通过统一认证系统，能够很方便地获得民生信息服务和产业社区服务，也可以快速进入乡镇网站群。

（二）管理层

为数字门户的展示层提供后台管理支撑。通过内容管理、频道管理、栏目管理、用户管理、权限管理等功能模块，对数字门户的内容发布、频道划分、用户权限和系统参数进行管理。处于管理层中的内容管理，包含文档模板、脚本语言或标记语言和数据来源集成等要素。内容管理对门户站点管理和内容编辑都有良好的支持，尤其是能够使用模板和通用的设计元素，以确保整个网站风格的一致和协调。只需在文档中采用少量的模板代码就能够提高管理效率，让管理者把精力集中在设计内容上。

（三）集成层

通过应用和数据集成服务，数字门户可与民生信息服务和产业信息服务进行对接。普通农户、种养殖大户和涉农企业等通过数字门户获得民生信息服务，如气象监测预警、健康医疗服务、远程教育服务、就业信息服务、地理信息服务、农产品电子商务、农业物流服务、农产品市场信息服务、中小企业信息服务、农业金融服务、物联网溯源服务等。同时，基础平台服务也为数字门户的实现提供有力的技术支持，如统一认证系统、知识库系统、短信服务、电子交易、集成第三方支付系统等。

二、产业社区

产业社区是针对湖南省主要支柱产业和特色产业建设的虚拟社区，是同一产业的政府市场、农户、科技人员之间的交流平台。通过集成开发产业技术课堂、产业技术论坛、在线专家服务系统、科技信息即时通信系统等主要模块，实现产业技术交流、产业技术联合攻关、产业信息发布等功能；通过对接全省各优势单位资源、产业联盟、信息服务系统等，引导产业发展，为产业专家、农业企业、合作组织、种养大户与广大农户提供更加便捷、快速的信息服务社区，实现商流、物流、信息流、资金流的四流归一，有效促进农业产学研结合，加速产业融合。

（一）产业技术课堂

主要以产业技术专家为主，其他产业技术人员共同参与的建设方式，以群众喜闻乐见的文本、图片、视频短片、动漫、电子图书为表现形式的科技信息化服务产品为内容，向农户、农业企业、合作组织、种养大户进行在线培训或通过手机短信等方式进行科技和知识传播，系统地介绍产业新技术、新成果、新经验。与此同时，利用视频会议和即时通信，构成交互、互动的网络社区。

（二）产业技术论坛

主要在产业集群（如农户与农户、农户与企业、农户与专家、企业与专家以及农户、企业、专家三者之间等多模式）内进行。由产业技术专家担任版主，轮流值班，与产业网络社区成员共同探讨和解决产业发展中的技术问题，并从个人视角发布产业技术指南、产业发展需求、产品市场预测、产业政策等内容和创业示范基地建设的工作日志、心得体会、技术小窍门等个性化内容，达到相互交流、共同提高的目的。同时，为产业网络社区成员之间提供在线进行产业技术交流的空间，特别是了解种养大户和农业企业的产业技术经验及心得。社区成员之间的产业技术论坛可通过个别交流和群组讨论等多种形式进行。

（三）在线专家服务

主要由产业技术专家轮流在线值班，提供针对一个农户、一个问题的个性化服务，包括农业咨询、热点推荐、专题咨询、农业气象与农事、农业科技成果等内容，并针对农户提出的问题进行解答。

产业社区是综合性的、集成的信息化服务平台，包括门户技术、工作流、集成技术、即时通信及信息安全等技术体系，并通过有效集成生产信息服务系统，实现访问控制和访问策略，保证系统安全性，从而高效可靠地向社区用户提供信息化服务。产业社区面向广大社区用户提供集成化的社区应用服务，包括供求信息应用、电子商务应用、物流信息应用、质量安全监控应用和社会性网络服务（social networking services，SNS）社区应用五大服务领域，支持高层的业务创新和优化服务（如决策分析，社区用户习惯、兴趣、关注点分析等）。产业社区以信息服务体系为保障，提供有效的技术路线和支撑平台，结合生产信息服务系统，形成全方位、全生命周期的产业链信息服务体系。

产业社区一般采用三层体系架构开发，数据层实现对关系数据库、非关系数据库、目录服务及配置资源的封装管理；业务逻辑层实现产业社区的业务功能、业务流程、消息服务器及消息网关；展现层通过 Web 页面和消息客户端将系统功能展现给最终用户。整个三层体系框架可以部署在 Web 应用服务器内，配合 Web 实现系统自身的安全性、日志管理和性能管理，并通过服务接口与企业服务总线（enterprise service bus，ESB）进行数据交互。

产业社区在基于三层架构开发设计的基础上，通过集成接口与 ESB 实现应用集成和数据集成，最终通过产业社区向社区用户提供全面的产业信息，为用户提供协作服务、电子商务、物流应用、质量安全、内容搜索、信息分析、即时通信、政策咨询和办事指南等多种功能。

三、呼叫中心

呼叫中心是农村信息需求、沟通与服务的重要渠道，包括语音呼叫、网络呼叫、远程视频、手机短信和5G可视呼叫等多种接入方式。通过对用户呼叫的及时分配和调度，实现即时应诉、调度应诉、现场服务、知识沉淀、服务统计与计费等服务。通过呼叫中心的建设，可以为智慧农业农村示范工程提供信息服务平台与农村用户的多种沟通渠道，解决农村用户在生产、生活和销售中的实际问题。

通过呼叫中心与客户的接触，可以不断积累农村用户的信息资料。在用户资料积累的基础上细化分析用户的类型、所从事行业、使用平台服务习惯，与产业社区、知识库和物联网进行信息互动，精确、定向地向农村用户推送农村信息。

呼叫中心采用面向服务的技术架构，使用业界广泛接受的标准和松耦合的设计模式同时，基于SOA的技术架构和开放标准有利于整合呼叫中心的信息资源，并为将来与呼叫中心之外的系统进行整合提供手段，以构建一个易于扩展和可伸缩的呼叫应用平台。

（一）呼叫中心的总体框架

呼叫中心的总体框架可以分为以下六个层次。

（1）网络硬件层，包括网络、服务器等硬件设施及操作系统等系统软件平台。

（2）数据资源层，整个项目的数据库系统，主要包括业务数据库、平台数据库和通过应用与数据集成连接的知识库等。

（3）平台软件层，为项目建设提供应用支撑框架和呼叫平台底层通用服务。

（4）应用层，以应用支撑平台和应用构件为基础，向最终用户提供业务处理功能的各类应用系统。

（5）接入层，提供呼叫中心的用户互动接入管理，为用户进行信息查询和信息互动提供统一的入口和展示。

（6）标准与规范层，包含系统的标准规范体系。

（二）呼叫中心业务功能

对于呼叫中心的应用层，按照智慧农业农村建设的需求，呼叫中心业务功能共分为接触处理、业务支撑、运营管理、系统管理和统计报表五个部分。

（1）接触处理主要为呼叫中心提供多媒体接触渠道的接续和管理。不同知识层次和使用习惯的农村用户可以使用最方便、最合适的接触渠道接入呼叫中心。

（2）业务支撑是呼叫中心为用户提供咨询、投诉、现场服务的核心支撑功能模块。该模块包括知识库查询、工单管理和专家在线答疑等相关功能。在智慧农业农村项目建设中，可通过不断补充和完善该支撑的部分功能，扩大湖南省智慧农业农村服务的业务范围。

（3）运营管理提供了呼叫中心运营管理方面的功能群。借助现场管理、工作量管理，录音质检等管理手段可进一步提高呼叫中心的服务管理水平。运营管理能够实时了解呼叫中心的当前运营情况，并对突发情况、异常事件进行处理，以便管理人员及时调控呼叫中心的运营状态。

（4）系统管理为呼叫中心提供呼叫系统后台管理功能，主要为机构管理、人员管理、角色管理、权限管理和系统参数管理。通过后台管理功能，可以对呼叫中心的各方面参数进行配置，调整呼叫中心呼叫资源情况。

（5）统计报表为呼叫中心提供服务和运营的统计数据，帮助评估呼叫中心整体的运转水平。在呼叫中心话务报表中提供人工接入量统计、人工呼叫队列转接统计、VR接入量统计等话务报表。

（三）呼叫中心构建的关键技术

1. 计算机电话集成技术

计算机电话集成技术将计算机技术应用到电话系统中，能够自动地对电话中的信令信息进行识别处理，并通过建立有关的话路连接向用户传送预定的录音文件、转接来话等。计算机电话集成技术跨越计算机技术和电信技术两大领域，主要适用于呼叫中心的建设。湖南省农村信息化建设中，呼叫中心融合了 CT 技术、VR 技术、录音技术、TTS 技术和短信网关接口技术，同时支持分布式组网，灾备等冗余模式，为今后系统升级扩容提供了良好的基础。

2. 虚拟座席技术

利用 VR 语音菜单功能，虚拟座席使用普通电话或手机拨打呼叫中心的虚拟座席特殊号码，将电话签入话务系统。签入电话后，虚拟座席的电话号码在呼叫中心平台进行注册，并显示为在线状态。用户的电话可以通过 VR 或人工语音转接至虚拟座席已注册的电话上，由虚拟座席直接回答用户提出的问题。当虚拟座席下班后，利用电话在呼叫中心平台上注销，显示虚拟座席为离线状态。专家在线答疑室可以采用虚拟座席的技术实现，灵活机动合理地利用农村专家资源。

3. IP 呼叫中心融合技术

IP 呼叫中心是指在网上通过 TCPP 协议实时传送语音信息的应用，这是近几年伴随着通信技术的发展而出现的新的呼叫中心解决方案。与传统的呼叫中心解决方案不同的是，它完全基于互联网（internet）技术。IP 呼叫中心是一种数字型呼叫中心，语音信号在传送之前先进行数字量化处理，并压缩、打包转换成 8kbs 或更小带宽的数据流，然后再送到网络上进行传送。由于 IP 呼叫中心是以数字形式作为传输媒体，占用资源小，所以成本很低，价格便宜。IP 呼叫中心融合技术将传统电路交换技术与包交换（IP）技术及交换机技术与 CTI 技术融合为一体，并且在应用层融合统一通信与呼叫中心，同时实现呼叫中心的呼入和呼出业务的融合，使呼叫用户可以在一个统一的平台上实现更加丰富灵活的应用。

四、广播电视

目前，湖南省乡（镇）政府对村、组、农户的信息传送手段是电话和手机短信，但电话和手机短信到达率低、使用率不高，尤其是不具备强制性。本着传统与现代相结合的原则，在农村建立乡镇和村组都能使用的应急数字广播系统是乡镇政府和村委会的迫切需求。农村广播作为重要的思想舆论阵地，肩负着传播社会主义先进文化、巩固发展社会主义意识形态的重任。农村广播是社会的主流媒体，承担着社会宣传的作用，肩负着传播党和政府声音的重任。农村广播成了基层组织管理事务、农民群众了解村镇事务的重要渠道，对发展农村民主政治、应对农村突发事件、促进农村社会稳定有着重要作用。

广播媒体在农村具有特殊的重要性，除了准确快捷地传达党和政府的方针政策外，还可以传播科技商业信息、指引农民脱贫致富、弘扬法治和道德，更可在防灾救灾、处理突发事件及紧急状态中作为应急机制的重要组成部分，发挥特殊作用。尤其在雪灾、洪灾、泥石流等自然灾害发生时，农村广播往往可以在最短的时间内进行有效的社会动员，实施紧急避险，在救灾减灾上起到重要作用。

针对湖南省农村广播建设成本高、维护费用高、节目制作及运行费用高的特点和现状，规划设计了基于互联网的数字可寻址调频广播系统，通过整合乡镇广播建设和维护及节目制作和管理，在制播分离和网台分离的现代广播电视体系架构下，探索出一条发展农村广播事业的道路。

整个数字可寻址调频广播系统的建设、运行思路是在全省统一设计、建设、维护基于乡镇的农村数字可寻址调频广播系统基础上，成立全省统一的节目制作机构，为乡镇制作广播节目，从而降低农村广播的建设、运行、维护成本。

（一） 乡镇广播系统流程

（1） 乡镇政府和各村的广播信号，计算机存储的广播节目，转播中央、省、市、县台的节目，经信号处理后，加入可寻址信号和控制信号，还可以在信道加入数据信号，再经调频激励器调制后送发射机和天馈系统发射。

（2） 发射机系统设两层垂直极化天馈系统，发射频率需向省广播电影电视局申请，广播播出内容由镇政府指定专人审核。

（3） 各组安装调频喇叭进行收听，农户也可用调频音箱进行收听。

（4） 各村的广播信号，先通过宽带网传送到乡镇中心机房，再通过广播播出。由于采用可寻址广播系统，本村广播只有本村能收听。在各组还可安装小型有线广播系统，以方便村民小组工作。

（二） 广播系统组成

1. 前端发射设备

前端发射设备由信号处理器、可寻址服务器、广播激励器、发射机和天馈系统组成，是整个系统的开关机部分。采用智慧控制方式，可通过程序控制开关机，也可遥控开关机。该设备可自动检测控制信号，若有控制信号则启动电源，系统开始工作。当广播结束后，在 10 分钟内若控制器没有检测到控制信号将自动关闭发射机电源。发射机具有无人值守功能。该产品是目前实现"村村通"广播工程比较经济、方便、可靠的设备。

2. 终端接收设备

采用 FM 数字编码锁相调谐式点频接收专用集成电路，可灵活选择接收频点，接收频率稳定性高，频率范围为 $73 \sim 108\,\mathrm{MHz}$，能有效地保证设备在野外全天候状态下常年稳定可靠地工作，克服了因湿度、温度等环境因素变化而使接收频率漂移、灵敏度下降、故障率高等缺点。采用高集成度、优质音频功率放大集成电路，失真小、输出功率大，具有过压、过流、过热、防输出短路等保护功能，使整个音频功率放大器具备高性能、高可靠性等优点，音频功率放大器还能满足村民小组扩声、开会和娱乐的需求。采用专门为遥控调频广播系统终端接收设备设计的微处理器，可通过微处理器的软件设计固化数据分析、错误检验、身份识别、状态操作等大量程序。采用数字编解码传送技术，可以有效地克服因同频、邻频或其他杂散电磁波引起的干扰和误开关机等弊端。

省乡镇广播节目制作中心收到通过互联网传来的乡镇广播节目文稿和制作要求后，立即在省制作平台按标准化的格式制作广播节目，并远程传至乡镇广播播出服务器，经乡镇专人审查后播出。

要充分发挥下一代无线广播电视网络和无线调频广播的特点，建立一套以乡镇为单元，乡镇、村组共用，也可乡镇、村组单独使用，双向互动，并与省级智慧农业农村总平台有效融合的可寻址数字广播系统。

第三节　应用服务子平台

一、农村电子商务

湖南省目前农产品的销售直径大部分不超过 100 千米，主要原因是信息传播不畅导致部分农产品滞销。作为湖南省智慧农业农村综合服务平台中的子系统，农村电子商务系统的建设可以使农民掌握更多的商机从而拓展其销售业务，可以通过电子商务选择更多优质的供应商从而降低采购成本，同时可以通过系统提供的供应链管理系统对自己的产品进行及时有效的监管。

农村电子商务系统是互联网、电子商务、网上银行、身份认证等先进思想和技术与传统农业贸易实际相融合的结晶，可以给农业种植养殖企业、生产加工企业、流通企业、物流配送企业、结算银行、消费者提供具有专业性、安全性、高效性的现货交易系统。其中有原料供应商、农业种植养殖企业、农产品加工企业、农产品流通企业之间的 B2B 现货和期货交易平台，农业养殖企业、加工企业、流通企业与消费者之间的 B2C 现货交易平台。

电子商务系统包括网上信息发布系统、会员管理系统、电子交易业务系统、电子商务运营管理系统、银行支付、物流监管系统等。该系统融合了现代化信息技术、网络技术、物联网技术和先进的 SOA 架构技术。

从农村电子商务系统的有效性、安全性及处理事务的完整性、可靠性、扩展性和协同性等方面考虑，农村电子商务系统为产业应用中的猪网、果网、米网、油网、茶网、渔网产生的商务价值流提供商务服务、诚信服务、第三方支付服务、会员管理、物流管理、保险金融服务等支持。

（一）农村电子商务系统交易

1. 电子交易

主要包括现货卖出及信息发布、现货求购及信息发布、现货出售信息查询、现货交易流程（一口价）、现货交易流程（议价）等。

2. 电子合同交易

一种新兴的交易模式，随着现货市场的发展而发展，是对现货市场交易功能的有效补充。电子合同交易逐渐被众多贸易商所接受，最主要的原因是电子合同交易有诸多功能是传统现货交易市场所不具备的。

（二）农村电子商务系统构建

1. 电子交易技术

电子交易技术是由互联网、电子商务、网上银行、身份认证等技术相结合，与传统农业贸易融合的结晶，为农业种植养殖企业、生产加工企业、流通企业、物流配送企业、结算银行和消费者提供了专业、安全、高效的现货交易系统。其中有原料供应商、农业养殖种植企业、农产品加工企业、农产品流通企业之间的 B2B 现货和期货交易系统，农业养殖

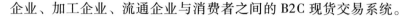

企业、加工企业、流通企业与消费者之间的 B2C 现货交易系统。

2. 信息检索技术

信息检索是根据用户需求，从电子商务系统组成的数据库中检索所需要的信息，主要包括索引技术和信息查询技术。

3. Web 数据挖掘技术

Web 数据挖掘技术主要包含聚类、分类挖掘、关联规则挖掘、序列模式挖掘、路径分析等。

4. 口令卡提供银行级安全级别技术

为农产品电子商务平台的后台管理系统提供银行级的安全保护，每个管理账号绑定不同的口令卡，可将口令卡存储在移动存储介质中。

二、物联网溯源

遵循统一规划、统筹实施，整合资源、共建共享，政府组织、企业运作，规范管理、服务农业的基本原则，基于标识技术、射频技术、传感技术、无线通信技术和定位技术等物联网关键技术，建设湖南省农村物联网技术支撑平台。

通过该物联网技术支撑平台实现农业生产与管理、农产品加工与管理、农产品流通与消费等横向和纵向的资源整合及信息与数据共享，为各个农业物联网应用系统（如质量溯源、生产加工监控、病虫害监测等）提供物联网感知层终端的标准接入、有效整合，同时与各个农村物联网应用系统、农村综合服务平台无缝对接，支撑跨产业、跨区域的资源共享和协同应用，突破各个智慧农业农村系统的信息孤岛，推进农业物联网的建设。

（一）物联网溯源服务系统功能

（1）提供统一的物联网感知层终端接入平台。

（2）提供统一的物联网采集数据处理和业务转发处理平台。

（3）提供统一的物联网应用层系统接入平台。

（二）物联网溯源服务系统和服务体系

物联网溯源服务系统可以实现农村物联网的承上启下作用，对下（感知层）接入多种物联网应用终端，对上（应用层）支持多种农村物联网应用，把各种垂直的物联网应用整合成一个扁平的应用网络体系，通过支撑平台的建设实现各个农业物联网应用系统在数据和业务层次进行不同程度的融合，全面实现农村物联网应用的互联互通和智慧处理。

1. 终端通信服务管理模块

实现面向 3G、4G、5G、Wi-Fi 等各种物联网感知层终端的通信服务管理，为各类物联网感知层终端提供统一标准接入，包括终端通信的服务与监控、通信报文的加密与解析、通信报文的压缩与解压缩等功能。

2. 应用接口与服务模块

实现为生猪、柑橘等各个农业产业物联网应用系统提供统一的物联网应用接入平台，实现物联网应用层业务指令的解析与转发，以及提供面向应用的短信、彩信、GIS、视频等物联网技术支撑服务。

3. 业务与数据处理模块

实现感知层上传、应用层下发数据的业务解析、业务交互、业务受理、业务监控、业务告警的功能。

4. 基础运行平台

基于 OSGi 服务平台（service platform）设计和实现，是物联网支撑技术平台的数据处理核心，为各种构件的运行提供环境。

针对物联网应用软件底层终端数量多、上层行业应用复杂的特点，满足物联网支撑技术平台要维护大量共享数据和控制数据的需求，同时针对物联网应用活动（任务或事务）具有很强的时间性的特点，满足既需要数据库支持大量数据的共享，维护其数据的一致性，又需要实时处理来支持其事务（任务）与数据的定时限制的需求。

三、农产品物流

随着农业结构的调整和居民消费水平的提高以及生鲜农产品产量和流通量的逐年增加，全社会对生鲜农产品的安全和品质提出了更高的要求。

农产品物流网整合农产品物流现有资源，使现有的物流资源得到充分的展现和利用，为农产品打造一个安全、可靠、及时送出去的绿色通道，承接数字门户系统、电商系统和产业信息服务平台带来的物流服务，主动地根据企业和农民的需求递送物流服务说明。利用现代化信息技术、网络技术、物联网技术和先进的全温层配送解决方案，为农产品物流发展开创一种全新模式，从而在节约社会资源、降低物流成本、提高效率、减少社会环境污染的同时为企业和农民创造效益。

农产品物流网系统将按多层体系结构进行设计，按总体设计思路，规划如下的系统逻辑体系架构。

（一）基础支撑层

该体系支持 BM Web Shpere、Bea Web Logic、Tomcat 作为 2EE 应用服务器和整个平台的公共业务技术支撑平台，提供基本的 J2EE 运行环境。公共组件支持平台为 EECMS 平台，此平台是在 2EE 架构下的整合平台，包括数据访问、ML、权限管理、会员组管理、统计报表等基础功能组件。

（二）农产品物流网门户系统

农产品物流网门户系统是面向所有用户（政府、冷链配送企业、仓储加工企业、农户、第三方物流企业等）集中各种农产品物流信息资源和应用服务，采用单点登录技术和灵活的访问控制机制，依据设定的信息资源自身密级和用户访问权限，访问符合权限的信息资源和应用服务的农产品物流网门户系统采用2EE + SP 技术构建，遵循国际上先进的技术标准与规范，如 Portlet（遵循 JSR – 168，JSR – 170 规范）、Neb Service、简单对象访问协议（SOAP）、面向服务架构（SOA）、远程门户Web 服务（WSRP）、自由联盟单点登录（Liberty Alliance SSO）、可扩充标记语言（XML）、安全断言标记语言（SAML）、公钥基础设施（PKI）、轻量级目录访问协议（LDAP）、活动目录（Active Directory）等。提供开放、企业级的应用编程接口和管理工具，达到高度的开放性、互联性、可扩充性和可移植性。可以实现单点登录、单点退出、多风格布局、个性化界面，并具有内容管理、信息发布、内容搜索、监控与分析、灵活的系统管理与严密的安全控制等功能。

为了兼顾动态页的管理方便和静态页的访问速度，网站采用伪静态页面技术，可以对首页、栏目页进行缓存处理，设置是否开启页面缓存功能，当首页和栏目页开启缓存之后，其访问速度可以和静态页面相媲美。

（三）农产品车货配载系统

农产品车货配载系统通过物流信息管理，发布和采集货源信息和车源信息，根据供需意向撮合物流信息的交易，支持手机版及物流短信收发，用户可以随时随地发布物流信息，接受物流信息咨询，同时通过短消息跟踪物流业务和了解车辆状况等信息。通过与 GPS 车辆卫星定位系统对接管理，还可提高农产品的物流效率。

（四）农产品仓储管理系统

农产品仓储管理系统（WMS）是农产品物流信息管理系统的重要环节，是对物流中心多种货物归集、统计和核算的基础，提升订单处理效率和单位存储面积的创效能力，缓解物资的供需矛盾。

在实际的物流活动中，仓储的效率和人力资源成本、仓库的直接成本、单个货位的创效能力是比较现实的问题。土地及建在土地上面的库房从某种角度讲属不可再生资源。增加绝对面积与绝对人力不仅不能满足大型物流中心的运作需要，还会带来大量的资源浪费，无节制地扩张是行不通的。订单处理效率直接关系到单位存储面积的创效能力。依靠智慧化指令提高仓库吞吐量，加快单位存储面积周转是仓库增值的唯一途径。另外，订单处理效率的高低直接影响终端客户的满意度和订单履行的周期。

VMS 能够帮助企业解决在仓库运作管理过程中面临的种种问题。该系统采用条形码、掌上电脑等先进的物流技术设备，可对出入库货物的联机登录、存储检索、容积计算、仓位分配、损毁登记、状态报告等进行自动处理，并向系统提交图形化的仓储状态显示图等。按照最佳模式统一规划管理这些资源，以降低物流成本和提高服务水平，使工作效率达到最高。该系统订单管理模块用来接收、录入和管理各种驱动库存作业的订单，订单管理模块是整个库存所有作业指令的来源。因此，通过设计集中的订单管理模板保证数据的唯一性、管理的有效性。

（五）农产品配送管理系统

农产品配送管理系统可以扩大物流服务半径并提高第三方物流交付能力，也是物流中心物流服务的有效补充。

农产品配送管理系统的设计思想是组织送货，即按照存货方的要求，组织货物定时、定点、定量地送抵用户。该系统将时间和空间均离散的物流运输管理和库存管理操作协调顺畅，并通过人力和物力的资源统筹规划，提升整体的服务及管理水平。该系统具有人性化的图形用户界面、灵活的查询和统计功能及可靠的系统安全性，再配合数据交换系统和RFD 的使用，极大地提升传统物流行业的工作效率、服务质量和市场开拓能力。

农产品配送管理系统运用先进的计算机技术、数据库技术和网络通信技术，在计算机上实时地监控配送的各种作业进度，清晰快捷地显示配送业务的处理状态、车辆使用情况和状态、仓库库存货品、配送进出量等，从而便于业务人员、仓库人员、运输调度人员进行作业计划、下达配送作业指令，以提高配送的经济效益。该系统支持按区域进行配送计划安排，将某一个地理区域划分成几个配送区域，在做配载的时候，统一配送区域的配送任务进行组合配送。

（六）GPS 车辆监控管理系统

运输跟踪监控管理系统是基于危化品传感器、车辆状态传感器、GPS、GPRS、卫星通信、电子地图等先进技术设备，可实现对运输车辆等实时跟踪和监管的综合应用平台。

该系统通过对运输车辆的实时定位，运营区城限制等远程监控技术和 GPS 车载终端，实现对运输车辆及其载体状态的有效探测和统一管理，并能统计和分析客户情况。该系统包含 GPRS、卫星通信、互联网等远程数据传输手段，包括数据采集、数据整合、数据提供、在线查询、在线监控等多种应用方式。

该平台通过各种远程数据传输手段，根据每一种终端定义的通信协议，采集运输车辆和船舶的实时数据，经解析处理后，整合进入数据库，再通过数据分发接口，将数据发布给用户使用。同时，该平台还提供一个标准人机界面，用于实时数据查询和监控。

实时查询车辆的位置和行驶数据信息。对于查询车辆的选择可以按单辆车部分车辆（分组）或全部车辆，选择车辆的实时位置信息和行驶数据信息可以向管理中心报告。位置信息包含经纬度值，行驶状态信息包括时间、速度、方向、设备故障信息等。

定时方式监控车辆位置。管理中心可按单辆车、部分车辆（分组）或全部车辆要求车载终端按照定时方式连续上报车辆的实时位置，实现对在途车辆的连续实时监控功能。

提供历史轨迹上传和轨迹回放。车载终端上存储的历史轨迹记录可以由信息管理中心通过无线方式按照时段提取后存储于信息管理中心，轨迹点可以在信息管理中心电子地图上回放，以重现车辆的行驶过程。

在有紧急情况时，当驾驶人员按下按钮后，车载终端会马上执行向信息管理中心的报警动作。信息管理中心接到报警信息后，立即以声音提示结合文字提示的信息通知值班人员，再配合电子地图上的位置信息，为值班人员提供及时完整的报警信息和处理流程，信息管理中心提供对车辆、驾驶员等信息的录入、查询、编辑，可按单车或分类查询方式进行查询，也可以组合查询条件进行查询，还可以时刻掌握车厢内的温度状态。调度人员能在任意时间通过调度中心发出文字调度指令，并得到确认信息。运能管理将运输工具的运能信息、维修记录信息、车辆运行状况登记处、司机人员信息、运输工具的在途信息等多种信息提供给调度部门决策，以提高出车率，尽量减少空车时间和空车距离，充分利用运输工具的运能。

（七）温度实时监控系统

温度实时监控系统通过先进的 RFD 技术革新温度监控手段，解决现有监控设备操作性差、人工成本高、出错率高的弊端，在需要恰当的温度管理保证质量的生鲜食品和药品的物流管理和生产流程管理中，将温度变化记录在带温度传感器的 RFD 标签上，对产品的生鲜度、品质进行细致、实时地管理，可以简单轻松地解决食品、药品流通过程中的变质问题。

对环境温度进行严格的监控、记录、分析、决策，并无线传输到计算机，再通过专业软件对数据进行分析和输出。

四、村镇信息服务系统

（一）乡镇信息服务

建立畅通的信息渠道是城乡一体化所处时代的内在要求。实现城乡一体化的社会目标处于以信息化为特征的知识经济时代，信息成为促进经济发展的重要资源。按照中国电子政务的建设规划，副省级以下电子政务系统的依托平台是互联网，主要任务是提供基础服务，通过信息化实现由管理型政府向服务型政府的转变。基层电子政务提供信息服务的主要模式是政府网站，通过政府网站发布信息，如向民众公布各种方针政策、办事流程等。

在网络经济时代，信息就是力量和财富的源泉，乡镇信息服务系统为实现乡镇信息资源的流通和共享、充分发挥乡镇信息资源的效能开辟了捷径。由于乡镇信息服务系统建设在我国是一个新生事物，乡镇信息服务系统的建设思路是首先实现乡镇内部党务、政务、财务电子化和办公网络化，实现乡镇面向企业和广大农户的服务网络化，其次在此基础上建成体系完整、结构合理、宽带高速、互联互通的电子政务网络体系，最终建成政务系统共建共享的信息资源库，全面开展网上交互式办公，为用户提供一整套标准的办公自动化解决方案，以帮助乡镇信息服务站迅速建立起便捷、规范的办公环境，迅速提升乡镇信息服务站的管理和信息化应用水平，并降低投资成本。

按照湖南省智慧农业农村规划推荐的技术路线和从现有软硬件资源出发考虑，乡镇信息服务系统的技术架构使用基于 SOA 风格的架构，系统使用标准的 Web 服务器，并实现与湖南省智慧农业农村内部门户系统的集成，通过 ESB 服务器与外界进行服务的发布和交互。

项目应用层主要分为网络办公和站务管理两大板块。网络办公主要实现乡镇信息服务系统中的流程审批、公文管理、协同办公等功能。站务管理主要实现乡镇信息服务系统中的信息采集、信息审核发布、栏目设置、模板设置等功能。

（二）村级信息服务

在村级信息服务试点工程中，构建村级信息服务系统平台，实现与先进的数据中心的高性能、安全可靠的连接访问。按照平台上移、服务下延、资源整合、统一标准的基本原则，以语音、短信、视频等多种方式接入智慧农业农村综合服务平台，在平台提供的不同层次的各项信息服务和业务支撑上，为农村用户提供快速、便捷的农村信息服务高速通道，实现村级智慧农业农村"最后一公里"的建设。

目前，农村居民的信息服务意识相对淡薄，需要建立以公益性服务为主导，深入探索建设缴费网点、业务代办等运营模式。鼓励各类市场主体积极参与农村信息服务，通过市场手段获得服务收入，实现互惠共赢和可持续发展；形成可复制、可推广的智慧农业农村可持续良性发展模式。依托与农村综合信息服务平台系统紧密对接的村级信息服务系统，推广普及非现金支付结算工具，对于促进农村消费、便利民生、改善民生具有极其重要的作用。

1. 村级信息服务系统的功能

（1）村务管理。

为农村各级管理职能部门提供协同办公、农村村务、党务、农村人口、土地资产、医疗卫生、财务和社会事务等全面集中的村务管理功能。

（2）民情社情。

农村各级管理职能部门通过信息服务平台，把本村医疗卫生情况、文化教育环境、农村技术产业信息及突发事件上报至上级政府，上级政府根据村级上报的各类信息，了解农村民生需求，实时调控农村政策、资源补助等发展规划，合理分配资源。

（3）村农社区。

农户通过村级信息服务点将供应、需求、合作、租赁等信息发布到平台，通过村级信息服务点查询平台上的各类智慧农业农村信息。村与村之间可以通过平台发布和查询求购信息、供应信息、合作信息等形成信息共享、协同合作的社区文化。

（4）便民缴费。

村级信息服务系统拥有缴纳通信费、代购代缴等功能，为村民解决日常生活中的基本消费问题。

2. 村级信息服务系统平台组成

村级信息服务系统平台由接口管理、信息交互系统、平台支撑系统、缴费终端系统四大部分组成。

（1）接口管理。

对系统接口进行管理，与各系统进行数据共享，包括针对综合信息服务平台、银联、运营商、政府职能的系统接口的标准和规范及以此搭建的元数据管理接口支撑平台。

（2）信息交互系统。

是村级信息服务系统核心业务的集合，帮助村民委员会建立一套政务政策、农业商务、农产品信息的发布和查询窗口，实现民情社情、村务管理、农村社区等功能。

（3）平台支撑系统。

村级信息服务系统核心支撑平台，支撑村级信息服务系统的用户管理、权限设置、统计分析等功能。

（4）缴费终端系统。

运用高度集成智慧化信息终端技术，研制适用于农村、可持续运营的多功能综合服务多媒体终端应用模式，同时集成通信卡购买和充值、公共事业缴费、虚拟商品购买等电子商务功能，用于帮助建立一套适用于农村的多功能综合服务站，并可扩展为刷卡、在线支付等功能。

通过以上描述的系统组成，可以轻松、便捷、完整地实现便民缴费、村务管理、民情社情、村农社区四大类业务功能，达到村级服务信息化。

第四节　基础服务子平台

一、统一认证系统

（一）概述

统一认证系统按照平台上移、服务下延、资源整合、共建共享的原则，将原有的分散于各个信息管理系统和应用系统中的用户身份信息进行整合，通过统一的界面和逻辑对用户进行集中管理，为各业务系统提供统一的用户管理、集中访问控制、身份认证和应用授权、单点登录、用户访问策略与保密、有效的身份管理和审计等核心服务，能适应需求和应用的变化，具备良好的扩展能力，能满足多种用户、角色和数据模型需求，符合多种应用管理策略的统一认证平台要求。实现统一管理、共享资源，统一认证、灵活扩展，统一授权、运维安全，统一规划、降低风险的目标，使其成为农村综合服务平台的核心服务，使百万农户、万家企业在各种环境下均能方便、快捷地享受网上平台的各种服务。

以 PKI/CA 技术为基础构建统一身份认证服务，通过集中证书关联、集中账号管理、集中授权管理、集中认证管理和集中审计管理等应用模块实现智慧农业农村综合服务平台所提出的编号统一、资源整合、应用数据共享和全面集中管控的核心目标。

为开发智慧农业农村综合服务平台的门户系统，通过集成单点登录模块和统一身份认证平台服务，实现针对不同用户展示不同内容，可以根据用户的关注点不同为用户提供定制展现的功能。

建立统一身份认证服务平台，使用唯一身份标准的数字证书即可登录所有应用系统，具有良好的扩展和集成性。

基于 LDAP 目录服务的统一账户管理平台，通过 LDAP 中主从账户的映射关系，进行应用系统级的访问控制和用户生命周期维护管理。

系统以 PKI 基础服务、加密解密服务、SAML 服务等国际成熟技术为基础，架构统一认证管理平台，通过 Web 过滤器、安全代理服务器等技术，快捷实现各应用系统集成，在保证系统安全性的前提下，更好地实现业务整合和内容整合。

（二）功能

统一认证管理平台各组之间的松耦合关系，既相互支撑又相互独立，具体包括如下功能。

1. 集中用户管理

完成各系统的用户信息整合，实现用户生命周期的集中统一管理，并建立与各个应用系统的同步机制，简化用户及其账号的管理流程，降低系统管理安全风险。

2. 集中证书管理

集中证书注册服务和电子密钥管理功能，实现用户证书申请、审批、核发、更新、吊销等生命周期管理功能，支持第三方电子认证服务。

3. 集中认证管理

实现多业务系统的统一认证，支持数字证书、动态口令、静态口令等多种认证方式。提供单点登录服务，用户只需要登录一次就可以访问所有相互信任的应用系统。

4. 集中授权管理

根据企业安全策略，采用基于角色的访问控制技术，实现支持多应用系统集中、灵活的访问控制和授权管理功能，提高管理效率。

5. 集中审计管理

提供全方位的用户管理、证书管理、认证管理和授权管理的审计信息，支持应用系统、用户登录、管理操作等审计管理。具体的审计功能和内容主要包括以下部分。

（1）多账号分配情况的审计包括主账号与自然人的对应关系、主账号与从账号的对应关系、主账号的创建时间和创建人、从账号的有效期及密码更改规则等。

（2）对账号授权的审计包括查询主从账号的访问权限、查询资源的授权访问者、权限的分配时间和分配者等。

（3）对登录过程的审计包括用户用什么账号在什么时间登录了什么系统。

（4）对身份认证的审计包括成功的身份认证统计和失败的身份认证统计等。

（5）对登录后用户行为的审计，如果集中授权模块能够达到实体内部资源级，或应用经过改造后能向集中审计模块提供日志记录，再或集中审计模块能够读取应用的日志记录，则4A框架下的集中安全审计模块可以对登录后的用户行为进行审计，包括用户访问了什么资源和对资源进行了什么操作等，在此基础上可以实现对错误过程的追溯。

二、知识库系统

知识库是智慧农业农村综合服务平台的核心部分。为了建设有用、准确、便捷的农业知识库，必须针对湖南省农业生产的特点、农村社会背景，吸取和总结国内外农业数据库开发的成功经验，创建覆盖湖南省农村主要普通产业和特色产业两个层面，面向农民、专业户、涉农企业与组织三个群体，支持、支撑农村生产技术进步和农村生活改善两个方向，吸纳农业专家与种养能手经验智慧、网络与文献优质信息三种资源的知识库和知识库群。要针对当前农村的现实情况，设计的产品要求操作简便、使用方便，而相应数据库和知识库则更复杂，真正管好用好农业知识库，解决农业知识的录入与推送，为远程教育致富乡亲、12396热线有问必答、科技特派员深入农村提供支撑。

（一）知识库系统的功能

知识库系统具有为智慧农业农村综合服务平台应诉提供问题答案，为远程终端提供知识服务及为智慧决策系统提供知识数据支持等功能。知识库将依据农业图书分类法和学科分类法规范，围绕农业产业链、满足农民诉求、动态演化的知识库和知识库群构建，重点研究农业知识条目的采集与加工规范、知识组织与表示、知识库条目的存储结构及知识库和知识库群构建。

1. 知识条目采集与加工的信息化规范

根据农业学科分类方法、区域产业发展特色和农民接收特点，借鉴国家数字农业标准，制定知识库知识条目采集与加工的信息化规范。

2. 知识库的知识组织与表示

高效、精确的农业知识组织与表示将直接影响平台的应诉服务功能。知识库应集成应用图书分类和学科分类的知识框架，采用决策树方法，构建农业知识体系。针对网络、论坛维客、博客、图书文献、农业专家经验、实地调研等多种知识源的知识采集，研究以农业产业链为主线的农业知识的组织，涵盖产前、产中与产后各个环节。以满足农民诉求为目的，研究农民易于接受的以知识块，即知识单元为内容形式的农业知识表达方式。

3. 知识库知识条目的存储结构

针对农民诉求的知识表达方式，研究采用问答式和标签式的知识条目，构建基于对象关系模型的知识库结构。研究知识库群中知识库与知识库结构的逻辑关系及知识库群的构建规则。研究知识库中表与表、表与视图、存储过程与触发器等的逻辑关联，为知识库的智慧更新和升级提供支撑。

4. 知识库与知识库群构建

在现有12396数据库的基础上，采用问答式和标签式的知识条目，构建基于对象关系模型的知识库结构，开发茶叶、生猪，水稻、油菜、柑橘等农业主导产业知识库，同时开发葡萄、金银花、猕猴桃、蔬菜、果树林、食用原料林、工业原料林、药用林、特种养殖、特种水产等特色产业知识库及相应知识采集库、沉淀库、挖掘分析库，还包括知识录入管理的专家库、用户诉求的用户库等基础数据库。

（二）知识库系统的主要组成

1. 基于单机与网络的知识库录入系统

为了方便专家和一般用户录入农业知识，主要提供两种录入方式，一种是离线录入，即当录入全部完成后，再接通网络一次性导入；另一种是在线录入，即支持用户在网上动态录入，方便知识的及时录入，录入的知识通过专家审核后再入库。

2. 知识库管理系统

主要解决知识的去重、修改、删除旧的无效知识等。在整个过程中，制定相应沉淀管理的规则和步骤，对于有错误的知识或过时的信息，要定时修改或删除。

3. 知识库挖掘系统

主要针对数据库中存放的知识进行定时分析，通过对知识的挖掘，定期形成报表和分析报告，供相应人员进行审核，给领导传送相应报告。

4. 知识推送系统

分析呼叫中心用户记录和网站用户查询记录信息，通过相应偏好分析，定期或不定期地为指定用户发送其感兴趣的农业知识，指导其从事相应农业生产，并与湖南联通公司合作打造农村手机报服务系统。

5. 知识库检索系统

主要解决呼叫中心用户诉求、座席人员查询和平台门户用户网络查询相关农业知识条目，当采用呼叫中心模式时，每次查询记录不超过3条，以最准确匹配的条目优先显示为主，由座席人员宣读，并通过手机短信、网络展示供用户查询详细信息。对于网络查询，类似百度信息显示，知识库中收集的农业农村相关信息量一般很大，并且要剔除陈旧过时信息和错误的信息。海量的知识信息带来了巨大而繁杂的工作，需要网民帮助才能筛选得到可靠有用的知识。

6. 知识库审核沉淀系统

主要针对农业专家学生录入的信息、网上垂直搜索抓取的信息、网上网友提供的信息、农村种养大户提供的信息、农村专家提供的信息、物联网设备采集的信息，以及系统中过时、错误的信息等，需按规定要求有步骤、分层次地进行审核，经同意后再沉淀入库或删除。

（三）知识库系统的主要功能

1. 信息获取

知识库系统需要具备强大的信息获取能力，不断充实知识库的信息和内容，提高知识库系统的知识利用率和使用效果。知识库的信息获取途径有以下六个方面。

（1）写入。

农业专家采用规范、统一的格式进行知识的采编和写入，也可以采用如维基百科和微博等新方式进行写入。

（2）抓取。

充分利用互联网上的海量信息优势，通过信息抓取技术对选定网站上的内容进行抓取，再根据抓取原则对内容进行甄别和筛选，从而筛选出最符合农民诉求的少数有用信息，防止过多地反馈信息。

（3）连接。

使用数据交换与共享技术，将国家人口、地理、自然资源、医疗、金融等基础信息库及湖南省公共服务数据库和各大科研院校的专业数据库连接到平台，充分利用已有的数据库资源。

（4）集聚。

把政府部门、科研院所、农业协会、企业等单位有关农业的网站集聚到知识库中。

（5）沉淀。

包括文字沉淀和语音沉淀。文字的沉淀主要包括短信的沉淀，语音的沉淀主要包括录音的沉淀。当一个农民通过热线与专家进行交流时，若专家的讲解很详细到位，则可以考虑把本次录音进行加工裁剪后放到知识库中，下次再遇到农民提出相同的诉求时，可以直接播放录音进行回答。

（6）改造。

考虑把电子文档、纸质图书改造成符合知识库的写入标准的形式，并放到知识库群中。

系统通过智慧知识编辑器、文本语音识别和垂直搜索引擎等各种信息获取技术，不断丰富平台的内容和资源，形成一个结构合理、内容全面、检索高效的农业知识资源库，互联网上信息资源的迅速增长给搜索引擎更快、更准确地搜索到用户所需信息带来了很大的麻烦。如何使搜索结果更加符合用户检索需求，同时又减少返回的无关信息就成了搜索引擎亟待解决的问题。垂直搜索引擎的出现为解决信息查询不准确、相关性不高等问题提供了方案。垂直搜索引擎是针对某一个行业的专业搜索引擎，是搜索引擎的细分和延伸，是对网页库中的某类专门的信息进行整合，再将需要的数据定向分字段抽取出并进行处理后以某种形式返回给用户。这种搜索方式能最大限度地满足用户对专业性、准确性及个性化的需求。

相比于综合搜索引擎的海量信息无序化，垂直搜索引擎显得更加专注、精确和深入。其优点是对某一领域来说信息搜集全面、更新及时、针对性强、检准率高。

2. 知识库管理

知识库管理是指对知识进行分类、存储和维护。

（1）知识分类。

对知识按照地域、行业领域、业务类别等维度进行分类，做到快速、准确地定义知识的分类，让用户根据分类获取所需。知识库系统需要建立一系列分类模型、分类标准，并实现知识库的多维度知识分类、智慧知识分类，以降低知识分类的难度，提高知识查找的效率。

（2）知识存储。

知识的存储需要考虑结构化和非结构化知识的特点，采用不同的知识存储机制，可将不同格式的资料（HTML、Wod、TXT、PDF 等）存储于同一系统中，建立一致的索引及关联。使用独有的文档元数据元素，能够记录文档分类、摘要描述、文档来源和文档定义。针对多媒体文件、图像文件等超大型知识文件，需要解决大容量、大传输量存储问题。

（3）知识维护。

将知识成功添加到知识库系统后，在进行知识检索和使用的同时，也需要对知识进行内容更新、更改属性等维护操作，使知识始终处于最新可用状态，避免由于使用过期知识给业务带来负面影响。

3. 知识使用

（1）知识门户。

允许使用者建立独立的知识体系（知识分类），并把知识库中的知识添加到知识门户中，能够更好地对海量知识进行归类、索引，方便用户查找。根据不同的需要建立有针对性的知识门户，如公共知识首页、个人门户专区、多维知识导航、动态知识地图、知识交流社区等。

（2）知识检索。

农民在遇到困难时通过呼叫中心寻求专家帮助，话务员在接到农民的电话求助后，通过沟通客观了解问题特征，然后利用标题、关键字和全文检索等搜索技术，快速、准确地找到问题的答案，然后将答案反馈给农民。要求知识库在智慧农业农村综合服务平台运行初期能解答农民50%的诉求，运行完善后能解答农民70%的诉求。

（3）知识推送。

知识库系统建立后，只有将知识方便快捷地传递给农民，利用知识帮助农民解决生产生活中的各种问题，才能发挥出知识的最大作用，体现出知识库群的价值。因此，解决"最后一公里"问题变得尤为重要。知识库系统要充分利用互联网、移动通信、广播电视、书刊等信息通道，通过电话、短信、彩信、无线广播和信息终端等方式，实现知识的快速、定向推送，知识推送技术可以用于话务员解答农民问题时，将答案推送给农民，也可以用于对农民来电行为、上网行为进行数据分析后，获取用户的问题诉求、感兴趣的产品、关注的最新农业技术等，然后系统自动在知识库系统中寻找匹配的知识信息，并采用合适的推送技术主动推送给用户。

三、应用集成与数据共享

应用集成与数据共享系统以农村综合信息服务平台建设为核心，整合涉农科技信息资源，拓展信息传输通道，强化基层信息服务站点建设，打通城市—农村的信息化对接通道，构建一线牵两头的整体框架。但是因为湖南省涉农信息资源具有多元、异构、多态和分散的特点，信息服务的"最后一公里"问题尚未有效解决，存在信息资源共享程度偏低，智慧农业农村资源缺乏聚合，无法具体农业应用系统等问题，例如农业电子商务、农业市场预测等难以有效服务于广大农户。

当前的智慧农业农村建设的重点之一在于如何强化信息资源采集与开发利用。智慧农业农村资源相当广泛，农户最关心的信息涉及政策法规、农业科技、动植物疫病、农产品价格、农业资源环境、农产品农资质量监管、农垦信息及农村劳务、文教卫生等多个方面。如何整合这些信息资源形成资源共享、集成各系统服务以数据支撑农村信息服务、企业信息服务和产业信息服务等平台，并为农产品市场信息资源的开发分析工作和提高农产品监测预警水平提供依据，这些都是湖南省智慧农业农村综合服务平台亟须解决的问题。应用集成与数据共享作为湖南省智慧农业农村综合服务平台的核心支撑平台，其建设目的就是解决上述的多应用系统和多数据源的集成问题。

（一）功能设计要求

在功能设计上，需要满足以下几点要求。

（1）通过先进的应用集成技术，集成农业农村、医疗卫生、气象预警、防汛抗旱、地理信息、文化资源、远程教育等各领域的应用服务，为百万农户和万家企业提供各类综合服务。

（2）完善数据中心主数据管理、业务规范、元数据管理等标准，同外部系统建立稳健的数据交换与共享体系。

（3）利用科学的数据模型和数据清理转化加载技术构建数据、信息仓库，为管理决策系统提供数据支撑，为农户和企业应用提供数据支持。

（二）共享系统的主要功能

应用集成与数据共享系统的主要功能包括界面集成、业务集成和数据集成。

1. 界面集成

通过统一门户访问人口集成各应用系统，使用开发 Portlet 的方式整合内外部系统业务资源，为用户提供统一的界面交互和认证，是平台服务功能的最直接体现。

2. 业务集成

通过有效的消息处理实现平台内部业务系统互联，实现工作流程管理，实现与外部国家农业数据中心、气象、地理民生等系统的业务互联互通。

3. 数据集成

整理现有系统的数据，归纳基础公共数据，按照一定的数据格式和规范，建立主题数据库，实现业务系统数据一致和接口互联。

（三）系统组成

1. 应用系统层

平台中现有的各应用系统和各外部数据源的数据资源是散乱的，且各自独立，因此需要在系统上开发适配程序将这些系统的功能转化为 Web 服务。再与业务总线对接，同时将业务数据转化为 MQ 消息再与数据总线对接，这些数据是平台的信息资源基础。

2. 数据与业务服务层

由数据总线和业务总线构成。是平台通向外界系统的桥梁，是一个实现通信、互联、转换、可移植和安全标准接口的企业级基础软件平台，在本项目中使用 ESB 作为数据交换服务、业务流程集成的基础信息交换平台。同时，基于 ESB 建立服务注册中心，管理所有内部系统之间及外部应用系统与平台之间的业务服务接口。

3. 数据加工存储层

通过 ETL 工具实现数据从原始数据进行编码转换、格式变换等转变成规范的数据进入数据中心的规范库及从规范库到数据仓库的加工转换，同时包括数据的可靠存储。

4. 分析展现层

通过商业智慧（B）的相关技术和工具支持，对数据进行分析展现，深入挖掘数据的内在价值，以报表、图表、即席查询、多维分析等多种形式展现，支持领导决策和政府导向。

5. 门户集成层

主要采用 Pro 技术将数据中心的分析展现应用平台与外部其他服务系统集成到门户，以统一的展现方式为农户和企业访问数据中心及三大服务体系中的其他应用系统提供一个单一的访问入口和工作界面。

四、内容管理

内容管理的重要特点之一就是将内容与内容的表现形式有效地分离开来，理解了内容与表现之间的差别，也就理解了内容管理的价值。

早期的网站由纯粹的 HTML 页面组成，每一个页面都是由设计师将内容与设计进行整合，然后合成一个页面。后来动态网站技术出现，人们将内容本身保存在关系数据库里，当用户浏览时再动态地从数据库中取出，使程序生成 HTML 页面传给用户。纯粹的静态网页技术过分强调内容的表现形式，从而使得效率低下，而动态网页技术则因为有比较高的技术含量及受限于技术而忽略了内容的表现。内容管理系统通过模板技术解决这个矛盾，即内容的存储使用关系数据库，并且使用模板合成最终的页面。模板让设计师的才能发挥到极致，而又不影响效率。

内容管理解决方案包括两大部分，即网站内容的采集、加工、制作系统和网站内容的挖掘系统，全面实现 Web 界面的内容采集、编辑、审核及基于模板的动态内容变更和实时静态内容发布，具备强大的站点功能管理和全文检索功能。其中，网站内容的采集、加工、制作是基于系统中的采编发系统实现的。采编发系统集整个网站（多网站）的结构管理、栏目管理、内容管理于一体，提供了基于 Web 的采编流程（用户可以定制工作流），同时可视化的工作平台便于生成图文并茂的内容。

平台系统的内容管理系统是面向企业级内容管理、面向政府级信息化建设的，通过简单配置快速构筑门户网站，方便、快捷地进行更新和维护，降低信息整合、内容管理、部门协同与智慧发布的投入和维护成本，能有效地消除"信息孤岛"，极大地促进信息资源的综合开发和利用。

整个内容管理系统由编辑管理、栏目管理、角色管理、用户管理、模板管理、发布管理六大模块组成，涵盖工作流程的各种需求。

随着互联网和信息科技的蓬勃发展，企事业单位、政府等越来越重视自身的信息化建设，网站则已成为单位对外宣传的主要窗口之一，而且网站内容的丰富程度、表现形式的专业化水平也代表了一个企业的形象。

为了解决传统的 Web 网站建设方法的弊端，提高工作效率，降低技术难度，增加易用性和易维护性，同时兼顾内部的工作流程等，在该系统中提出了基于网站内容管理的解决方案。该解决方案集成了网站内容的采集、审批、发布及挖掘等功能，不但适合内外网网站的建设，也可以用来建设内部的知识库系统等。

该方案能够高效、可靠地提高行业内部的工作效率，缩短稿件发布的周期。基于 Web 方式的可视化工作平台，提供网站的管理、维护、内容采集等功能。采编发系统具有友好的界面表现形式，使用者不需要进行专门的培训即可使用，使网站的维护像网页的浏览一样简单，真正实现了一点即发的效果。

同时，系统支持多用户协同工作，基于 Web 的采编发系统可以移动办公，实现了随身办公室功能。系统采用网站内容管理的解决方案能够方便地对整个网站的结构内容进行维护，不再需要更多的专业人员，网站的维护从此大众化。

第四章
数字经济时代的农业物联网

第一节　物联网理论

一、物联网的定义

物联网就是物物相连的互联网，是基于互联网、电信网等信息承载体，让所有能被独立寻址的普通物理对象实现互联互通的网络。

通俗地讲，物联网是指各类传感器、RFID 和现有的互联网相互衔接而形成的一种新技术。物联网以互联网为平台，在多学科、多技术融合的基础上，实现了信息聚合和泛在网络。物联网有两层含义。第一层，物联网的核心和基础仍然是互联网，它是在互联网基础上的延伸和扩展。第二层，物联网的客户端延伸到了物品与物品之间，方便了它们进行信息交换和通信。

物联网是下一代互联网的发展和延伸，因为它与人类生活密切相关，因此被誉为继计算机、互联网与移动通信网之后的又一次信息产业浪潮。

二、物联网的体系结构

物联网的体系结构分为感知层、网络层和应用层。

(一) 感知层

感知层相当于人体的皮肤和五官，是用于识别物体，采集信息的工具，具体包括二维码标签和识读器、RFID标签和读写器、摄像头、传感器和传感器网络等。

感知层要解决的重点问题是对物体的感知和识别，通过RFID、传感器、智能卡、识别码、二维码等对感兴趣的信息进行大规模、分布式地采集，并对其进行智能化识别，然后通过接入设备使获取的信息与网络中的相关单元进行资源共享与交互。

(二) 网络层

网络层相当于人体的神经中枢和大脑，主要用于传递和处理信息，包括通信与互联网的融合网络、物联网管理中心、物联网信息中心和智能处理中心等。

网络层主要用于信息的传输，即通过现有的互联网、广电网和通信网或者下一代网络（next generation networks，NGN），实现数据的传输和计算。

(三) 应用层

应用层相当于人类的社会分工，它与行业需求结合，实现业务的广泛智能化，是物联网与行业专用技术的深度融合。

应用层完成信息的分析处理和决策，并实现或完成特定的智能化应用和服务任务，以实现物与物、人与物之间的识别与感知，最终发挥智能作用。

三、物联网的关键技术

物联网产业链可细分为标识、感知、处理和信息传送四个环节，因此，物联网每个环节主要涉及的关键技术包括以下四个方面。

（一）射频识别（RFID）技术

RFID 是一种非接触式的自动识别技术，具有读取距离远（可达数十米）、读取速度快、穿透能力强（可透过包装箱直接读取信息）、无磨损、非接触、抗污染、效率高（可同时处理多个标签）、数据储存量大等特点，是目前唯一可以实现多目标识别的自动识别技术，并可在各种恶劣环境下工作。RFID 系统一般由 RFID 电子标签、读写器和信息处理系统组成。当带有电子标签的物品通过含有特定信息的读写器时，标签被读写器激活并通过无线电波把携带的信息传送到读写器及信息处理系统中，完成信息的自动采集工作，而信息处理系统则根据需求承担相应的信息控制和处理工作。

现在 RFID 已正式被应用在农畜产品的安全生产监控、动物识别与跟踪、农畜精细化生产、畜产品精细化养殖、农产品物流与包装等流程中。

（二）传感器技术

传感器负责采集物联网信息，是物体感知物质世界的感觉器官，是物体对现实世界进行感知的基础，也是物联网服务和应用的基础。传感器通常由敏感元件和转换元件组成，可通过声、光、电、热、力、位移、湿度等信号感知信息，并为物联网采集、分析、反馈最原始的信息。

（三）传感器网络技术

传感器网络技术综合传感器技术、嵌入式计算技术、现代网络及无线通信技术、分布式信息处理技术等，通过各类集成化微型传感器的协作以实时监测、感知和采集各种环境或监测对象的信息，最后，通过随机自组织无线通信网络以多跳中继方式将这些感知的信息传送到用户终端，从而实现无处不在的计算的理念。传感器网络通常由传感器节点、接收发送器、互联网或通信卫星、任务管理节点等构成。

（四）网络通信技术

传感器的网络通信技术为物联网数据提供了传送通道，而如何在现有网络上增强该通道，使之适应物联网的业务需求（低数据率、低移动性等）则是现在物联网研究的重点。传感器的网络通信技术分为近距离通信和广域网络通信技术两类。常见的传感器网络相关通信技术有蓝牙、IrDA、Wi-Fi、ZigBee、RFID、Uweb、4FC、Wireless Hart 等。

四、物联网发展现状

全球物联网应用正处于起步阶段，物联网应用仍以闭环应用居多，其中大多是在特定行业或企业里的闭环应用，但闭环应用是开环应用的基础，只有闭环应用形成规模并进行互联互通，不同领域、行业或企业之间的开环应用才能实现。

目前，物联网在各行业领域的应用仍以点状出现，覆盖面较大、影响范围较广的物联网应用案例依然非常少，不过随着世界主要国家和地区政府的大力推动，以点带面、以行业应用带动物联网产业的局面正在逐步呈现。

中国的物联网应用总体上处于发展初期，许多领域虽然积极开展了物联网的应用探索与试点，但在应用水平上与发达国家仍有一定的差距。目前我国已开展了一系列试点和示范项目，在电网、交通、物流、智能家居、节能环保、工业自动控制、医疗卫生、精细化农牧业、金融服务业、公共安全等领域取得了初步进展。

第二节 物联网在农业中的作用

物联网是指以感知、识别、传递、分析、测控等技术手段实现智能化活动的新一代信息化技术。它通过传感器等方式获取物理世界的各种信息,结合互联网、移动通信网等网络进行信息的传送与交互,从而提高对物质世界的感知能力,实现智能化的决策和控制。因此,物联网在农业领域的广泛应用,既是智慧农业发展的重要内容也是现代农业发展的强大技术支撑,同时,智慧农业的发展也将为物联网技术在农业领域的应用提供无限广阔的市场。

一、物联网技术引领现代农业发展方向

智能装备是农业现代化的一个重要标志,物联网等技术是实现农业集约、高效、安全的重要支撑。在农业中广泛应用这些技术,可以确保农业生产资源、生产过程、流通过程等环节的信息被实时获取和共享,以保证农业的产前规划正确以提高资源的利用效率。农业生产中精细化管理可提高生产效率,从而实现节本增效。产后农产品可实现高效流通,同时农业物联网技术安全追溯的发展也可实现。这些技术将解决一系列关于广域空间信息的获取、高效可靠的信息传输与互联、面向不同应用需求和不同应用环境的智能决策系统集成等的科学技术问题,也将成为促进传统农业向现代农业转变的助推器和加速器,为与物联网农业应用相关的新兴技术和服务产业的发展提供无限的商机。农业物联网在提升农业智慧化水平,推动农业现代化的进程中将具有广阔的应用前景。

二、物联网技术推动农业信息化、智能化

物联网使用各种感应芯片和传感器,广泛地采集人和自然界的各种

属性信息，然后借助有线、无线和互联网络，实现各级政府管理者、农民、农业科技人员等人与人的联结，实现土、肥、水、气、作物、仓储和物流等人与物的联结，以及实现农业数字化机械、自动温室控制、自然灾害监测预警等物与物的联结，并促进即时感知、互联互通和高度智能化的实现。

三、物联网技术提高农业精准化管理水平

从农产品生产的不同阶段看，农作物种植的培育阶段和收获阶段都可被纳入物联网技术以提高生产者的工作效率和精细化管理水平。

四、物联网技术提高效率、节省人工

现实操作中，生产者需要对大棚作物进行浇水、施肥、手工加温、手工卷帘等，这需要耗费大量的时间和人力。如果农场应用物联网技术，生产者手动控制鼠标操作电脑完成对作物生长过程的监测，那么人力将获得极大解放。

五、物联网技术保障农产品和食品安全

农产品和食品流通领域集成应用电子标签、条码、传感器网络、移动通信网络和计算机网络等农产品和食品溯源系统，可推动农产品的质量跟踪、溯源和可视数字化管理的实现。该系统智能监控农产品从田间到餐桌、从生产到销售的全过程，可实现农产品和食品质量安全信息在不同供应链主体之间的无缝衔接，不仅促进农产品和食品的数字化物流的实现，也能大幅提高农产品和食品的质量。

六、物联网技术推动新农村建设

互联网长距离信息传输与接近终端小范围无线传感节点的结合，可解决农村信息落脚点的问题，真正让信息进村入户，把农村远程教育培训、数字图书馆推送到偏远村庄，缩小城乡的数字鸿沟，加快农村科技文化的普及速度，提高农村人口的生活质量，加快推进新农村的建设。

第三节　智慧农业物联网

一、农业物联网的含义

农业物联网，即在农业生态控制系统中运用物联网系统的温度传感器、湿度传感器、pH 值传感器、光传感器、CO_2 传感器等设备，检测环境中的温度、相对湿度、pH 值、光照强度、土壤养分、CO_2 浓度等物理量的参数，通过各种仪器仪表实时显示这些参数，并将这些参数作为自动控制的变量使其参与到自动控制中，保证农作物有一个良好、适宜的生长环境。技术人员在办公室就能监测并控制农作物的生长环境，也可以采用无线网络测量获得作物生长的最佳条件，为精准调控提供科学依据，实现增产、改善品质、调节生长周期、提高经济效益的目的。

二、发展农业物联网的优势

经过传感器的数据剖析，生产者可以判断土壤适合栽培的作物种类，气候环境传感器能够实时收集作物生长环境的数据，系统能迅速依照作物生长的请求改变栽培基地的温湿度、二氧化碳浓度、光照强度等。与传统农业栽培方法不同，物联网农业栽培更加主动化、智能化和长期化，比手工栽培模式更精准、更高效。传统农业很难完整记录栽培过程中的监测数据，而物联网农业系统可保存监控数据，便于农产品的追根溯源，保证农产品的绿色无公害化。

三、智慧农业系统中的物联网架构

通常情况下，应用在智慧农业系统的物联网架构包括物联网感知层、物联网传输层和物联网应用层三个层次。

（一）物联网感知层

物联网感知层的主要任务是标记各种信息，并通过传感等手段，采集这些标记的信息和现实世界的物理信息，并将其转化为可供处理的数字化信息。

物联网感知层涉及的技术和设备包括二维码标签和识读器、RFID 标签和读写器、摄像头、GPS、传感器、终端、传感器网络等。

（二）物联网传输层

物联网传输层由互联网、广电网、网络管理系统和云计算平台等网络组成。该层的主要任务是将感知层采集到的农业信息，通过各种网络技术汇总，并将大范围内的农业信息整合到一起。信息汇总涉及的技术有有线网络、无线网络等。

（三）物联网应用层

物联网应用层是物联网和用户的接口，它与行业需求结合，实现物联网的智能应用。该层的主要任务是汇总信息，并将汇总来的信息进行分析和处理，从而将现实世界的实时情况转化成数字化的认知。

应用层是农业物联网的社会分工，它与农业行业需求结合，实现了广泛的智能化。

四、智慧农业物联网的应用范围

物联网技术在现代农业领域的应用很多，例如，农业生产环境信息的监测与调控、农产品质量的安全溯源、动植物的远程诊断、农业信息化、农业大棚标准化生产监控和农业自动化节水灌溉等。

（一）农业生产环境信息监测与调控

农业大棚、养殖池及养殖场内设置了温度、湿度、pH 值、CO_2 浓度等无线传感器及其他智能控制系统，这些系统利用无线传感器网络实时监测温度、湿度等的变化以获得作物、动物生长的最佳条件，为大棚、养殖场精确调控参数提供科学依据。同时，这些参数通过移动通信网络或互联网被传输至监控中心，形成数据图，农业人员可随时通过手机或电脑获得生产环境的各项参数，并根据参数变化，适时调控灌溉系统、保温系统等基础设施，从而获得动植物生长的最佳条件。参数实时在线显示，真正实现在家也能种田和养殖的目标。

（二）农产品质量安全溯源

农产品质量安全关系着人民健康和生命安全，事关经济发展和社会稳定，农产品的质量安全和溯源已成为农产品生产中一个广受关注的热点。农业生产应用物联网技术可加强对农产品整个生产流程的监管，将食品安全隐患降至最低，为食品安全保驾护航。

目前，我国已出现食品安全溯源系统，该系统集成应用电子标签、条码技术、传感器网络、移动通信网络和计算机网络等技术，实现农产品质量跟踪和溯源，它主要由企业管理信息系统、农产品质量安全溯源平台和超市终端查询系统等功能块组成。消费者可通过电子触摸查询屏和带条码识别系统的手机查询农产品生产者或与质量安全相关的信息，也可以上网查询了解更详细的农产品质量安全信息，从而实现农产品从生产、加工、运输、储存到销售整个供应链的全过程质量追溯，最终形成生产有记录、流向可追踪、信息可查询、质量可追溯的农产品质量监督管理体系。

（三）农业信息化

农业生产智能管理系统在各个农作物领域应用传感器，如土壤水肥含量传感器、动物养殖芯片、农产品质量追溯标签、农村社区动态监控等，自动采集数据，为生产者的科学预测和管理提供依据。

（四）动物、植物远程诊断

农村偏远山区普遍存在种养殖分散、作物病虫害及畜禽病害发生频繁、基层植保及畜牧专家队伍少、现场诊治不方便等问题，而物联网技术的出现可解决上述难题。

大唐电信推出了针对农业种植、养殖生产过程监控和灾害防治专项应用的无线视频监控产品——农业远程诊断系统。该系统由前端设备、2G/3G/4G 无线通信传输网络、专家诊断平台和农业专家团队构成。前端设备支持多种传感器接口，同时支持音频、视频流功能，可以有效地为农业专家提供第一手的现场专业数据。此外，农业专家还可以通过 PC 终端登录该系统，实现远程控制灌溉等操作，这为农村、农业领域缺乏专家的现状提供了解决思路。该系统已在山东寿光农业基地得到良好应用。

（五）农产品储运

在农产品的储运过程中，储运环境（温度、湿度等）与农产品的品质变化密切相关。研究表明，我国水果、蔬菜等农副产品在采摘、运输、储存等物流环节上的损失率为 25% ~ 30%，而发达国家的果蔬损失率则在 5% 以下。如果能实时监测储运过程中的环境条件，农产品品质就能得到保证，经济损失也会减少。物联网技术可应用于各个分散的传感器，以实时监测环境中的温度、湿度等参数，并动态监测仓库或保鲜库的环境。在农产品运输阶段可根据位置信息查询和通过视频监控运输车辆等方式及时了解车厢内外的情况，调整车厢内的温湿度，同时还可以对车辆进行防盗处理，一旦车辆出现异常则可自动报警。

（六）农业自动化节水灌溉

利用传感器感应土壤的水分并控制灌溉系统以实现自动节水节能，具有高效、低能耗、低投入、多功能的农业节水灌溉平台。

农业灌溉是我国用水较多的领域，其用水量约占全国总用水量的70%。据统计，因干旱，我国粮食平均每年受灾面积达两千万公顷（1公顷 = 1 000 平方米），损失的粮食占全国因灾减产粮食的50%。长期以来，由于技术、管理水平落后，灌溉用水的浪费十分严重，农业灌溉用水的利用率仅为40%。如果农业生产应用先进技术，可通过监测土壤墒情信息实时控制灌溉时机和水量，用水效率可以得到有效提高。但人工定时测量墒情，不但人力耗费巨大，也做不到实时监控，采用有线测控系统，则需要较高的布线成本，不便于扩展，而且给农田耕作带来不便。因此，一种基于无线传感器网络的节水灌溉控制系统便出现了，该系统主要由低功耗无线传感网络节点通过 ZigBee 自组网方式构成，避免有线测控系统布线的不便、灵活性较差的缺点，从而实现土壤墒情的连续在线监测。农田节水灌溉的自动化控制既可以提高灌溉用水利用率，缓解我国水资源日趋紧张的问题，也可以为作物生长提供良好的环境。

第四节　农业物联网区域试验工程

农业部明确提出了全面推动农业物联网发展的战略，并相继出台了一系列扶持政策，保障物联网工作在农业发展中能稳步推进和落实。

一、农业物联网区域试验工程的目标

建立中央与地方、政府与市场、产、学、研和多部门协同推进的创新机制和可持续发展的商业模式，适时开展和推广应用成功的经验模式。

二、农业物联网区域试验工程的总体思路

农业物联网区域试验工程的总体思路如下。

第一，按照统一规划、系统设计、领域侧重、统分结合、整体推进、跨越发展的总体思路组织实施。

第二，遵从先集中规划、后分区试验，先集中建设平台、后组装集成，先试点试验、积累经验后推广应用的指导思想分步推进实施。

第三，在系统规划设计的同时，支持天津、上海和安徽根据各自社会及农业发展的水平和产业特点，分别以设施农业与水产养殖、农产品质量安全全程监控和农业电子商务推进、大田粮食作物生产监测为重点领域开展试验示范，探索形成农业物联网可看、可用、可持续地推广应用模式，逐步构建农业物联网理论体系、技术体系、应用体系、标准体系、组织体系、制度体系和政策体系，并在全国范围内分区、分阶段推广应用。

三、试验布局

工程围绕天津、上海和安徽的农业特色产业和重点领域，统筹考虑行业及产业链布局，逐步实现物联网技术在农业全产业链的渗透和在试点省市的整体推进。

（一）天津设施农业与水产养殖物联网试验区

1. 天津的情况

天津毗邻北京，经济和交通条件好，区位优势明显，设施农业发达，目前拥有高标准设施农业面积 60 万亩（1 亩为 666.7 平方米），水产养殖面积 62 万亩，规模化水产养殖小区 55 个，蔬菜和水产品的自给率高。

2. 试验重点

天津的试验重点是在现代农业示范基地、龙头企业、农民专业合作社和水产养殖小区等地开展设施农业与水产养殖物联网技术应用示范基地，探索不同种类的农产品，不同类型的农业生产经营主体的农业物联网应用模式。开展农产品批发市场物流信息化管理，探索利用信息技术构建新型农产品流通格局，有效减少交易环节、提高交易效率。

（二）上海农产品质量安全监管试验区

1. 上海的情况

上海是国际化大都市，农产品的来源主要为外埠输入。保证农产品质量安全是一项重大的民生工程，探索应用物联网技术，开展农产品质量安全试验监管，对确保大、中型城市的食品安全具有普遍意义。

2. 试验重点

试验重点是农产品（水稻、绿叶菜等）的生产加工、冷链物流和市场销售等环节的物联网技术的应用，试验借助无线 RFID 技术和条码技术，搭建农产品监管公共服务平台，对农产品生产、流通等环节的全过程进行智能化监控，有效追溯农产品生产、运输、储存、消费全过程的信息。

3. 试验应达成的目标

（1）选择现代农业示范基地、龙头企业、农民专业合作社和水产养殖小区，探索不同种类的农产品、不同类型的农业生产经营主体的农业物联网技术应用模式和可持续发展的商业模式。

（2）设施农业生命信息感知技术的引进与创新。

（3）积极引进、消化、吸收国外先进的作物生命信息感知技术和设备，实现对于农作物径流、叶面温度、蒸腾量等作物的关键生理、生态信息的在线获取，实现即时灌溉决策与在线营养诊断。

（4）融合设施环境、视频、动植物生命感知信息，引进创新设施农业病虫害和水产主要病害特征信息提取技术，实现对于设施农业主要作物的重点病虫害和水产主要病害信息的实时提取和预警以及事前防治和控制。

第 五 章

数字经济时代的农产品电商

第一节 农产品供应链

一、建立健全农产品市场体系

(一) 农产品市场的特点

(1) 市场广阔，购买的人数量多而分散，需要建立广阔的销售网点。

所有的消费者都是农产品的消费者，人类要生存就必须消费食物，食物来源于农产品，所以，从某种意义上来说，农产品市场是人类整体，这是农产品市场需求的显著特征。由于农产品的消费者居住分散，为了尽量扩大农产品的消费群体，农产品生产者需要相应建立大量的销售网点。

(2) 消费者购买多属小批量的经常购买，购买频率高。

由于农产品保质期较短，不耐储藏，消费者每次购买的数量较少，消费完后会重复购买，呈现购买频率高的消费特征，对于生活必需的农产品，该特征尤为明显。

(3) 生活必需农产品需求弹性小，享受农产品需求弹性大。

生活必需农产品如大米、蔬菜、猪肉等，是人们每天几乎都要消费的农产品，这些生活必需的农产品需求不会随商品价格的较大幅度变化而发生大的改变，即价格下降，消费者不会大幅增加购买量；价格升高，消费者不会大量减少购买量。享受农产品如高档水果、花卉及由农产品加工的食品如饼干、糕点等，当价格下降，消费者会增加购买量；而价格一旦上升，消费者则大量减少购买量，表明消费者对这类农产品的购买量随价格的变化，会出现较大幅度的变化。

（4）不需要售后技术服务。

进入消费市场的农产品是最终产品，消费者购买后直接消费，是最终消费，不需要农产品生产者提供技术服务。

（5）注重消费安全。

虽然绝大部分农产品价格不高，农产品消费支出在消费者总支出中的比重不大，但农产品的消费直接影响消费者的身体健康，因此，消费者在选购农产品时更注重消费的安全性。

（二）农产品市场的分类

从不同的角度，根据不同的需要可以把农产品市场分为不同的类型，比较常见的分类有以下几种。

1. 按流通区域划分

（1）国内市场。

国内市场是指一定时期国家内部农产品商品交换活动的总和或农产品交换场所。国内市场还可分为城市市场和农村市场。

（2）国际市场。

国际市场是各个国家和地区的经济贸易往来和国际分工联系起来的农产品商品交换活动的总和或农产品交换场所。

2. 按流通环节划分

（1）采购市场。

农产品生产是分散进行的，所以农副产品先集中在农村产地的采购市场，然后批发、调拨供应集散市场。

（2）批发市场。

批发市场是指专门起着中转商品作用的，进行商品转卖的交易场所。目前我国发展起来的贸易货栈已成为主要的批发市场。

（3）零售市场。

零售市场是指从批发商或生产者处购进商品，直接满足人民需要的商品交易场所。

3. 按农产品的使用价值划分

（1）生活消费市场。

是指以满足居民个人及其家庭所需要的生活资料为对象的市场。

（2）生产消费市场。

是指以满足生产单位或个人进行再生产所需要的生产资料为对象的市场。

4. 按照交易场所的性质划分

（1）产地市场。

即在各个农产品产地形成或兴建的定期或不定期的农产品市场。产地市场的主要功能是为分散生产的农户提供集中销售农产品和了解市场信息的场所，同时便于农产品的初步整理、分级、加工、包装和储运。产地市场的主要特点是接近生产者、以现货交易为主要交易方式、专业性强且主要从事某一种农产品交易、以批发为主等。像山东寿光蔬菜批发市场、河北永年县南大堡蔬菜批发市场等都是具有一定规模的产地市场。

（2）销地市场。

设在大中城市和小城镇的农产品市场。还可进一步分为销地批发市场和销地零售市场。前者主要设在大中城市，购买对象多为农产品零售商、饭店和机关、企事业单位食堂，后者则广泛分布于大、中、小城市和城镇。销地市场的主要职能是把经过集中、初加工和储运等环节的农产品销售给消费者。

（3）集散与中转市场。

其主要职能是将来自各个产地市场的农产品进一步集中起来，经过再加工、储藏和包装，通过批发商分散销往全国各销地批发市场。该类市场多设在交通便利的地方，如公路、铁路交会处。但也有自发形成的集散与中转市场设在交通不便的地方。这类市场一般规模都比较大，建有较大的交易场所和停车场、仓储设施等配套服务设施。

5. 按照农产品交易形式划分

（1）现货交易市场。

进行现货交易的场所或交易活动的总和。所谓现货交易是指根据买卖双方经过谈判（讨价还价）达成的口头或书面买卖协议所商定的付款方式和其他条件，在一定时期内进行实物商品交付和货款结算的交易形式。现货交易又分为即期交易和远期交易。前者指买卖双方立即进行的一手交钱、一手交货的交易。我国目前进行的小额农产品市场交易多属于此类。后者是指根据买卖双方事先签订的书面形式的农产品买卖合同所规定的条款，在约定的时期内进行实物商品交付和货款结算的交易形式。我国目前出售大宗农产品多采用远期现货交易形式。

（2）期货交易市场。

进行期货交易的场所，如郑州粮食期货交易所。农产品期货交易的对象并不是农产品实体，而是农产品的标准化合同。

6. 按照商品性质划分

农产品市场还可分为粮食市场、蔬菜市场、肉禽市场、水产市场、果品市场、植物纤维市场等。

（三）建立健全农产品市场体系

加强农产品市场体系建设对扩大内需，保障农产品有效供给，促进农民增收，引导农村消费，推动农村经济结构战略性调整，确保农业和农村经济稳定增长，都具有重要意义。为此，应努力做好以下工作。

1. 对农产品市场体系建设进行科学规划和布局

要科学制定农产品市场体系建设规划及实施纲要，从宏观上加强对农产品市场体系建设的指导。各级地方政府要坚持因地制宜、分类指导、务求实效、循序渐进的原则，对农产品市场体系的建设进行统一规划，避免盲目建设和重复建设。同时，在规划新建市场时，要着眼于多层次、多类型、多功能的发展定位，在现有市场基础上进一步规范、发展、完善市场功能，增强辐射能力，切实做到农产品市场规划的科学性和合理性。

2. 完善市场的基础设施建设，推进农产品市场的现代化管理

市场基础设施建设是农产品市场体系建设和发展的重要保障。因此，要加快传统集贸市场和农产品批发市场的整合、改造和升级，特别是要加强重点产区和集散地农产品批发市场、集贸市场等流通基础设施建设，改善交易条件，提高交易效率。重点要加强市场场地的硬化、水电路配套、交易棚厅以及农产品加工和贮藏保鲜等设施建设，尽快改变市场设施简陋和脏乱差状况。同时，要完善市场服务功能，提高农产品市场体系的网络化程度。加强对仓储设施、配送系统、通信、信息网络、电脑结算系统、农产品质量安全检验检测系统等农产品市场的配套设施建设。

3. 加快市场的信息化建设

逐步健全各级信息服务体系，为农民提供市场信息、购销对接等服务，衔接产销，着力解决农产品难卖问题。

4. 加强农产品流通网络建设

一是继续实施"双百市场工程"，支持大型鲜活农产品批发市场和县乡农贸市场升级改造；二是培育"农超对接"龙头企业，支持大型连锁超市、农产品流通龙头企业与农村专业合作组织对接；三是促进"农超对接"基地品牌化经营，提升基地农产品品牌知名度和市场竞争力，强化农产品基地农民培训，提高农民进入市场的能力。

5. 健全市场法律体系和监督机制，规范市场秩序

健全的法律体系和高效的监督机制是规范市场秩序的基本前提，也是市场体系建设和健康发展的必要保证。因此，要以公平竞争为原则，致力于维持市场秩序，保护合法经营，维护生产者、经营者和消费者的合法权益，坚决取缔各种违章违法经营，严厉打击制假售假、商业欺诈

等违法行为，逐步完善各项交易服务设施，尽快解决农产品市场体系建设中市场主体和客体市场准入、市场载体功能缺失、中介组织定位的问题。国家对此应制定相应的法律法规，集中对涉及农产品市场体系建设的有关法规、政策等进行清查，消除不利于农村商品市场体系建设的各种政策性障碍。加快制定、补充和完善与相关法律、法规配套的条例、实施细则，使法律法规更有可操作性。

6. 培育壮大市场主体

积极培育、壮大农产品经纪人队伍，围绕农产品流通政策、运销贮藏加工技术、质量安全知识与法规、农业科技等内容开展农产品经纪人培训，向农产品经纪人提供市场信息服务，帮助他们提高素质，增强市场开拓能力。积极引导农民营销合作组织发展，鼓励运销大户、农产品加工和流通企业领办营销合作组织，提高农民参与农产品流通的组织化程度，增强市场竞争力。

7. 清理整顿农产品市场收费

大力整顿农产品市场的各种收费，降低过高的收费标准，取缔各种不合理收费，合并重复收费项目，已停收的各种税费一律不得恢复。推广统一收费经验，实行一费制，解决多头或重复收费问题。

二、农产品市场信息

（一）农产品市场信息的内容

农产品生产者需要的信息是多方面的。主要可以分为以下几类。

1. 市场信息

市场信息是农产品生产者决策前需要掌握的主要信息。目前，除少数大宗农产品外，我国绝大部分农产品已经放开经营，大量的农产品生产者都面临着激烈的市场竞争。同时，农产品生产者面临国内、国际两个市场的竞争，国外的许多农产品比国内农产品质优价廉，这使我国农产品生产者面临的竞争更激烈。了解农产品市场供求状况，为农产品生产者决策提供指导，有利于农产品生产者在市场竞争中处于主动地位。

2. 实用技术信息

与工业产品不同，农产品在生产过程中，容易受到外界环境的影响而造成损失，如旱灾、涝灾、冰雹、病虫害、瘟疫等。因此，农产品生产者需要先进适用的抗旱、抗涝、抗雹、抗虫、抗病等抵抗自然灾害的技术。在农产品收获后，生产者也需要农产品保鲜技术信息、优质农产品质量标准信息、农产品包装技术信息等实用技术信息。这些信息对农产品生产者解决经营过程中的实际困难，具有较强的现实指导作用。

3. 农业科研动态信息

在竞争越来越激烈的市场环境下，了解科研发展的最新进展，对农产品生产者的未来决策具有重要意义。农产品的生产周期长，生产过程中不能轻易改变决策，因此，农产品生产者在生产之前要谨慎决策。掌握农业科研的一些发展动态信息，能够增强决策的准确性。

（二）农产品市场信息收集的方法

在了解市场信息的内容后，接下来要做的是信息的收集工作。农产品生产者可以根据信息的种类采取不同的收集方法。

1. 收集二手信息

在市场营销实践中，已经被编辑、加工处理过的数据、资料信息等称为二手信息。获得二手信息的速度较快，而且成本较低。

2. 收集原始信息

农产品生产者获得的二手信息，多数只能对农产品生产者起宏观指导作用，在涉及具体的经营决策中，生产者还需要收集原始信息。原始信息是指为具体的目标专门收集的信息，如新产品的市场分析、消费者态度调查等。原始信息主要通过市场调查收集，农产品生产者可以根据具体的项目制定市场调查计划。

（三）农产品市场调查计划的编写

农产品市场调查计划的内容主要包括以下几点。

1. 调查方法

农产品原始信息的收集主要采用问询式调查的方式，即直接询问被调查者与调查内容相关的问题。如新产品的命名、口感测试调查、消费者消费偏好调查、广告宣传的效果调查等都可以采用直接询问消费者的方式获取所需信息。

2. 与调查对象的接触方式

农产品生产者在问询式调查中，可通过电话、信件、当面询问等几种方式与调查对象接触。这几种接触方式各有优缺点，电话的方式灵活、便利，但是受通话时间的限制，双方只能做简短的交流，成本也较高；信件通信的成本低廉，但是回收率不高，而且所需时间较长；当面询问，调查者能根据调查对象的反应灵活处理，深入话题，但这需要大量的高素质调查人员，成本也较高。农产品生产者可根据具体的调查项目选择接触方式。

3. 调查对象的选择方式

在问询式调查中，农产品生产者还面临一个问题，即如何选择调查的对象。一般来说，选择一部分有代表性的调查对象即可获取准确性较高的调查结果。调查人员可以采取随机方式选择调查对象，也可以依据年龄、性别、收入水平等不同标准进行分组，从每组中抽取一定数量的人进行调查。

4. 调查表的设计

为了使调查者在调查过程中能围绕调查项目与调查对象交流。在实施调查工作前，调查人员可以设计一份调查表，将需要调查的内容详细列出。设计调查表时，要注意问题形式的设计，可设计有答案选择的问题，也可以设计自由回答的问题。注意问题的表达语气和顺序，使用简单、直接、无偏见的语气，第一个问题应尽可能引起调查对象的兴趣。

三、充分利用农产品市场信息

（一）信息的加工

信息的加工是在原始信息的基础上，生产出价值含量高、方便用户利用的二次信息的活动过程。这一过程将使信息增值。只有在对信息进行适当处理的基础上，才能产生新的、用以指导决策的有效信息或知识。

（二）进行预测

预测是对事物未来的发展趋势作出的估计和推测。

1. 生产预测

生产预测是对未来农业生产项目、生产规模、产品结构等发展趋势的推测。农民可根据市场调查的信息，发现市场中的规律，做出正确的推测。农民也可以根据这些预测制定长远的发展计划，并随着生产的发展，不断调整生产项目，改善产品结构，扩大生产规模，提高经济效益。

2. 销售预测

销售预测是对农产品供应量、需求量、价格和农产品需求时间的预测。这类预测与农民生产经营最为紧密，也最常见。供应量预测是对农产品供应数量、供应时间的预测。精准把握供应量预测，可以避开供应高峰，提前或延后上市，从而合理安排生产面积，选择生产品种进行生产，在竞争中取得优势。销售价格预测是对农产品在不同供应时间的价格预测。销售价格预测可以决定是否种植、种植数量以及在什么时间上市价格较好。对农产品需求时间预测是因为农产品生产需要一定时间，进行需求预测要有一定超前性，以便正确安排生产时间，保证产品准时上市。

3. 经营成果预测

经营成果预测是对一定时期内的总收入、总成本、利润等内容的预测。对经营成果的估计应建立在对生产量、销售量及销售价格预测的基础上。在生产经营开始前农民就已想到了经营成果，对经营成果的追求是生产经营发展的永久动力。

（三）进行经营决策

经营决策是农民对经营达到的目标和实现目标的措施进行的选择和决定。

1. 生产决策

生产决策是对一定时期内农业企业或农民家庭达到的经营目标、生产目标、选择生产项目、生产规模等问题进行的决定。生产决策是经营决策的核心部分，是决定其他决策方向的关键，是进行农业经济管理的中心环节。农民应充分考虑所具备的资金、劳动力、技术、设施等条件后，根据市场行情的变化趋势确定生产目标和具体的生产项目。进行生产决策时应制定具体的量化目标，一般包括生产面积、产量目标、收入目标和利润目标等。

2. 技术决策

技术决策是经营者为达到经营目标，结合农业生产实际，对采用何种生产技术措施和何种技术装备等问题的决定。农民要达到预期的生产经营目标，必须采用相应的技术措施。技术措施的选择应以适用技术为重点。

适用技术是指在特定条件下能够达到预期目的，综合效益较好的技术。适用技术不一定是先进的技术。适用技术应具备两个基本条件：一是该技术应与当地自然、经济条件相适应，特别是与当地农民经济条件相适应；二是必须获得良好的效益，包括经济效益、生态效益和社会效益，既能获得良好的经济效益又不破坏生态环境。

3. 物资采购决策

物资采购决策是经营者根据以上决策对物资采购进行全面的安排，按时、按量采购生产所需的生产资料，保证生产的顺利进行。进行物资采购决策时，注意采购生产资料以满足生产项目和技术水平要求为标准，不能贪图便宜，随意购买劣质生产资料。否则，虽然一时占些便宜，但轻者会降低产品产量和产品质量，重者会造成严重的损失。劣质种子、假化肥、假农药等危害严重，甚至会导致绝产绝收。进行物资采购决策时，应办理严格的采购手续，签订采购合同，索取对方出售物资的发票。

4. 销售决策

销售决策是对出售农产品时所采取的销售渠道、销售方式、销售价格等问题进行的决定。农产品的销售渠道和销售方式多种多样，农民应根据产品类型、自身条件、产品产量、市场供求状况和出售价格等因素，确定合理的销售范围。选择合适的销售渠道和销售方式，使产品尽快以合理的价格销售出去，收回资金，降低经营风险。

第二节　农产品电商的发展与模式

促使农产品电子商务迅速发展的推动力还包括我国消费结构的巨大变化。网络购物的普及以及消费者追求绿色健康食品的旺盛需求，加速了我国农产品电子商务的步伐。

根据中国互联网络信息中心（China Internet Network Information Center，CNNIC）发布的第 48 次《中国互联网络发展状况统计报告》显示，截至 2021 年 6 月，中国网民规模达 10.11 亿，较 2020 年 12 月增长 2 175 万，互联网普及率达 71.6%。十亿用户接入互联网，形成了全球最为庞大、最有活力的数字社会。其中，我国农村网民规模为 2.97 亿，农村地区互联网普及率为 59.2%。网购成为我国网民最主要的应用。截至 2021 年 6 月，我国网络购物用户规模达 8.12 亿，较 2020 年 12 月增长 2 965 万，占网民整体的 80.3%。未来网购市场规模的发展将不仅依托于用户规模的增长，还将依靠消费深度的不断提升来驱动。

随着我国居民生活水平的不断提升，居民绿色消费需求也在不断增加。在中国国内市场，绿色食品广受欢迎。人们对无污染的、安全的绿色食品消费已成为一种时尚，尤其是食品安全屡屡暴露出问题后，人们的食品安全意识进一步增强，绿色食品逐渐成为消费主流。绿色消费需求的增加促进了相关农产品的在线销售。

一、农产品市场调查

（一）农产品市场调查的定义

农产品市场调查是指根据农产品生产经营者市场调查的目的和需要，运用一定的科学方法，有组织、有计划地搜集、整理、传递和利用市场有关信息的过程。其目的在于通过了解市场供求发展变化的历史和现状，为管理者和经营者制定政策、进行预测、做出经营决策、制定计划提供重要依据。

（二）农产品市场调查内容

农产品市场调查的内容十分广泛，具体内容要根据调查和预测的目的和经营决策的需要而定，最基本的内容包括市场环境调查、消费者需求情况调查、生产者供给情况调查、销售渠道的通畅情况调查、市场行情调查。详细介绍如下。

1. 市场环境调查

市场环境主要包括需要和趋势、人文环境、经济环境、社会文化环境和政治环境。市场环境调查首先需要把握社会的主要趋势，如中国人口老龄化、二胎时代及环境污染与追求健康生活之间的显著矛盾等。人文环境方面主要考虑国民收入、人口及其构成、居民收入及其消费结构等问题，这是产品定价和定位的基础。经济方面则包含农业生产水平、科技水平、自然资源状况、市场价格水平等。社会文化方面主要有居民文化教育程度及其职业构成、民族分布特点、生活习惯等。自然环境方面，如该地的自然资源、地形地貌和气候条件等。政治方面主要关注党和政府相关经济政策，如农业发展方针、价格、财务等方面的政策。

2. 消费者需求情况调查

消费者需求情况调查需要调查一定时期、一定范围内人口的变化，居民生活水平的变化，购买力意向，购买者爱好、习惯、需求构成的变化及各类商品农产品的数量、质量、品种、规格、式样、价格等方面的要求及其发展趋势。

3. 生产者供给情况调查

生产者供给情况调查则是对某种农产品生产规模、生产结构、农业科技水平、生产力布局、自然条件和自然资源等的调查。

4. 销售渠道的通畅情况调查

销售渠道的通畅情况调查需要了解商品农产品销售渠道的过去和现状，推销人员的基本情况、销售渠道的利用情况及其存在的问题等。

5. 市场行情调查

市场行情调查则是对各种商品农产品在市场上的供求情况、存货状况和市场竞争状况等的调查。

（三）农产品市场调查步骤

农产品市场调查是一项复杂而细致的工作，为了提高调查工作的效率和质量，达到既定的调查目的，在进行农产品市场调查时，必须制定完善的调查计划，并加强组织领导，以保证农产品市场调查有目的、有计划、有步骤地进行，避免安排不周使调查流于形式。

调查的基本步骤主要包括调查预备工作、编制调查计划、现场实地调查、整理分析资料、编写调查报告及实时追踪调查等。

（四）农产品市场调查方法

1. 调查方法

农产品市场调查的方法很多，且非常灵活，归纳起来常用的农产品市场调查有以下几种方法。

（1）面谈调查法。

面谈调查法是调查者根据调查提纲直接访问被调查者，当面询问有关问题，既可以是个别面谈，也可以是群体面谈。其优点是能够直接接触被访者，收集到第一手资料，谈话伸缩性强，彼此可以沟通思想，还能产生激励效果。缺点是调查人力、经费消耗较多，调查结果受调查员素质和工作态度的影响，而且面对面调查，被调查者有一定的心理压力。

（2）德尔菲法。

德尔菲法是用于调查预测的一种集体的、间接的书面调查方法。主要通过确定调查题目，挑选若干名相关的专家，制定调查表，将调查表和有关背景材料及要求寄发选中的专家，对专家的初步意见进行归纳和整理五步进行，之后在上一轮调查结果的基础上提出下轮调查要求并寄给专家征求意见，如此反复 3~5 次。

其优点是采用背靠背的方式征询有关专家的意见，匿名发言，各抒己见。在调查过程中要进行多次反馈征询意见，对专家意见及调查结果作定量的统计处理，集思广益，全面可靠。但缺点也很明显，其调查结果主要凭专家判断，缺乏客观标准。

（3）问卷调查法。

问卷调查法是调查人员将设计好的调查问卷表以信件、邮件等形式发放给被调查者，要求被调查者填妥后送回的一种调查方法。其优点为调查区域较广，调查人员无主观偏见，调查成本较低，被调查者有较充分的时间填写问卷，如果需要，还可以查询有关资料，以便准确回答问题。其缺点是调查表的回收率一般偏低，回答的内容可能不全，无法判定被调查者的性格特征，也无法评价其回答的可靠程度。

（4）电话调查法。

电话调查法由调查人员根据事先确定的抽样原则，抽取样本，用电话向被调查者询问，以搜集有关资料的一种调查方法。其优点是时间短，速度快，节省经费。被调查者不受调查者在场的心理压力影响，回答率较高。缺点是一般不易取得被调查者的配合。电话提问时询问时间不能过长，内容不能过于复杂，无法深入了解有些情况和问题，可能搜集不到所需信息。

（5）观察法。

观察法是调查者在现场对被调查者的情况直接观察、记录，以取得市场信息资料的一种调查方法。它不是直接向被调查者提出问题要求回答，而是调查人员凭借直观感觉或是利用录音机、照相机、录像机和其他器材，考察、记录被调查者的活动和现场事实，以获得必要的信息。如在城市集贸市场调查中，对集贸市场上农副产品的上市量、成交量和成交价格等情况进行观察，或者对某种农产品的购买行为进行观察。观察法的优点是可以比较客观地搜集第一手资料，直接记录调查的事实和被调查者在现场的行为，调查结果更接近实际。还可随时随地进行调查，灵活性强。缺点是虽可提供较为客观和正确的资料，但它只能反映客观事实的发生经过，而不能说明发生的原因和动机。同时，观察法通常需要大量观察员到现场做长时间观察，调查时间较长，调查费用支出较大。

（6）互联网搜索法。

互联网搜索法是指通过互联网有针对性地搜索所需信息的方法。互联网中的信息多而全，涉及面广，且较容易搜集，成本低。但是要求信息收集者有一定的文化基础，能够使用电脑和搜索工具。同时需要有信息处理能力，对繁多的信息能去伪存真，找到自己真正需要的信息。

2. 农产品企业内部市场信息系统构建

除了利用上述的外部信息收集方法外，农产品企业应该建立内部的信息报告系统。企业通过分析这些信息能够发现重要的市场机会和经营问题。内部报告系统的核心是销售信息系统和企业内部数据库的建立。

销售信息系统可以对当前的农产品销售情况进行及时准确的报告。除此之外，还可以利用淘宝网储存消费者浏览记录的功能，进行定制化产品信息推送。

对不同的数据进行深入分析。例如，顾客数据库包含每位顾客的个人信息、地址、交易记录，甚至是人口统计信息与心理行为（兴趣爱好等）。企业并不向所有顾客地毯式地发送产品信息，而是根据顾客的最近购买与购买偏好传递产品广告，提高营销的精确度。企业存储顾客数据，并聘请专业数据分析人员挖掘数据价值，在那些被忽略的顾客群、新的顾客趋势和其他有用方面获取新的视角。

二、农产品顾客价值开发

（一）农产品顾客价值构成

农产品企业赢得顾客和战胜竞争者的一个主要手段是创造和传递优异的顾客价值。农产品顾客价值关键要素分析对农产品的发展具有重要意义。在激烈的市场竞争中，企业赢得顾客和战胜竞争者的一个主要战略手段是创造和传递顾客价值。农产品企业在创造和传递顾客价值过程中，单纯依赖产品质量是远远不够的，因为随着生产技术的进步，竞争对手之间的农产品质量差距已不显著。农产品企业必须通过对顾客及其偏好的深入理解和与顾客的持续互动，识别农产品顾客价值关键要素及其变化动态。

根据顾客价值理论，农产品顾客价值构成要素可分为顾客感知利得和顾客感知利失两类。其中，顾客感知利得是在农产品购买和使用过程中获得的产品物理属性、使用价值、服务属性、满足个人偏好属性、创新属性等；顾客感知利失包括购买者在采购时所面临的全部成本，如购买价格、采购时间的精力成本及心理成本等。顾客价值关键构成要素主要包括农产品的价格、质量、品牌、服务、环境、创新、顾客的个人偏好、购买时间的精力成本及心理成本。农产品企业可以通过增加顾客感知利得或减少感知利失实现顾客价值的提升。

农产品质量主要包括一般使用价值、新鲜程度及绿色无公害程度。其中，一般使用价值是指产品中所包含的被社会系统认可的能满足顾客某种或某些需要的能力（或效用），如农产品中包含的可食用基本功效等。绿色无公害程度是指农产品种植生产所能达到的国际、国内绿色有机食品标准程度。品牌主要包括企业品牌的知名度和品牌的声誉。服务主要包括服务态度、服务效果、服务承诺、服务速度及物流能力等，其中服务态度包含职业道德、诚恳度、责任心及业务熟练程度等因素。环境主要包括农产品企业种植生产环境、企业地理位置环境和所采取的环境保护措施。创新主要指农产品所附加的科技含量及产品创新程度，例如太空蔬菜、太空水果等。客户关系主要包括客户关系服务能力及定制服务能力。个人偏好综合社会因素、文化因素及个人因素。社会因素指风俗习惯、行为规范、态度体系、伦理道德观念、宗教信仰等，文化因素是指流行观念、价值观念及文化教育程度等，个人因素包括种族、民族、年龄、性别、职业、收入、个性、生活方式、受教育程度和自我观念等。产品价格是指购买农产品所支付的货币额。购买时间的精力成本是指购买农产品需要耗费的时间及精力。心理成本主要包括农药残留风险度及质量不满意度，主要为购买农产品时的安全及质量风险心理负担。

（二）农产品市场定位

农产品市场定位是确定农产品顾客价值的过程。农产品市场定位是指农产品经营者根据竞争者现有产品在细分市场上所处的地位和顾客对农产品某些属性的重视程度，塑造出本企业产品与众不同的鲜明个性或形象并传递给目标顾客，使该产品在细分市场上占有强有力的竞争位置。产品的特色或个性可以通过产品实体表现出来，如形状、成分、构造等，也可以从消费者心理上反映出来，如豪华、朴素、时髦、典雅等，还可以表现为价格、质量水准等。

在市场营销学上有两个有名的 4PS 理论,其中一个是战略性 4PS,是指市场探查、市场分割、市场优先、市场定位。农产品经营者要想做好农产品营销工作,在战略上首先必须做好这四项工作,即经营者必须首先对农产品的消费需求进行深入探查和仔细研究,通过市场研究寻找潜在需求,捕捉市场机会,然后根据细分变量分割市场,进行比较、评价,选择其中一部分作为自己服务的目标市场,针对其需求特点选择自己的目标市场战略,并进行准确的农产品目标市场定位,从而达到既定的目标。

要想在市场上塑造出农产品强有力的鲜明特点与个性,必须采取差异化营销,即通过向消费者提供不同于竞争对手的营销产品和营销过程而取得竞争优势的一种营销策略。农产品生产经营者要认真分析消费者对农产品的不同需求,找出消费者购买行为的差异性,以期生产出消费者满意的产品,即根据不同的消费者需求生产出不同的农产品,以不同特色的农产品有层次地占领消费者市场。差异化营销对我国农产品经营者改变传统竞争观念,提高经营效益,具有积极的意义。

农产品经营者可以从两个方面寻求差异,实现自己的产品定位。一方面是向消费者提供不同于竞争对手的产品,即定位于营销产品的差异化。另一方面是采取与竞争对手不同的形式或程序,即定位于营销过程的差异化。

当市场上大多数农产品经营者能满足消费者的基本需求和期望需求时,营销产品的差异化体现为不同农产品经营者在满足消费者附加需求或潜在需求方面的差异,即向消费者提供不同于竞争对手的附加利益或增加价值,或满足竞争对手尚未发现或不曾挖掘的潜在需求和可能欲望。农产品营销过程的差异化定位强调的是农产品营销手段、服务形式、运作程序或经营成本等方面的差异,表现为比竞争对手更好、更新、更快或更廉价地满足消费者的需求。

(三) 绿色农产品的顾客价值

随着经济的快速发展和国家刺激内需战略的实施,随着人民生活水平逐渐提高，农产品消费层次逐渐升级，具备绿色、健康概念的绿色农产品具有良好的市场前景。其实，自20世纪90年代末以来，我国的农产品生产已基本实现供求平衡、丰年有余，农产品市场供求矛盾发生了根本性变化，市场需求开始由满足数量为主逐步向数量与质量并重转变，安全需求也成为农产品质量方面的主导要素。农产品需求趋势的转变虽然部分取决于居民家庭收入持续增长，但更重要的是消费者质量安全意识的不断提高。总而言之，绿色农产品成为未来主要的消费趋势是必然的。

农产品市场是典型的"柠檬市场"：一方面，大量低质、有毒的农产品充斥市场；另一方面，具有高品质、安全、绿色的农产品并未得到市场认可，销路不畅，严重影响市场发育。部分具有绿色概念的农产品市场化程度低的原因是多方面的，价值是其中很重要的一个分析角度。从供需角度看，绿色农产品要获取竞争优势，就必须从消费者的角度看待产品和服务所提供的价值，这种价值不由企业决定，而由顾客感知。只有具有较高顾客感知价值的产品，才能够获得较高的市场份额。只有在设计、生产、提供产品和服务时以顾客需求为导向，让顾客感知到超越竞争对手的价值，才能够争取顾客、维系顾客，从而获得持久竞争优势。

那么如何打造绿色农产品的顾客价值呢？根据黄海峰和王浩的研究，以茶油产品作为研究对象，用实证方法对样本进行探索性因子分析和验证性因子分析，得出主要结论，绿色农产品顾客感知价值由5个维度构成，按照因素荷载值大小排序依次为尊重价值、安全价值、社交价值、生理价值和自我实现价值。企业应当根据绿色农产品顾客感知价值的详细划分来进行有效的市场细分，并匹配相应市场化推广方案，提高绿色农产品产业化效率。企业在制定和实施绿色农产品营销战略时，首先要以满足消费者尊重需求为核心，按照重要程度依次将绿色农产品的尊重价值、安全价值、社交价值、生理价值、自我实现价值融入绿色农产品营销战略的制定与实施过程中，这样才能突出产品价值优势，增加产品对消费者的吸引力。

三、农产品推广

产品推广可以分为大众传播和人员传播。大众传播主要包括广告、促销、事件和体验、公共关系。人员传播包括直销与互动营销、口碑营销和人员销售。以上方法并不是都适用于农产品的推广。如农产品促销一般给消费者一种产品不新鲜的感觉，不利于推广。以下主要选取推广农产品常用的广告、网络口碑营销及体验创造三种方式进行介绍。

(一) 农产品广告

广告能让农产品加工之后形成的商品走向市场。提高农产品广告效果主要包括以下四部分工作。

1. 提高农产品生产经营者的广告意识

商品生产是为交换而进行的生产，是为他人而进行的生产。那就要想办法让消费者了解、认识、信任、购买生产者所生产的产品，而最好的办法之一就是发布广告。既然农民是商品的生产者和经营者，那么利用广告宣传自己生产经营的产品就是顺理成章、名正言顺的事情。因此，农民需要更新观念，以商品生产者的姿态出现，广泛地运用广告，推动农村经济的发展。在农副产品供大于求的市场竞争中，农民朋友要善于"王婆卖瓜"，勇于如实的自卖自夸，努力增强广告意识，敢于宣传推销自己，让顾客了解自己产品的质量、特色和功能，让自己的产品走出乡村，进入城市，跨出国门。

2. 培育农产品广告主体

我国的农产品广告主体依照社会化、产业化发展程度大致可以分为极少量的农场与农产品加工与销售企业，种养殖大户和大量的个体农户三类。一般说来，产业化发展程度越低，实施广告策略的能力就越差。当前，小农户与大市场之间的矛盾日趋尖锐。由于分散的农户难以成为拥有强大实力的广告主体，因此，进一步培育壮大农业经营主体就成为

当务之急。各地实践证明，在农业经营中实行农户 + 龙头企业或农户 +
农村合作经济组织的经营模式是卓有成效的。由于龙头企业、合作经济
组织大都掌握充分的市场信息，拥有比较雄厚的资本、技术、人才优势，
能直接参与并有效地组织农户参与农业产业化经营，因此是强有力的市
场主体和广告主体，当前工作的重点应是强化农业龙头企业和农村合作
经济组织的广告主体功能。

3. 加大广告投入

必须改变舍不得在广告上投入的观念。要使广大农产品生产经营者
明白，适度的广告费用是市场经济中生产经营者不可缺少的投入。这种
投入是极有价值的，它可以带来丰厚的回报。

4. 选择广告媒介

农户在选择广告媒体时，要从实际出发，力求最佳的宣传效果。具
体来说，要根据农产品的特点、使用范围和使用要求选择媒体，例如，
经营菜籽的农民就应选择接触菜农比较多的媒体（如地方办的农民科技
读物、农村有线广播等媒体来传递信息），经营花卉的农民就应选择面向
城市消费者的晚报、生活刊物等媒体来传递信息。要根据宣传目的选择
媒体，如需要时间短、传播快，则可选择广播、电视等媒体；如需要时
间长、加深印象，则可选择路牌广告媒体；如需要详细说明产品内容，
则可选择杂志、印刷品等广告媒体。要根据费用选择合适的媒体。有的
媒体虽然传播面广、影响大，但由于费用昂贵，所以农户在未衡量收益
与费用关系的情况下，不能盲目地选择这种媒体。

但广告并不是万能的，只要敢于投入广告就能收取高额利润的时代
已经过去了。如果没有广告，产品销售的成功是万万不能的，但是单靠
广告，特别是盲目的广告，产品的销售也未必能够成功。

需要以消费者为中心，将生产—广告—消费的思维模式转变为"消
费—生产—广告—消费"，始终将消费者置于第一重要的位置，生产消费
者所需要的，告诉消费者所需要的，销售消费者所需要的，才能最大限
度地避免广告浪费，做到低投入、高回报。现今在广告界很受推崇的整

合营销传播理论，与传统的营销理论的关键区别在于将消费者置于前所未有的重要地位。传统的4P理论（产品、价格、渠道、促销）所遵循的模式是，先决定生产某一产品，然后制定能赚到最大利润的价格，并通过由其掌握的销售渠道，运用广告等促销手段把产品卖出去。这一模式在新的经济形势下受到了挑战，因为买与不买的主动权在消费者手中。整合营销传播提出了新的4C理论，它要求做到研究消费者的需求，卖消费者想买的东西，而不是卖自己能生产的东西；了解消费者要满足其需求所需付出的成本，而不是去做所谓定价策略；要考虑如何使消费者方便地购买到产品，而不是考虑所谓的销售渠道；重要的是与消费者沟通，而不是促销。在农产品广告策划中，只有切实做到以消费者为中心，才有可能取得预期的效果。

（二）农产品网络口碑营销

中国是一个传统的农业大国，我国农产品种类多、产量大，但目前农产品销售市场仍广泛存在农户分散经营的方式，这种方式存在着产品结构不能适应市场需求、市场信息闭塞、成本高、效率低等缺点，这极大地限制了我国农产品销售和农户收益的提高。在网络时代的背景下，利用网络平台进行农产品营销是一个切实可行且前景广阔的方法。从电子商务的发展历程看，网络营销是解决我国农产品销售难，促进我国农业现代化、农民生活水平提高的一个极好的突破口。在农产品网络营销中最受关注的就是农产品网络口碑营销。

1. 农产品网络口碑概述

口碑是指没有商业目的的人与人之间口头交流的关于品牌、质量、服务等信息的看法，其在消费者信息收集、商品评价等方面都起到了重要的作用，是企业制定营销策略的重要依据。网络口碑是在网络时代这一背景下的新口碑形式。对于网络口碑的定义，学者们尚未有一致的意见，但总体来说都包含以下四个基本特征，交流的主体是消费者，交流的渠道是互联网，交流的内容是企业的产品和服务的质量，网络口碑信息传播的载体是互联网。有电子邮件、新闻组、在线论坛、电子布告栏、聊天室等形式。

此外，网络口碑与传统口碑在传播上存在一些基本的共同点，如均具有较高的可信度和很强的交互性。同时网络口碑的传播也具有一些独特性，如在传播媒介、传播环境、传播速度、传播双方关系、口碑信息及结构等方面，两者特点分别如表 5 – 1 所示。

表 5 – 1　　　　　　　　网络口碑与传统口碑传播特征的比较

比较项目	传统口碑	网络口碑
传播媒介	面对面接触	电子邮件、新闻组、在线论坛、讨论区、电子布告栏、朋友圈、视频社区等
传播形式	语言、声音、表情	数字化的多媒体信息，包括文字、声音、音乐等
传播速度	一对一沟通，传播速度慢	一对多沟通，病毒式传播
传播范围	人际沟通的社会环境、时空受限，传播范围有限	开放的虚拟社会环境，时空不受限
传播信息量和结构	信息数量有限，网络结构简单	信息数量大，网络结构复杂
传播双方关系	传播双方身份公开，强连接关系为主	传播双方匿名，弱连接关系为主

农产品网络口碑除了包含网络口碑所具有的基本特征与传播特点之外，还包含农产品这一类特殊商品所带来的独特性。相较于一般性商品，农产品的最大特点是其显著的安全性和时效性，这直接导致买卖双方对农产品的网络口碑更为敏感。农产品具有显著的安全性，消费者网购时会十分谨慎。如果农产品信息缺乏或信息真实性较低，消费者的购买行为会更加谨慎，进而阻碍网络销售量的上升。此外，农产品具有显著的时效性，因此如果销售环节时间太长，除了给买卖双方带来不必要的损失之外，还有可能因时间消耗导致农产品品质下降，甚至食用价值的完全丧失，从而对销售者造成巨大损失。

2. 农产品正面口碑的打造

从网络口碑对网络销售的作用出发，网络口碑可分为正面口碑和负面口碑两类。要积极打造正面口碑，并且有策略地应对负面口碑。首先，经营农产品的网络店铺或网页的商家可以建立农产品口碑评价系统。这一系统主要包括农产品网络评分机制和文字性语言评价，此外还需要显示统计的网络口碑数量。在销售初期，销量会随着口碑数量和网络口碑评分的不断增大而上升。在相同分位数下，如在销量0.2分位数，网络口碑数量和网络口碑评分分别提高1%时，销量随之分别上升75%和317%。在销量达到最高点之前，网络口碑数量与网络口碑评分均能促进产品销售的提升。可见，口碑数量和口碑评分是企业销售上升期两个强有力的助推器。其中，网络口碑评分对农产品网络销售的影响尤为突出。他们通过对研究因素弹性值的比较发现，网络口碑评分的弹性越大，消费者价格敏感性越小，两者的差距基本在10倍左右，表明口碑评分在农产品网络销售中起着重要的作用。口碑评分的高低反映了顾客满意度的高低，这提示商家顾客满意对应的口碑评分才是决定农产品网络销售的关键。

其次，积极利用社会化媒体闯出名声。社会化媒体是消费者之间或消费者同公司之间分享信息、图片、音频和视频的方式。社会化媒体允许营销人员在网络上建立公共形象，并发布公共信息及强化其他传播活动的效果。由于社会化媒体具有及时性，这就要求公司必须始终保持更新状态，发布最为恰当的信息。对农产品经营企业而言，则需要定期更新农产品的状态和信息，及时与消费者在社会化媒体平台上保持互动。

社会化媒体主要有在线社区和论坛、博客和社交网络三种平台。农产品经营企业可以利用这些社会化媒体进行网络口碑的打造。在线社区和论坛规模形式各异，许多社区和论坛是由消费者出于非营利性的目的自发建立的，与任何企业都没有经济关系，而其他一些社区和论坛则是由企业出资成立的，其成员通过发帖或发送即时信息，与企业或其他成员讨论关于企业产品和品牌的具体问题，这些在线社区和论坛对经营的企业是一个宝贵的资源。农产品经营者可以利用这些网站发布软文或者制作农产品小视频，宣传自家的农产品信息，也可以组织健康主题在线活动，吸引潜在消费者关注自家的农产品品牌。农产品经营商还可以在品牌主页上开辟一个小论坛来鼓励消费者互相交流。此外，博客和微信公共主页也是不错的口碑建立途径，但这需要依赖自媒体品牌的建立。

3. 农产品负面口碑的应对

当顾客极其不满时，往往会使用文字语言来向其他消费者传递负面口碑信息。面对这种情况，农产品经营者更应该有策略地应对负面信息。关于食品变质一类的口碑危机发生之后，消费者会关心两方面的问题。一方面是利益的问题，利益是消费者关注的焦点，因此无论谁是谁非，企业应该承担责任，即使消费者对食品变质负有一定责任，企业也不应首先追究其责任，否则会各执己见，加深矛盾，引起其他消费者的反感，不利于问题的解决。另一方面是情感问题，消费者很在意企业是否在意自己的感受，因此企业应该站在消费者的立场上表示同情和安慰，并通过回复抱怨评论向消费者致歉，解决深层次的心理、情感关系问题，从而取得消费者的理解和信任。在此基础上与消费者就实际问题真诚沟通，千万不要有侥幸心理，企图蒙混过关。

另外，如果出现重大食品安全危机，在危机出现的最初 12～24 小时内，消息会像病毒一样，以裂变方式高速传播。这时候，可靠的消息往往不多，社会上充斥着谣言和猜测。农产品企业的一举一动将是外界评判公司如何处理这次危机的主要根据。媒体、公众及政府都密切注视企业发出的第一份声明。对于企业在处理危机方面的做法和立场，舆论赞成与否往往都会立刻见于传媒报道。因此企业必须当机立断，快速反应，果决行动，与媒体和公众进行沟通。从而迅速控制事态，否则会扩大突发危机的范围，甚至可能失去对全局的控制。危机发生后，能否首先控制住事态，使其不扩大、不升级、不蔓延，是处理危机的关键。

（三）农产品体验创造

地方性的草根营销中，很大一部分是体验营销。它不仅传播产品或服务的特征和优势，还将它们与独特有趣的体验连接在一起。不是要卖什么，而是去展示一个品牌如何丰富消费者的生活。消费者似乎比较喜欢这种方式。在一项调查中，相比于其他形式的传播，80%的受访者在参加现场事件时参与程度最高，绝大多数受访者感到体验营销比其他的传播方式给他们提供了更多的信息，并且使他们更有可能与其他人分享参加事件的经历，以及更容易接受该品牌的其他营销方式。企业甚至可以邀请潜在和现有客户参观企业创造强有力的形象，像波音飞机、好时巧克力等，都经常举办各种出色的企业观光活动，每年都能吸引上百万的参观者。农产品的经营者可以邀请潜在的和现有的消费者参加体验活动，农家乐、果园采摘和领养果树都是可行的方式。

农产品经营者可以使用农村旅游将城市居民吸引到农村，让城市居民在享受生态绿色美景的同时，通过体验等方式切身感受到绿色农产品的价值所在，催生其品牌意识，进而产生需求动机。在形成订单之后，农产品再通过销售平台和物流配送中心抵达每个社区和家庭，实现产销直通，城乡联动。

四、农产品品牌打造

农产品同类产品的价格最终会趋于市场的平均成本价格。因此，价格因素逐渐失去了决定农产品竞争力的主导地位。产品之间的差异就成为决定消费者购买倾向的主要因素。但是农产品在外观、口感、品质等方面的差异性较小，即使存在差异，也因容易模仿而快速缩小差异。具有广告效应、能够赢得顾客忠诚度的产品品牌，才是真正决定农产品竞争优势的主要因素。

（一）影响农产品品牌竞争力的因素

农产品品牌是一种消费者认同，是产品概念对应的消费群体的情感需求，是一种产品价值的体现。农产品品牌竞争力有如下六个要素构成。

1. 质量是核心竞争力

质量是农产品品牌的本质、基础和生命。任何农产品，无论外观多美、口感多好、包装多精良，若没有产品本身质量的保证，最终都会被市场淘汰。农产品品牌就是其质量和信誉的保证。

2. 服务是潜在竞争力

绝大多数农产品经营者都认为，只要抓好农产品质量就能攻克销售难题，但在农产品品牌不断提升壮大的过程中，服务才是最具竞争潜力。如今，大量农产品走出传统菜市场和农贸中心，走进大型购物中心和社区超市。全新的销售模式带来新的服务要求，做好销售服务已成为农产品品牌建设的当务之急。

3. 形象是个性竞争力

农产品的形象是其在市场上、在消费者心中所表现出的个性特征，是消费者识别商品的分辨器。当人们谈到阳澄湖大闸蟹时，就会在脑海中浮现出其个体厚实、口味鲜甜、肉肥皆腻的特点来。这就形成了其不同于其他商品蟹的独特竞争优势。

4. 管理是综合竞争力

优秀的管理是品牌成功的保证，农产品品牌的建设更加需要管理。农户缺乏品牌意识，品牌建设推进缓慢，品牌规模效应较弱，品牌优势显现不强，这些都是目前农产品品牌建设中的实际问题。克服管理难题，是提升农产品品牌综合竞争力的必经之路。

5. 创新是未来竞争力

没有创新，就没有发展，农产品亦如此。通过创新，改变农产品传统销售理念，拓宽农产品深加工可能，增加农产品附加价值，是农产品品牌建设的未来之路。

6. 文化价值是精神竞争力

文化价值是消费心理与文化价值取向的结合，它决定着品牌力量的强弱和品牌价值的高低，它是品牌农产品价格高于一般农产品的根本原因。

（二） 区域农产品品牌打造

随着农业市场化进程的加快，农产品品牌建设已经成为引领农民致富，促进农业经济持续、健康发展，带动地方经济繁荣的主要方式。同时，也是农产品参与国际、国内市场竞争的关键。因此，面对日益激烈的市场竞争，着力打造区域农产品品牌，促进农业产业化经营，增加农产品附加值，已成为发展壮大农业产业的重要措施之一。

区域品牌是区域特色产业持续发展的产物，是某个行政地理区域范围内形成的具有相当规模和较强生产能力、较高市场占有率和影响力的产业产品，形成以生产区域地址为名的品牌。如端砚、宣纸、汾酒等是历史悠久的区域品牌，它们都是以地名来为某一产品进行命名。区域品牌的总体表现形式是地区名称＋优势产业，具体表现形式为集体商标和地理标志。其特点是具有产权模糊性、持久效应性、公共性、利益共享性等特征，是本地区产业形象的集中体现。针对农产品区域品牌打造，借鉴张静基于对贵州省农产品区域品牌的调研结果，提出以下三点建议。

1. 明确农产品区域品牌经营主体，强化农产品品牌经营意识

农产品的生产者主要是数量众多而生产规模极小的农民，且我国广大农民文化素质较低，不具备品牌建设的意识和能力，也缺少品牌建设的资金。从国内外的实践看，可以有几种措施明确区域品牌的经营主体。首先，地方政府把区域品牌建设当作当地政府的一个公共工程，设置专门机构管理区域品牌，投入资金进行管理和宣传。其次，企业联合组织，即众多企业联合起来组成机构，由该机构负责区域品牌的建设和管理。最后，龙头企业以龙头企业的主导品牌为主体，整合产业集群内的众多企业，其他中小企业互补，实现品牌共享。同时，加强对农产品生产者的宣传教育，提高农产品生产者的文化程度，帮助其树立品牌意识，提高农产品的市场竞争力。

2. 加强农产品区域品牌的管理

要做好区域品牌管理工作，首先需要进行区域品牌的商标注册，申

请原产地产品保护。其次，要建立区域品牌的使用许可制度，打击区域品牌的冒牌行为，防止"柠檬市场"现象产生，防止区域品牌的滥用。凡是需要使用区域品牌的经营者，必须向区域品牌管理机构提出申请，经过该管理机构对申请者的产品进行质量检测，合格者方能得到许可。最后，区域品牌使用者在经营过程中必须遵守区域品牌的管理规范，要按照统一的要求标识、包装品牌等，以便树立统一的品牌形象。

3. 建立和完善区域特色农产品的质量标准体系

为了建立和完善区域特色农产品的质量标准体系，一方面给农业生产者提供产品质量控制的参照体系，使农产品的生产有标准可循。另一方面，坚持在生产、销售过程中进行检查监督，对于抽样检查不合格者，要让其付出沉重的代价，以杜绝以次充好的现象。此外，要建立农产品质量管理机构，定期对农产品的生产、加工、销售进行检查。重视质量认证，如食品质量安全市场准入制度（QS认证制度）、企业质量管理体系认证ISO9000、食品安全管理体系认证等。质量认证体系的建立完善可以有效提升购买者的购买信心，增强农产品在外界的竞争力。

（三）利用生鲜超市助力品牌建立

农产品的特征决定了其依靠农贸市场这一销售渠道无法建立品牌。农贸市场中消费者与零售商之间的交易还是一种传统的交易方式，消费者在购买农产品时没有任何交易凭证，导致出现问题后难以追究责任。农产品属于即时消费和一次性消费的产品。农产品一般保质期很短，在整个消费过程中，消费时间短，本身价值较低，不像一般工业品，消费时间较长，可通过售后服务、维修等来弥补生产的不足。因此，生产商与零售商生产和经营伪劣农产品的机会成本比较低。根据产业组织理论，向只进行一次购买的消费者销售农产品，既不提供担保也不因质量而被投诉，生产企业就有强烈的动机将质量降到尽可能低的水平，因为市场价格不反映不可观察的质量。这一最低水平也许是法定标准，或者是消费者可提供质量不合格证据的那一水平。因此，在农贸市场环境下，违约的成本很低，生产者与零售商缺乏保持高质量的约束力，品牌农产品的质量难以长久保持。

超市可以分化农产品市场，为农产品品牌的形成提供条件。超市是商业企业的一种形态，在经营方式上与农贸市场的区别在于，超市采取的是统一采购、统一配货、统一定价的连锁经营方式。统一采购，就是直接从农产品生产基地进货，最大限度地减少传统批发形式中诸多的中间环节，质量的可控性提高。统一配货，不仅能保持生鲜食物的新鲜度，而且能做到货物多元化，全方位满足市民需求。这些产品在配送中往往经过严格的筛选、包装和加工，方便用户购买。还有农贸市场根本无法做到的安全问题。统一采购、配货后的产品要经过严格的检测关，倘若检测不过关，则把货物退回产地或销毁。应该说超市有足够的实力和动力对农产品质量检测技术进行投资，因为超市经营的商品比农贸市场中的零售商要多得多。一般食品类商品只占超市销售额总额的1/3，生鲜经营只是其经营商品的一小部分。如果超市经营低质量的农产品失去信誉，从而失去所有产品的客户，其经营低质量农产品的机会成本会很高。

此外，由于超市能够与大量的消费者直接接触，而且能够利用POS技术采集商品及消费者数据，可以使用关于买者与卖者类型的信息加总来筛选所计算出来的价格，因此超市在收集和通报信息方面享有优势。超市可以向生产商提供市场需求和消费者的需求，将交易集中在超市可以产生生产和分配其信息的规模经济效应，超市也因此可以获得交易的回报。而从另一方面来说，消费者可以依赖超市的信誉而不必去调查产品供应商。农产品品牌的形成需要现代的农产品零售形态。农产品经营者可以利用消费者对超市品牌的信任逐渐建立消费者对自己农产品品牌的信任。

（四）借力政府打造品牌

从经济政策方面看，政府一般从政策鼓励、资金投入、银行贷款、财政补贴、减免税收、整合资源、执法监管等方面引导和扶持农产品品牌建设。具体措施有以下几个。

第一，在国家加大对农业政策扶持和资金投入的同时，地方政府要确定落实国家的支农惠农政策。第二，对开发品牌农产品的企业，政府财政部门和商业银行在贷款等方面要适当采取倾斜政策。第三，政府可以采取减免税收、提供出口补贴等措施加以扶持。第四，政府帮助协调农业团体之间的关系，整合地域优势资源，组建品牌建设主体。通过培植和扶持龙头企业，力推主打品牌达到打响农产品品牌的效果。第五，政府应加强对品牌农产品质量的监管，明确监管主体，完善监管体系，对品牌农产品从生产、加工到销售的全过程进行制度化、长期化的严格监控，严防不合格产品流入市场，损坏品牌形象。第六，政府应完善保护品牌的相关法律法规，建立经常性的督查队伍，加大执法力度，对虚假广告和假冒品牌严惩不贷。农产品经营企业可以利用这些常有的政府扶助政策打造自身的农产品品牌。

另外，各地农技推广部门为了发展区域农产品也会增强农民培训力度，尤其是对种植特色农产品的农户、当地种养大户和大中型农民专业合作社开展培训项目，加强培训深度，针对提升农产品品质问题加强培训。有的政府部门为了帮助和引导农业生产者和经营者增强品牌意识，会召开品牌座谈会，设立品牌培训班等，或者利用媒体宣传品牌兴农的先进典型事例，强化其市场意识、合作意识、质量意识、品牌意识，帮助农民树立农业产业品牌。农产品经营者可以利用这样的机会吸取先进的产品知识、品牌知识和消费者需求知识，利用科技和知识创立自己的农产品品牌。

（五）合作社农产品品牌建设

合作社农产品品牌建设是指在市场经济条件下，通过全方位整合经济与文化等资源，以提供优质产品为载体，以强化差异和特色为重点，制定相应的产品品牌建设规划并逐步实施，以确保社会对自身产品品牌的认知和肯定，从而寻求竞争优势的经营策略。

农产品品牌建设决策和实施行为的影响因素很多，社长年龄、成立年限、标准化生产、农产品生产能力、批发市场等对品牌建设决策行为均有显著影响，而社长品牌认知度、信息化程度、标准化生产、年获利润等对品牌建设实施行为有显著影响。针对合作社农产品品牌建设提出以下四点建议。

1. 提高社长品牌认知水平，引导合作社推进品牌建设

一是通过宣传途径提高社长对农产品品牌含义、现状、发展趋势及相关政策的了解程度；二是通过集中培训途径提高社长对品牌农产品生产、商标注册、认证、品牌管理及营销等环节的理论认知水平；三是通过帮扶指导及示范带动增强年长社长对农产品品牌建设的信心和动力。四是引导成立年限较久的合作社分类、有序、理性地推进农产品品牌建设。

2. 积极开拓农产品销售渠道，增强品牌农产品获利能力

一是变革营销策略，在稳固农贸批发市场销售渠道的同时，积极开拓国内外高端农产品市场销售渠道，形成国内外多元化的销售市场渠道，促使品牌农产品顺利销售，增加品牌农产品市场销售收益。二是严控农产品生产成本投入和品牌建设费用支出，一方面严控品牌农产品生产环节物化和人力成本投入；另一方面严控农产品商标注册、认证及品牌管理等费用的支出。三是通过积极参加国内外各种农产品展销会、博览会、品牌论坛等宣传、推介农产品品牌，提高农产品品牌市场知名度和影响力，增加品牌农产品市场获利能力。

3. 稳固农产品生产能力，提高信息化建设水平

一是提高合作社示范带动能力，吸纳社员、土地、资金、技术等要素向合作社汇聚，壮大合作社规模，完善合作社内部农产品品牌利益分配和风险防范机制，调动社员农产品生产积极性，形成持续、稳定的农产品生产能力，支撑合作社进行农产品品牌建设。二是加快合作社自有网站建设，提高合作社信息化水平。一方面，建议主管部门出台相关激励政策，鼓励规模大、实力强、发展势头好的合作社加快自有网站建设，

引导合作社利用网络进行农产品品牌宣传、推广，提高品牌农产品市场知名度，另一方面，对没有能力建设自有网站，提高其信息化水平，引导合作社利用网络获取品牌农产品市场信息，按照市场信息合理进行农产品品牌建设。

4. 全面实施农业标准化生产，大力推进农产品品牌建设

一是完善国家、地方及行业标准，使合作社实施农业标准化有理论依据；二是加快农业标准化推广力度，从广度、宽度层面增强合作社对标准化的知晓度和实施力度；三是注重合作社农产品标准化生产过程监管，建立农产品可追溯体系，确保农产品质量安全；四是培育合作社实施农产品品牌建设的实力，围绕农产品品牌建设做持续努力，大力推进合作社进行农产品商标注册、"三品一标"认证及知名产品品牌打造。

五、农产品售后服务

售后服务是指生产企业或经销商把商品或服务销售给消费者之后，为消费者提供的一系列服务，包括商品介绍、送货、安装、调试、维修、技术培训、针对农产品网店的消费者退换货，还包括针对农产品批发商、经销商及代销超市的售后服务。

（一）B2C情境下的农产品售后服务

对B2C的农产品网店而言，从传统的线下实体店交易到网络经济线上虚拟店铺的经营，交易渠道的分化使得售后服务功能的构成内容逐渐从围绕着商品质量的服务到围绕商品远距离传送、退换货等服务。这是由于在实体店交易时顾客能对商品的质量、外观、功能等有比较直观真实的印象，因此售后服务功能更多地涉及有关商品质量的内容。在网络经济环境下，网络的虚拟性使顾客不能现场身临其境感受商品，实际到达手中的商品与网上的描述可能存在差异，加上网络的时空无限性带来商品传送的问题，因而商品传送、退换货等成为网络经济背景下售后服

务功能的核心关注点，因此最好在网店主页设置售后服务联系方式、退换货政策、退换货流程介绍等，以便消费者能便捷地完成退换货过程，防止产生更大的不满。

此外，农产品网店管理者也需要重视客户的产品评论，并且据此确认用户的服务期望。为了提供优良的售后服务，农产品网店管理者需先学会根据留言识别农产品消费者需要的售后服务类型和服务质量要求，并对农产品用户认为重要的售后服务行为作出足够详细的分析。在此基础上，制定标准的服务质量体系。好的服务质量体系能为农产品客服人员从事售后服务提供标准化的规范。售后服务的质量往往与售后服务人员密切相关，所以标准化的售后服务体系能够给售后服务人员的言语、行为礼仪形成一定的约束。另外，农产品网店也应提高对客服人员售后服务的培训力度。用户感知的服务质量绝大部分由一线服务员工决定，农产品网店首先要对售后服务员工进行素质培养。农业企业应就产品信息、服务礼仪等对客服人员进行针对性的技能培训。

（二）B2B 情境下的农产品售后服务

对 B2B 模式农产品批发或者超市供货业务而言，应更多地考虑与农产品承销方合作建立更加高效节约的销售渠道。较为精明的农产品经营者会努力与他们的分销商或合作超市建立长期的合作关系。他们可以清楚地告知分销商或合作超市他们想要得到什么，包括市场覆盖率、存货水平、营销开发、客户要求与技术建议和服务等。农产品提供商在这些政策上寻求分销商的合作，引进保持这种政策持续实施的补偿计划。为了使供应链流畅并且成本降低，许多农产品供应商与零售商都采用了有效消费者响应（efficient consumer response，ECR）实践。他们从三个方面组织他们之间的合作关系，需求管理的协作实践，即通过推行联合营销或销售活动，刺激消费者需求。供给管理的协作实践，即以最优化供给，专注于联合后勤和供应链活动。授权者和整合者的协作信息技术和过程改进工具，即以支持各种联合活动，从而减少操作问题，允许更高水平的标准化等。

研究表明，尽管有效消费者响应对农产品供应商的经济绩效和能力发展有积极的影响，但它可能使农产品供应商负担更高的责任和义务，使他们感到不公平地承担更多的渠道任务，却没有得到更多的利益。

第三节　重要电商平台经营模式分析

互联网已经渗透进各个产业，农业也不例外，互联网对传统农业的渗透主要表现为将互联网技术应用于农业生产过程的智慧农业，将互联网电子商务应用于农产品销售的农业电商，将互联网融合于整个产业链的农业互联网生态三种模式。

一、互联网带来的智慧农业

智慧农业就是集成现代的信息技术将农业生产过程标准化、机械化，通过大量的传感器感知农作物的状态，再将具体数据传输给计算机处理中心，由计算机处理中心作出相应的判断，然后将结果传送给终端执行。

相比于传统农业，智慧农业能够大大节约人力成本，同时加强对农产品品质的管控，也更容易抵御干旱等自然风险，因而得到了积极的推广。

互联网带来的智慧农业，让畜牧养殖和农产品种植过程都变得现代化十足。国内已经有很多现代化农场实现了农产品种植、养殖的智能化。

如智能养殖场里的数千头奶牛，每头奶牛佩戴有一个电子身份识别卡，里面存储着这只奶牛的所有身份信息，包括年龄、血统、初次挤奶的时间等，这些信息可以被智能挤奶大厅自动读取，奶牛产出的奶的品质能被智能挤奶杯自动检测，这个流程只需要四五名工人就可以完成全部的挤奶及质量检测工作。在奶牛的喂养环节，由计算机中心控制的饲喂站会自动称取奶牛的重量，再参考奶牛电子识别卡中的信息，在后台计算出每只奶牛需要的饲料量，然后自动投料饲喂，整个过程全部由机器完成，人们只需要坐在计算机前轻点鼠标，就可以保证每只奶牛都得到科学饲养。

智能创意农业园，主要开展智能化、规模化的农产品种植，从播种、浇水、施肥再到打药、采摘，全部实现了机械化自动作业。例如，通过雷达定位和 GPS 导航，无人机可以自动飞到园区上方对农作物进行喷药和施肥，通过传感器传回的数据，机器人可以自动判断果实是否成熟，自动进行采摘动作。

二、互联网带来的农业电商

（一）农业电商发展模式可行性分析

1. 农业电商发展模式是农业经济发展的必然趋势

21 世纪是网络信息时代，网络技术的迅速推广与普及促使各行业转变发展思路、紧密结合时代发展潮流，推动各自发展模式的更新换代。中国作为农业大国一直重视农业发展，不管是党的十八大提出的美丽乡村建设，还是党的十九大提出的乡村振兴战略，都表明党中央高度重视农村经济发展。近年来国家对"互联网＋"模式的推广，促使各行各业都顺应形势谋取新型发展道路，中央及各级政府也积极推进农业信息化建设，农业电商发展成为新时代背景下农业经济发展的主要方向。值得一提的是，互联网技术的发展能够推动经济发展，而经济发展需要依托互联网技术的进步，二者只有结合才能更好地顺应时代发展趋势。

2. 多元化电商发展平台为农业电商发展提供条件

电商平台是依托于互联网进行的商务活动的虚拟空间，现阶段电商平台众多，有企业对企业的 B2B 平台、企业对客户的 B2C 平台、第三方电子商务平台等，其中 B2C 平台是目前较为普及的电商平台，天猫、京东等广为熟识的交易平台均属于该类平台。电商平台能够通过将传统的商业活动电子化数据化，从而减少人力和物力，还能突破时间和空间的限制，从而大大提高贸易效率。电商为中小型公司提供了公平竞争的机会，打破了相关行业的垄断现象，真正实现贸易的全球化。众多电商平台为农业电商的发展提供优良条件，尤其现阶段国家大力支持电商行业发展，努力健全电商发展平台，并颁布诸多政策进行推动，农业相关从业者应积极响应国家政策号召，加大改革创新力度及农业现代化建设，创新农产品流通方式及流通服务水平，开拓农业电商新型发展模式。

3. 农业电商发展模式与传统模式相比更具优势

与传统农业经济模式相比，高效是农业电商发展模式的一大突出优势。因农业电商依托网络技术平台，能够最大程度地减少农产品从生产到销售的时间，同时可以实现企业到农户的直接信息交流，摆脱传统商业中对中介的依赖，能够实现农户利益的最大化，同时能将个体农户团结起来，通过互联网的统一调控支配，提高农业产品的竞争力，为农副产品销售工作的顺利进行提供保障。由于互联网的实时通信和高速的信息交流，作为销售终端方的顾客也能因此得到物美价廉的产品。同时，农业电商发展模式拥有巨大市场潜力，中国农民多达 8 亿人，在如此巨大的市场下，该模式现今依旧处于发展初级阶段，制度及运营体系还未健全，了解农业电商的农户仍在少数，因此，此种农业发展模式在我国农业市场中拥有巨大潜能。此外，政府大力支持农业电商发展，出台了一系列支持农业电商发展的政策，包括鼓励电商平台主体建设、培养农村电商人才、加大电商创业信贷支持等，这些措施都有利于农业电商的进一步完善与发展。

4. 互联网进入普通家庭为农业电商提供物质基础

自从 20 世纪 90 年代中国加入互联网之后，互联网技术迅速发展，中国的 IP 地址、域名大幅增加，网民增长迅速，电脑作为唯一的上网设备时，网民的发展受到一定的限制。自从 20 世纪末智能手机开始出现，到智能手机逐渐进入中国普通家庭后，中国每家每户都能接触到网络，网络的迅速发展让电子商业成为可能。在乡镇还配备了政府投资的农产品淘宝商城，整合当地的农产品，并利用网上发布的需求信息进行统一运配，大大促进了农业电商的发展。

（二）农业电商发展模式落实措施探讨

1. 从政府角度，大力发挥引导监督职能

农业电商较之前的农业经济发展模式具有明显优越性，然而，宣传力度不足使得农户不足以了解农业电商发展模式的优势，未意识到该发展模式对提升自身经济效益的重要意义。因此，政府应积极发挥其引导职能，借助多样化的网络宣传平台及电视广告等传统宣传方式进行传播，宣扬农业电商发展模式的积极作用，介绍该模式的具体落实措施，进而提升农户对农业电商的认识度及接受度，加快农业电商发展模式的落实。

此外，政府应加强对农业电商模式的动态分析与监管。农业电商的持续、稳定进行离不开对相关数据的动态分析，准确、合理的分析能够明晰现有农业电商发展模式所存问题，及时调整农业电商发展思路，进而推动农业电商发展模式的健全。监督管理是保障，是维持农业电商良好环境的必然需求，有助于形成完备的农业电商服务链，切实提高农业经济发展水平。

2. 从农户角度，增强观念的改变与认可

农户是农业发展的核心，其素质水平高低直接关系农业发展的最终前景问题。传统农业发展模式中，劳动者根据前人经验，机械地进行自给自足的小农经济生产，不需要较高知识文化水平，更加注重体力劳动，忽视对脑力劳动的重视，不能适应新时代背景下农业经济发展模式。与其相比，新型农业电商模式的发展要求劳动者不断提高自身素质，掌握必要的电子知识及相关技能，有利于全面提高农户素质，这首先需要改变劳动者思想观念。

观念的改变并非一朝一夕即可完成，尤其对于农业劳动者，长期的劳作致使其对新鲜事物较为陌生，为观念改善工作带来极大挑战。与之相对的，是农户观念的改变从根本上决定着农业电商发展模式的落实效

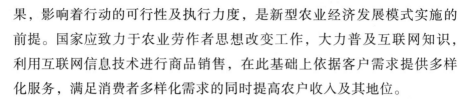

果，影响着行动的可行性及执行力度，是新型农业经济发展模式实施的前提。国家应致力于农业劳作者思想改变工作，大力普及互联网知识，利用互联网信息技术进行商品销售，在此基础上依据客户需求提供多样化服务，满足消费者多样化需求的同时提高农户收入及其地位。

3. 从人才角度，提高专业人员素质队伍建设

据不完全统计，我国与农业相关的网络营销平台已达上万家，但因专业人才缺乏、体系不健全等原因，相关平台提供的信息及时性差、针对性弱，对整个操作流程的动态分析亦不完善，显示出对高素质电子商务人才的需求。需要注意的是，现在高校对电子商务专业愈加重视，培养的电子商务人才不在少数，然而，能够切实满足社会需求的少之又少，如何提升该专业人才素质、推动此类人才加入农业电商发展模式实施过程中是亟须解决的问题。

农业电商发展模式的贯彻执行离不开电商专业人才，国家应吸引、鼓励相关人才投入农业电商发展中，并对目标群体进行职业培训，转变其服务意识的同时提高其专业素养，以此维持网络营销的顺利进行，稳步推进农业电商发展模式的逐步成熟。与此同时，现今农副产品的外包装依旧停留在较低水平，农户未意识到食品包装的重要性，降低了顾客购买欲望，影响农业电商化进程，亦需要专业人才加以改善。

4. 从质量方面，增加产品核心竞争力

商品交易的核心在于产品质量，农业电商作为新兴的经济模式，给消费者和商家带来方便和效率的同时，也存在相应的问题，首先就是质量得不到保障。传统经济模式中，商品交易是面对面进行的，可以保证消费者能够通过自己的感官判断商品的质量，进入电子商务时代，消费者不能直接接触到商品，而只能通过上传的二维的图片来对产品进行评估，实物在变成二维的图片时存在一定的失真，同时有些商家还会对图片进行美化，在这种信息传递存在一定偏差的情况下，产品质量的保证是提高核心竞争力的唯一保证。从生产方面，农业电商经营者一定要严格把握质量关卡，通过高质量的商品为自己赢得口碑，从而逐渐打开市

场，提高自己的核心竞争力，做大做强农业电商，提高农村经济水平，实现乡村振兴发展战略。

5. 从运输方面，提高农业电商服务质量

电商在通过互联网这一虚拟平台节省场地和装修等费用后，又相应地增加了另一成本——运输成本。近年来，随着电商行业的发展，快递这一新兴行业逐渐变成朝阳企业。农业电商不可避免地要和快递业合作，但是农副产品的运输相比于其他商品，还存在自己的独特性，当农副产品中包含生鲜时，运输过程中损坏的概率会相应地提高。作为农业电商经营者，在严格控制自己的产品的质量时，还必须审慎考察当地的快递公司，选择合适可靠的快递公司。同时考察运输速度，根据调查数据显示，消费者在网购之后希望所购商品能够尽快见到实物，更短时间的运输能减少商品在运输过程中的损耗。在严把产品质量关后，严格选择合作的快递公司，农业电商的产品在严格控制下能够尽量无损呈现给顾客，从而进一步提高产品的核心竞争力，实现农业经济的大发展。

6. 从法律角度，保障农业电商销售安全

电商采取网络交易方式，购买、支付均依托网络进行，然而，我国的网络监督管理机制尚未健全，一些不法分子寻找网络交易漏洞，以此谋取不合法利益，给农户造成不同程度的损失，严重影响农业电商和客户的安全性，促使顾客不再选择农业电商，从而降低农户的利润，进而降低农户对新型电商销售模式的信任度，为农业电商发展模式的落实增加阻力。如若没有完善的措施维持农产品网络营销环境的安全性，必然无法促使该发展模式的长远发展。法律是维护各行业稳定发展的有力武器，健全的法律法规有助于促使相关人员按照既定章程办事，解决诸多纷扰，这在农业电商发展模式中同样适用。国家可以在推行农业电商发展模式过程中颁布相关法律法规，使农户、企业在销售过程中有法可依，依法维护自己的合法权益。

三、互联网企业开创的跨界时代

联想控股对农业板块的布局，意味着互联网农业已经发展到一个新的层次，互联网开始从全方位改造传统农业，从生产过程的品质管控，到生产环节的生产水平提高，再到营销环节的创新设计，互联网技术被运用到农业生产链的各个环节，搭建出完整的互联网农业生态。从长远来看，依托联想的全球战略，农业可以实现全球范围内的产业布局。联想对农业的跨界，最终能够实现农产品全程可追溯、全产业链运营和全球化布局。

联想对农业的布局，经过对农业的认真研究，并对此有着比较平和的预期。在经营产品的种类上，联想选择的蓝莓和猕猴桃产品都是较为高端的农产品，这些产品具有比较大的利润空间，更容易实现盈利。在具体运作上，联想通过对佳沃集团的收购，迅速完成了生产基地的布局，这在很大程度上缩短了投资年限。考虑农业的周期特点，联想在农业板块稳扎稳打，不急于求成，这也是联想农业的可贵之处。

伴随着"互联网＋"的热潮，互联网农业正成为新的投资热点，在打头阵的联想之后，还有更多的互联网企业已经或者准备跨界农业市场。然而，农业是一个回报周期较长的产业，互联网农业的未来能否成功，现在还无法判定，需要拭目以待。

第四节　农产品上行

一、电子商务对传统农业的影响

（一）电子商务可以减少信息不对称、降低交易成本

严重的信息不对称导致农民常常面临着巨大的不确定性和经营风险。

同时，信息不对称使得农业收入中的很大一部分被流通中介取得，农民无法从农产品涨价中获得收益，造成很多地方的农民收入增长缓慢。电子商务成了新的信息平台，借助这个平台，农民、乡镇企业、农业龙头企业、销售商、消费者在电子商务平台上会聚，交流信息，进行网上交易、网上签订供销合同，农民还可以在网上通过集体采购、招标等手段来降低生产成本。

（二）电子商务改变了传统的乡村生活

电子商务改变了传统的乡村生活。这个不可抗拒的大趋势加快了农民的生活节奏，更重要的是，它将农民从土地和农业劳动中解放出来，并创造了新的工作岗位，如快递员、司机、网店设计师等。以往在城市工作的年轻人现在可以回家，给传统的农业地区带来新的活力。即使是大学毕业生或在城市里过得很好的人，也有不少回到农村经营网店。

（三）电子商务可以有效促进新知识、新技术的传播

促使经济增长的近因归结为努力节约、知识积累和资本积累。在传统农业社会中，知识的传播是缓慢、封闭、低效率的，知识的取得成本非常高。农村在一定程度上成了信息孤岛，缺乏知识成为农民增收的最大障碍。电子商务改变了中国农村知识的获得方式，快捷、海量及几乎可忽略不计的知识获得成本，使农民可以最大限度地降低生产成本和市场风险。

电子商务还在创造着一种新的社会组织形态，农民不再仅仅是信息的被动接受者，而成了知识的创造者和消费者，电子商务带来知识的迅速扩散，加速中国向知识型农业社会的转型。

二、电子商务对农产品市场的积极作用

研究表明，农业电子商务的发展可以在促进信息流动、方便产业协

调、提高市场透明度及价格发现的基础上，真正实现即时的市场对接，产生切实的收入增长。应用电子商务的企业能够产生成本效应，使得企业非常方便地将业务扩大到全球市场。农村小企业是电子商务潜在的最大受益者之一，巧妙地利用互联网可以为农民、小企业创造机会，增强它们向世界展示的能力，通过建立查询当地企业和产品的联络点，建立全球业务，开发新的产品和服务。

（一）增加农产品生产经营者的利润

电子商务对农产品生产经营者来说，能够减少流通环节、降低交易费用和风险成本，同时提高农业信息化水平，增强农产品市场竞争力，突破时间和空间限制，增加交易机会。

1. 减少流通环节，降低交易费用

首先，电子商务使农产品的买卖双方越过层层中间环节（包括批发商和零售商）直接接触，实现信息交换和在线贸易。互联网取代了批发商和零售商等传统中介组织，成为农产品买卖双方之间的新中介。网络的开放性使买家和卖家有可能来自全国甚至全世界。农产品的购销信息一旦在互联网上公布出去，那么全世界任何一个地方的人只要通过网络就能看到。这个新中介具有独立性，不受买卖任何一方的控制，它处于生产者与购买者之间，减少中介环节，削弱了传统中介作为市场信息来源的作用，给生产者提供了寻找新的合作伙伴的机会和创造收入的新途径。农产品电子商务使农民与消费者通过互联网直接进行交易，提高了市场效率，减少了中间交易成本。据统计，在传统商务模式下，商品从订货到售出过程中费用占企业成本的18%～20%，部分企业利用电子商务优化供应链后，将该费用比例降低至10%～12%。

其次，电子商务降低了农产品交易中信息搜寻、处理交易、营销广告、流通运销等各环节的费用。一是降低信息搜寻费用。传统的农产品销售，生产者与购买者之间存在着大量的中介，买家要花费大量的时间、精力和金钱才能获取有关农产品生产和价格的信息。而农产品电子商务提供一个聚集众多买家和农产品生产者的虚拟交易场合，能提供各种各样的相关信息，从而降低信息查找费用。二是降低处理交易的成本。农产品电子商务整个交易过程从开始订单、付款、发货都自动化操作和实施，比电话、传真等传统渠道效率更高、费用更低。此外，在产品质量认定与划分、质量等级和品种划分依据具备公认标准的前提下，不需要将农产品费力地运送到在线现场，而只需要公布交易产品的质量等级，买家就能够把握产品的优劣档次，从而极大地降低交易成本。三是可以节省营销成本。使用互联网做广告，其成本要比传统广告媒体节省90%。利用网络向全球发布本地农产品资源信息，宣传、推介本地丰富的优质农产品，同时将本地区的农产品推行标准化生产，创建网上农产品超市，不断扩大网上交易规模，逐步引入期货交易，发展订单农业。四是节约流通成本。我国60%~70%甚至更高比重的农户要自己解决农产品的运销问题，在流通环节损失的利润每年就高达200亿元人民币。通过电子商务平台，生产者能直接和消费者进行交流，迅速地了解市场信息自主进行交易，减少不必要的中间环节，生产者能直接、迅速、准确地了解市场需求，生产出适销、适量的农产品，避免因过剩而导致超额的运输、贮藏、加工及损耗成本等。与传统销售模式相比，电子商务能节约包括信息搜寻成本、摊位费、产品陈列费用、询价议价成本等在内的交易成本和因信息不通畅而带来的风险成本。据国际通行算法，相比于传统商务，电子商务可节约15%的直接成本，节约75%的间接成本。

2. 减少信息不对称，降低风险成本

农业的生产周期长及农产品易腐烂等特点决定了其与其他产业相比，具有很大的不确定性，不确定性增加了交易费用，也因此增加了交易双方履约的难度。根据威廉姆森（Oliver Eaton Williamson）的交易费用理论，在不确定性较高时，必须找到交易双方都能够信任的机制或方法，以寻求在不确定性发生时交易双方依然愿意通过协商寻找解决问题的途径。不确定性带来的农产品交易风险极大。因为生产周期长，按现在的市场信息生产出产品后，市场需求可能已经完全发生变化。由于农产品不易贮存，供给的价格弹性低，因此，增产不等于增收。

农产品电子商务具有整合优势、降低风险和不确定性的功能。农民可以通过发展订单农业，以合同保障农业产后的销售渠道，且随着物流条件的改善，可以在更大半径的农产品市场之内进行交易，特别是通过具有信用和集团优势的农协或农业合作社等集中购销，以节省人力和运输成本，改进农产品流通的效率。还可以将农产品产前、产中、产后的诸环节有机地结合到一起，解决农产品生产与市场信息不对称的问题，可以帮助领导科学决策，合理安排生产，有效避免盲目发展所带来的风险。在农产品交易过程中，农民极度缺乏市场信息，增加了农民在农产品交易过程中的风险和不确定性。农产品电子商务给农民多了一个获取信息的平台和渠道，借助它能实现农产品信息的沟通和知识的共享，完成市场信息的收集与交换，减少不对称信息的比重，它的应用可以帮助农民科学地决策、指导生产，尽量减少不必要的经济损失。

3. 提高农产品商务信息化水平，增强农产品市场竞争力

无论是国际市场竞争还是国内市场竞争，农产品竞争力的核心都是信息化的发展水平，必须拥有先进的网络信息技术和手段，才有可能在激烈的市场竞争中取胜。经济全球化使各国市场连成一个整体，目前社会网络已经成为信息传递的重要工具，而获得农产品生产、交换主动权的关键之一就是对最新、全面、及时、重要信息的掌握，这正是农产品商务信息化发展的动力和需求。因而农产品电子商务的发展必然提高对农产品商务信息化的要求，从而推动农产品生产、交易信息化水平的提高。

电子商务的广泛应用能使农民按照市场需求选择生产，并适时销售农产品，从而提高市场竞争力。相对于工业而言，农产品对信息的掌握需求更为迫切，每年因信息问题造成的农业损失难以计数，农民在生产什么、生产多少的决策方面具有很大的盲目性和滞后性，从而使农产品生产交易风险极大。另外，在市场经济条件下，农产品生产产前、产中、产后各环节的有效衔接，以及农产品生产、分配与消费的各环节，均以市场经济规律来指导和调节，这就必须有充分、准确、及时、可靠的信

息做保证。因此，发展电子商务，农民更容易掌握市场对农产品种类及数量等需求，逐步提高市场竞争力。

4. 突破时间和空间限制、增加交易机会

农产品电子商务有助于克服农产品生产分散性、区域性、季节性的缺点。农村地区由于基础设施条件差，交通、通信不够发达，难以得到及时、准确、可靠的市场需求信息，加之以家庭为单位的小规模生产使农产品生产者之间基本上不存在信息交流，农户以经验来进行生产，从而使大量的农副产品流通不畅，经常发生"卖难"的现象。农产品电子商务跨越了时间和地域的界限，可以在更广阔的时间和空间范围内调节生产与市场的矛盾，通过供需双方的及时沟通，使农产品生产者能够及时掌握市场信息，根据市场需求合理组织生产，从而使农产品适销对路，避免农产品结构性的"卖难"问题。

首先，可以使分布广阔而分散且小作坊式生产的农民，在集中的平台上共享对称信息所带来的集成优势。例如，利用互联网低成本搜寻、了解并购买投入品，并可以从生产厂家处直接购买，可以帮助农民更有效地推销他们的产品，可以帮助大宗农产品（如谷物）的生产者更好地进行供需匹配，避免价格波动，通过改进信息流，建立质量担保体系，更好地追踪市场，使供应链更加优化农民有更多的机会将产品销售到更远的地方，同时农产品电子商务可以将地理范围分散的、少量的、单独的农产品交易组织化、规模化。此外，由于电子商务可以提供 24 小时的全天候服务时间，因而能让农民找到更多的新市场，吸引更多客户。

其次，可以提前发布不同季节农产品的种类、价格、生产方面的信息，打破产品销售的季节性，实现订单生产，获得丰厚的销售收入。由于农产品的生产和销售具有明显的季节性，当主要产区的农产品供过于求，出现地区性的产品过剩时，应该突破时间和空间的局限进行销售，否则造成丰收的农产品大量囤积，当地的生产者为争夺有限的市场和顾客必然产生激烈的竞争，竞相压价，以致两败俱伤。这就是丰产不丰收的道理。而在互联网上，生产者能够逾越生产季节和主产区的限制，将农产品生产出来，并将其送达市场需求旺盛的地方，实现农产品的适销对路，从而获得更多收入。

最后，通过互联网，不仅可以把产品卖给国内需求者，还可以卖到海外，赚取外汇。互联网技术只需要有限的基础设施投资就能使无论处于什么地理位置的生产链上的个体参与方获得机会、得到实惠。

（二）提升农产品消费者采购效率

对于农产品消费者来说，电子商务能够帮助他们改变信息获取方式和购买方式，节约购买时间，降低购买成本。

1. 改变消费者的信息获取方式

在传统的商务模式下，当消费者对某种农产品产生需求后，对于产品的信息，只能通过个人来源、商业性来源、公众来源或经验来源获取。个人来源，即从家庭、朋友、邻居和其他熟人处得到信息，而其他人未必有对这种商品的购买经验，这种渠道获得的信息相当有限。商业性来源，即从广告、售货员介绍、产品展览与陈列、产品包装、产品说明书等获取信息，从这种渠道获得信息，消费者不仅要在商店耗费大量的时间，还难以了解真实的信息。公众来源，即从报刊电视等大众宣传媒介的客观报道和消费者团体的评论得到信息，这种信息相对而言比较真实，但这种信息存在供求不对称问题，当消费者对某种商品有需求时，很难马上通过公众来源获得相关的商品信息。

2. 改变消费者的购买方式

电子商务的推广使家庭网络购物成为现实。只要消费者打开电脑敲一敲键盘，就能进入网上农产品商店，查看成千上万的产品目录，从中挑选自己想要的产品，然后查看产品相关信息。随着多媒体技术的应用，还可以在计算机屏幕上看到产品的照片甚至三维图形。对于选定的产品，消费者在网上填写订单并网上支付。订单确认后发出，商家几乎立即收到订单，随即寄送出顾客购买的商品。

支付方式也产生了很大的转变。网络消费者只需要拥有一个网络账号，就可以在任何地点、任何时间不间断地得到银行业务服务，包括储蓄、转账、查账、信用卡、证券、交易、保险和财务管理等业务。

电子商务极大地提高了农产品消费者信息搜集的效率，降低了信息搜集的成本，扩大了信息搜集的半径。搜索引擎为消费者进行信息搜集提供了便利，节省了信息搜集的时间和成本，消费者只要在搜索网站上输入想要购买的产品名称，就能获得相应信息。网络上不同类型虚拟社区的存在使消费者不仅可以从身边获得信息，还可以向素不相识的人了解信息。各种网站也为农产品消费者获取信息提供了便利。在各种农业门户网站上，消费者很容易了解某类农产品的市场行情。

3. 降低消费者的购买成本

在传统的农产品零售商务情况下，消费者购买农产品往往先搜集产品信息，然后选购产品，最后将产品自行运送回家。其购买成本不仅包括农产品价格，而且包括运输费用（包括自己去商店、商场和回家的车旅费等）和交易的时间、精力等成本。在电子商务环境下，消费者购买农产品的成本包括货物送到手中的商品费用、上网设备使用费及时间、精力等。相对于传统农产品零售业务，电子商务大大降低了消费者的交易成本，消费者不必再为购买商品而在市场之间奔走，不必再为与业务员讨价还价而筋疲力尽。电子商务使农产品消费者进行产品价格比较几乎在弹指之间就能完成，同时也大大提高了商品价格的透明度。网上直销方式的兴起，极大节约了中间渠道的成本，使农产品价格更为合理。

（三）有利于农产品结构调整

对于一个国家的农业来说，电子商务有利于农业结构调整和优化升级，有利于改变传统的农产品贸易方式，有利于从事农产品生产的中小企业与国际市场接轨。

1. 有利于农业结构调整和优化升级

在信息化环境下，信息技术全方位地渗入农产品生产和经营的管理过程中，加速了中国的农业产业化进程，提高农业产业化的总体质量，可高质高效地改造传统农业，加速其更新换代和优化升级过程，从而加速传统农业的结构调整和优化升级。电子商务在农产品生产、贸易中的应用和发展，可以促进农业产业化过程中自动化、信息化和高效化的实现，大幅提高农业的信息化水平和经济效益，使传统高消耗、低效益的农业生产结构向新兴低消耗、高效益的生产结构方式转变。粗放型的农业生产模式将会被集约型、技术知识密集型的生产模式所替代，传统的农业生产方式将得到改造，农业生产成本得以下降，农业生产效率将大幅提高。农副产品加工业、乡镇企业等将得到进一步发展，农村服务业结构得以更新和改善，从事农村工业和农村信息技术、智力劳动及信息服务的人越来越多，农村劳动力的就业结构由此发生变化。

互联网的发展为农产品及生产资料的销售开辟了更广阔的市场空间。农民有更多的机会将产品销售到更远的地方，同时也将地理范围内分散、少量、单独的农产品交易规模化、组织化。电子商务可以提供24小时的全天候营业时间，让农民找到更多的新市场，吸引更多客户。另外，交互式的销售方式，使农民能够及时得到市场反馈，改进本身的工作，提供个性化服务，建立稳定的顾客群。

在线交易也使资源得到更有效地配置。从整个产业链向下直到农企层次，农产品提供商可以追踪销售实时动态，以减少库存。过多的库存可以通过网上拍卖得以迅速清空，从而不再占用库存资金。

2. 有利于改变传统的农产品贸易方式

农产品电子商务是建设社会主义新农村、开拓市场和参与全球竞争的必要手段。传统的一手交钱，一手交货的贸易模式将被打破。互联网上的一些创新的金融服务对于农产品交易双方都带来了不小便利。如互联网上支付宝公司提供的担保交易功能可以让互不信任的交易双方找到一个可信任的第三方，让原来无法完成的交易可以正常进行下去。如果没有担保交易，淘宝提出的针对农产品的预定消费、周期购等销售模式根本无法进行。

农民通过农产品电子商务还可以十分便捷、快速地完成信贷、担保、交易、支付、结汇等环节。农民可以更贴近市场，提高生产的敏捷性和适应性，迅速了解到消费者的偏好、购买习惯及要求，同时可以及时反映消费者的需求，从而促进供需双方的研究与开发活动。小生产与大市场的矛盾是目前制约中国农业发展的一大障碍，农产品电子商务跨越地域和时空的界限，在更大范围内调节了生产与市场的矛盾。

3. 有利于中小企业与国际市场接轨

加入世界贸易组织后，农产品市场遇到前所未有的机遇和挑战，全球化的市场正逐渐形成。农产品市场正面临越来越沉重的国内外同行竞争的压力。因此，农民对农产品信息的了解、交流提出了更高的要求。在传统的经济理论中，农产品市场的买卖双方是在完全信息条件下进行交易的，即价格是由供求双方的总体水平共同决定的。但在现实的市场经济条件下，农民对现实中的农产品信息难以完全了解，使现实经济生活中的信息不对称成为主导。农民极度缺乏市场信息，增加了农民在农产品交易过程中的风险和不确定性。由于交通、通信等因素的原因，农民难以及时、准确、可靠地得到市场信息，导致大量农产品流通不畅，影响农业发展。而农产品电子商务给农民提供了一个获取信息的平台和渠道，借助它能实现农产品的信息沟通与知识共享，完成市场信息的收集和交换，减少信息的不对称。农产品电子商务的应用可以帮助农民科学地决策、指导生产，尽量减少不必要的经济损失。

三、带动农产品生产相关产业积极发展

电子商务的运用能够惠及农产品生产相关产业，涉农综合服务水平能够得到提高，如农民的农业技术水平可以得到提高、就业可以得到增加、农村交通物流可以得到进一步改善等。

（一）产生外部正效应

如果某一区域或合作组织的农户或团体搜寻、分析和发布市场信息，

信息外溢使得该区域或组织外的农户或团体获得信息而从中受益，但是，它们不用向搜寻、发布信息的主体缴纳费用，这就是正外部性。网络的正外部性的特征，使电子商务的运用能产生乘数级的经济增长，农民只要接触到网络，就能共享网上有关农产品的产业政策、市场价格、需求状况及气象气候等信息，解决信息不对称带来的产品卖不出去、需要的农资和农用品不知如何购买等问题。因此，农民可以通过农业网站，学习新的农业技术，了解国家政策，调整种养结构，交易农产品等。

（二）辐射及带动相关产业

农产品电子商务能为从农业生产资料到种植、养殖，再到农产品加工和农业大流通、涉农综合服务这一动态全过程提供服务，这根链条上汇聚了全国 5 万个农业产业化企业，17 万个农村合作及中介组织，95 万个经营大户，240 万名农民经纪人。另外，农产品电子商务的发展，使农产品信息中介及乡村信息员增加，增加了农村的就业岗位。

电子商务促进了交通和物流的发展，随着农业信息化的发展和农产品电子商务的运用，农村交通和农产品物流得以快速发展。信息化给农民带来广阔的市场空间，而农产品对保鲜性、标准化要求较高，农产品物流体系的建设必然要适应这种发展和变化。农产品物流体系是农产品电子商务发展的一个瓶颈问题，农产品电子商务也促进了与农产品物流相关的交通及基础设施的建设。

四、农村成为下一个电子商务的发展点

（一）农村和电子商务的互补性合作关系

农村与电子商务有着典型的各取所需的合作关系，农村巨大的人口比例和消费潜力成为各大平台垂涎的资源。反观农村，从生活方式到购物理念，再到科技文化的消费，以及农产品的销售等，都需要成熟的商

业模式引导，从而进入正轨。电子商务带来的大数据技术，能有效地减少农民生产的盲目性，用专业的数据分析取代靠天吃饭，从而消除农业市场的信息不对称现象。电子商务成熟的商业模式也可以让农民增收，通过网络信息发布、订单处理、合理分配资源等流程，最大限度地缩短中间环节，从而降低成本，真正实现谁劳动，谁赚钱的健康社会秩序。此外，电子商务的介入，会打破农村区域性的限制，通过网上有效组织，形成规模化的产业，中国的葵花籽就能卖给马来西亚的市民了。

虽然农村和电子商务有着互补性的合作关系，但电子商务要真正融入农村生活，却不是简单的几个店铺能解决的。不仅需要有形的硬件设施，更要提供无形的生活、文化、教育理念。显然，仅依靠电子商务难以完成这些社会工作，更需要政策的扶持。

（二）电子商务正逐步向农村发展

电子商务进军农村，首先要做的就是革新当地的消费理念，引导农民正确地使用手中的闲钱。要告诉他们，钱能存到信用社，还能存到网上银行，更重要的是要让其对外面的生活产生兴趣，从而完成引导性消费。这需要一个漫长的过程：首先，最基本的手段是提供琳琅满目的商品，同时价格要比农村的集市便宜。其次是重点布局农村缺少的服务，如农村移动营业厅不多，每次交话费需要骑几十分钟自行车到附近的镇上，所以流动性话费服务大受欢迎。最后是升华性地引导消费，让一些稍微奢侈点的产品刺激农村的消费潜力，把城市的生活理念带回农村，让先进的购物、文化、体育理念来带动农村消费者的生活，此外，政府要配合进行"扶智"工作，提高农民使用信息的能力，加强当地实用型信息技术开发人才的培养，让农民自己学会思考和创新。

农村电子商务要真正实现互联网互通，首先要做的是物流体系的硬件建设，针对农产品的特殊性，对冷链物流的要求更高。事实上，冷链物流是农产品电子商务无法回避的问题，是电子商务大面积涌向农村的最后一道障碍。冷链不仅要有库房，需要专用的冷藏＋冷冻的混合车辆，还要保证周转过程中的恒温设备等，这种物流链的投资数额巨大且回报周期太长，不符合互联网行业赚快钱的大思路。此外，天气因素对农产品电子商务的影响更大，持续恶劣的天气，不仅会让物流车辆运行受到影响，更重要的是导致对产品交期的影响，正是这些困难因素，让电子商务企业心有余悸。但一些运输龙头企业已经开始了对冷链物流的探索，如顺丰优选实现了全国常温送货等。

第五节 农产品电商平台的建设

一、新型农业经营主体服务平台

当前中国农业在城镇化发展、农村劳动力减少，劳动力成本上升和国家土地流转政策支持的背景下，面临着土地高度分散、以家庭个人作业方式为主、产业化程度低的现状，将向集约化的规模农业进行转变。由此，新型农业经营主体（合作社、种植大户等）将面临承担未来现代农业发展中坚力量的问题。

国务院《关于积极推进"互联网＋"行动的指导意见》（以下简称《意见》）中将构建新型农业生产经营体系放在首位。《意见》指出："鼓励互联网企业建立农业服务平台，支撑专业大户、家庭农场、农民合作社、农业产业化龙头企业等新型农业生产经营主体，加强产销衔接，实现农业生产由生产导向向消费导向转变"。

构建新型农业生产经营体系就是要创新农业生产经营机制，探索出一条生产技术先进、适度规模经营、市场竞争力强、生态环境良好的新型农业现代化道路。农业的转型升级必须依靠科技创新驱动，转变农业发展方式，要把现代社会中各种先进适用的生产要素引进和注入农业，从过度依赖资源向依靠科技人才、劳动者素质等转变。培育新型农业生产经营体系，首先，重点是支持和培育种养殖大户、农民专业合作社、家庭农场、农业企业等新型生产经营与产业主体，它们是未来农业生产的主要承担者，是实现农业现代化的主力。其次，要依靠科技发展农业，把物联网作为现代农业发展的重要渠道、平台和方向，加大研发、推广和应用力度。最后，必须把生态环境可持续作为实现农业现代化的重要目标，协调并兼顾农业高产高效与资源生态永续利用，以有效解决资源环境约束为导向，大力发展资源节约型和环境友好型农业。通过构建新型农业生产经营体系，为现代农业发展与农业现代化的实现插上翅膀，让百姓富与生态美在发展现代农业中得以有机统一。

现代农业对新型农业经营主体提出了更高的要求，由原来的只重视个体农户种植到需要对农业生产的全产业链（采购、生产、流通等）诸多环节进行整合。在新型农业经营主体整体实力较弱的前提下，如何培育新型主体，依靠新兴的力量帮助农业新型主体发展壮大是一个亟待解决的问题。互联网的本质是分享、互动、虚拟、服务，充分发挥互联网的优势，通过互联网技术与外部资源的对接，打开整体服务于新型农业经营主体的局面。以互联网为依托，构建新型农业经营主体服务平台，为农民带来更多便利的服务，充分让新型农业经营主体、农资厂商、农技推广人员等都参与其中，共同实现其价值。

二、新型农产品电子商务平台

（一）农产品电子商务的发展

农产品电子商务是指在互联网开放的网络环境下，买卖双方不谋面地进行农产品商贸活动，实现消费者网上购物、商户之间网上交易、在线电子支付及相关的综合服务活动的一种新型的商业运营模式。

自新中国成立以来，我国的农产品流通经历了四个主要阶段的历史演变。第一个阶段是 1949~1978 年，五大流通组织系统分工明确，行政体制代替市场体制，这个阶段重生产，轻流通，此时国民经济百废待兴，力求解决基本农产品的买难问题。第二个阶段是 1978～1992 年，此时我国恢复了农村集市贸易，政府积极促进城市农副产品市场实施建设。改革多层次批发体制、行政管理体制和企业所有制，此时生产力水平提高，开始考虑解决农产品卖难问题。第三个阶段是 1992～2008 年，此时农产品流通基础设施主要靠民间资本商业化投资，市场逐渐向社会化、民间化、微观化和市场化转变，在这个阶段商品市场繁荣，解决优质农产品买难及突发性卖难问题。第四个阶段为 2008 年至今，农产品电子商务逐渐成为农产品流通的新形式，也相应出现了新基础设施、新要素、新主导权倒逼农产品流通升级。现今阶段要彰显个性化需求，提高安全品质要求，同时解决农产品买难及卖难问题，而农产品电子商务平台无疑为生产者与消费者之间搭建了一个友好的桥梁。

中国是一个农业大国，自中华民族发展之际，农业生产就是国民生产经济中一个必不可少的环节。当前，农产品电子商务发展迅速，成为促进农产品销售、拉动农民增收、带动经济社会发展的重要引擎。

（二）农产品电子商务的优势及特点

1. 农产品电子商务的优势

农产品电子商务具有信息化、网络化、交易便捷化等优势，特别是可以减少许多传统流通中的环节。农民能够以合理价格出售农产品，提高收入，消费者能够买到物美价廉、新鲜度更高的产品。

适合做电商的产品主要有以下几类，货值高、售价高的产品，更容易做成电子商务平台，因为物流成本占比相对较小，如松茸，容易形成价格优势。具有较强的地域特色的产品，地域品牌知名度及认知度高的产品也可以做成电商，如新疆红枣、核桃等。除此之外，耐储存、易运输的产品，如忻州糯玉米、杂粮等具有运输优势，做成电商有一定的竞争力。上市周期较长的产品，如吉县苹果等。保质期短，对储存要求较高的产品适合做 O2O 同城电商配送。

以往，农产品销售与流通受限于商品低附加值、低流通效率等影响，往往很难大规模生产和发展。我国目前的农产品流通、销售模式和特点见表5-2。

表5-2   我国主要农产品流通销售模式

模式	渠道关系	商品附加值	物流半径	物流成本	组织程度	流通效率
生产者主导	间环节少、极不稳定	低	极小	高	低	规模较小、效率低
零售商主导	较稳定	较高	小	较低	较低	较高
批发市场主导	不稳定	较高	大	高	较高	低
龙头企业主导	契约约束，相对稳定	高	大	较低	产销关系紧密	一般

如今的互联网为农产品流通重塑了一个流通主体，这里由生产者到消费者，中间经历了经纪人、批发商、服务商及零售商，稳定了渠道关系，加速了农产品的流通。

类似阿里、淘宝这样的电商平台，带动起一大批地区农产品以土特产的形式加工、包装及销售。通过淘宝显示的数据可以发现，目前在我国绝大多数地区都已经开始进行了地区性的土特产销售。

2. 农产品电商平台特点

第一，平台实现统一为客户提供信息、质检、交易、结算、运输等全程电子商务服务。

第二，支持网上挂牌、网上洽谈、竞价等交易模式，涵盖交易系统、交收系统、仓储物流系统和物资银行系统等。

第三，融合物流配送服务、物流交易服务、信息服务、融资担保类金融服务等于一体。平台系统将实现基础业务、运营业务、平台管理和运营支持四个层面的业务功能。

第四，实现各层级会员管理、供应商商品发布、承销商在线下单交易、订单结算、交易管理、担保授信等全程电子商务管理。为了支持平台业务向农产品产业链两端延伸，满足开展订单农业、跨国电子交易及跨国贸易融资等业务的发展需求，平台支持多种交易管理流程共存，支持标准及可灵活拓展商品，具备交易规则灵活性、结算多样性及管理复杂性的特点。

第五，在配送和销售过程中，通过制定和实施符合现代物流要求的技术标准，对农产品在流通过程中的包装、运输、库存等质量进行控制。形成从农田头到餐桌的完整产业链，由市场有效需求带动农业产业化，提高农业生产区域化、专业化、规模化水平。

三、农村土地流转公共服务平台

土地流转和适度规模经营是发展现代农业的基础。土地流转服务体系是新型农业经营体系的重要组成部分，是农村土地流转规范、有序、高效进行的基本保障。建立健全农村土地流转服务体系，需要做到以下几个方面。

（一）健全信息交流机制

信息交流机制是否健全有效，直接关系到土地流转的质量和效率。当前，由于农民土地流转信息渠道不畅，土地转出、转入双方选择空间小，土地流转范围小、成本高，质量不尽如人意。政府部门应加强土地流转信息机制建设，适应农村发展要求，着眼于满足农民需要，积极为农民土地流转提供信息服务和指导。适应信息化社会要求，完善土地流转信息收集、处理、存储及传递方式，提高信息化、电子化水平。各地应建立区域土地流转信息服务中心，建立由县级土地流转综合服务中心、乡镇土地流转服务中心和村级土地流转服务站组成的县、乡、村三级土地流转市场服务体系。在此基础上，逐步建立覆盖全国的包括土地流转信息平台、网络通信平台和决策支持平台在内的土地流转信息管理系统。

（二）建立政策咨询机制

农村土地流转政策性强，直接关系农民生计，必须科学决策、民主决策。为此，需要建立政策咨询机制，更好发挥政策咨询在土地流转中的作用。一是注重顶层设计与尊重群众首创相结合。土地流转改革和政策制定需要顶层设计，同时不能脱离群众的实践探索和创造。要善于从土地流转实践中总结提炼有特色、有价值的新做法、新经验，实现政策的顶层设计与群众首创的有机结合。此外，农村土地流转涉及农民就业、社会保障、教育、卫生及城乡统筹发展等方面的政策，需要用系统观点认识土地流转，跳出土地看流转，广泛征集和采纳合理建议，确保土地流转决策的科学性。二是构建政策咨询体系，建立土地流转专家咨询机构，开展多元化、社会化的土地流转政策研究，实现政策咨询制度化，以制度保证土地流转决策的专业性、独立性，完善配套政策和制度，形成一个以政策主系统为核心，以信息、咨询和监督子系统为支撑的土地流转政策咨询体系。

（三）完善价格评估机制

土地流转价格评估是建立健全农村土地流转市场的核心，是实现土地收益在国家、村集体、流出方、流入方和管理者之间合理、公平分配的关键。因此，必须完善土地流转价格评估机制。

一是构建科学的农地等级体系，农村土地存在等级、肥力、位置等的差异，不仅存在绝对地租，也存在级差地租。应建立流转土地信息库，对流转土地评级定等，制定包括土地级差收入、区域差异、基础设施条件等因素在内的基准价格。二是建立完善流转土地资产评估机构，引入第三方土地评估机构和评估人员对流转交易价格进行评估。三是制定完善流转土地估价指标体系，建立切合各地实际、具有较高精度的流转土地价格评估方法和最低保护价制度，确保流转土地估价有章可循。四是建立健全土地流转评估价格信息收集、处理与公开发布制度，信息公开、透明是市场机制发挥作用的前提。应建立包括流转土地基准价格、评估价格和交易价格等信息在内的流转土地价格信息登记册，反映流转价格变动态势，并通过电子信息网络及时公开发布。五是建立全国统一的流转土地价格动态监测体系，完善土地价格评估机制。

随着土地流转制度出台，加快了各地相继实施农地流转试点，直接促进农村产权交易所的成立，为农地入市搭建平台，建立县、乡、村三级土地流转管理服务机构，发展多种形式的土地流转中介服务组织，搭建县乡村三级宽带网络信息平台，及时准确公开土地流转信息，加强对流转信息的收集、整理、归档和保管，及时为广大农户提供土地流转政策咨询、土地登记、信息发布、合同制定、纠纷仲裁、法律援助等服务。

四、农业电子政务平台

（一）农业电子政务的发展

电子政务是指政府机构运用信息与互联网技术，将政府管理和服务职能通过精简、优化、整合、重组后到网上实现，打破时间、空间及条块的制约，从而加强对政府业务运作的有效监管、提高政府的运作效率，为公众和企业及自身提供一体化的高效、优质、廉洁的管理和服务的过程。

20世纪90年代以来，随着信息技术和互联网技术的飞速发展，电子政务已成为全球关注的热点。电子政务的发展程度已成为影响各国政府核心竞争力的重要因素，世界各国都在大力发展电子政务。在这种全球环境下，我国政府抓住机遇大力推进电子政务建设，重塑政府形象，提高政府行政效能和管理水平已成为当务之急。

（二）农业电子政务的特点

与传统政府的公共服务相比，电子政务除具有公共服务属性，如广泛性、公开性、非排他性等本质属性外，还具有直接性、便捷性、低成本性及更好的平等性等特征。

我国农业生产和农业管理的特点决定了我国非常有必要大力推进农业电子政务建设。我国与发达国家相比，在以市场为导向进行农业生产、农产品的竞争地位等方面还有相当大的差距。通过大力发展农业电子政务，农业生产经营者可从农业信息网及时获得生产预测和农产品市场行情信息，从而可实现以市场需求为导向进行生产，增强生产的目的性和农产品的竞争地位。大力发展农业电子政务还可从根本上弥补当前我国农业管理体制的不足，实现各涉农部门信息资源高度共享，共同为农业生产和农村经济发展服务

（三）农业电子政务的应用

我国是农业大国，农村人口多，在地理分布上十分分散，人均耕地少，生产效率低，抗风险能力差，农产品在国际竞争中处于劣势地位。目前，我国农业正处于由传统农业向现代农业转变的时期，对信息的要求高，迫切要求农业生产服务部门能提供及时的指导信息和高效的服务。与传统农业相比，现代农业必须立足于国情，以产业理论为指导，以持续发展为目标，以市场为导向，依靠信息体系的支撑，广泛应用计算机技术和网络技术，推动农业科学研究和技术创新，在大力发展农业电子商务的同时，还应发展农业电子政务，以推动农产品营销方式的变革。

五、农业信息监测平台

改造传统农业关键是采取以经济刺激为基础的市场方式，激励生产者采用现代生产要素。所谓的市场方式就是以面积、产量、价格、库存、消费、贸易等产销信息变化，引导生产者进行科学决策。不只是生产者经营决策，消费者自由选择、商品和要素平等交换都是以市场信息为依据的。可以说，公开、透明、全面的信息是现代市场体系、现代农业管理的数据基础。

农业信息监测预警系统主要包括农业灾害预警、耕地质量监测、重大动植物疫情防控、农产品市场波动预测、农业生产经营科学决策及农机监理与农机跨区作业调度。

(一) 农业灾害预警

农业灾害包含农业气象灾害、农业生物灾害和农业环境灾害三部分，是灾害系统中最大的部门灾害。农业灾害的破坏作用是水、旱、风、虫、雹、霜、雪、病、火、侵蚀、污染等灾害侵害农用动植物、干扰农业生产正常进行、造成农业灾情的过程，也就是灾害载体与承灾体相互作用的过程。有些灾害的发生过程较长，如水土流失、土壤沙化等，称为缓发性灾害，大多数灾害则发生迅速，称为突发性灾害，如洪水、冰雹等。

农业灾害严重威胁了农业生产的正常顺利进行，对社会产生负面效应。首先，对农户的生产生活造成了危害。其次，导致与农业生产相关的工业、商业、金融等社会经济部门受到影响。资金被抽调、转移到农业领域用于抗灾、救灾，扶持生产或用于灾后援助，解决灾区人民生活问题。其他部门的生产计划受到影响，不能如期执行，在建或计划建设项目被推退、延期或搁置，社会经济处于停滞甚至衰退萧条的状态。

综上所述，可以看出对农业灾害进行预警对于增强人们对农业灾害的认识、进一步提前制定相应的减灾决策及防御措施、保障社会效益具有重要意义。

(二) 耕地质量监测

耕地质量分为耕地自然质量、耕地利用质量和耕地经济质量三类，其主要内容为耕地对农作物的适宜性、生物生产力的大小（耕地地力）、耕地利用后经济效益的多少和耕地环境是否被污染四个方面。自然资源部通过耕地质量等级调查与评定工作，将全国耕地评定为 15 个质量等级，评定结果显示我国耕地质量等级总体偏低。

耕地质量监测是《中华人民共和国农业法》《基本农田保护条例》

等法律法规赋予农业部门的重要职责。为了实时掌握耕地质量变化情况及其驱动因素，并结合相应的整治措施以实现耕地质量的控制和提高，推进我国耕地质量建设、促进耕地的可持续利用，耕地质量监测成为不可或缺的重要环节。

（三）重大动植物疫情防控

随着动植物农产品的流通日趋频繁，重大动植物疫情防控工作面临新的挑战，严重威胁农业生产、农产品质量安全及农业产业的健康发展。因此，将重大动植物疫情防控作为保障农民收入，加快农业经济结构调整，推进现代农业发展方式转变的重要任务具有重要意义。

对于动植物疫情防控工作，关键问题不是在具体的防疫工作和防疫技术上，而是在于动植物群体疫病控制的疫情信息分析上，否则将使防—控—治—管各个环节缺乏先导信息的指导，防控行为的时效性、有效性、协调性和经济效益等方面都受到极大影响。因此，建立动植物疫情风险分析与监测预警系统，将动植物疫情监测、信息管理、分析和预警预报等集于一体，利用现代信息分析管理技术、计算机模拟技术、GIS技术、建模技术、风险分析技术等信息技术，从不同角度、不同层次多方面对疫病的发生、发展及可能趋势进行分析、模拟和风险评估，可以提出在实际中可行、经济上合理的优化防控策略和方案，为政府决策部门提供有效的决策支持。这对于从根本上防控与净化重大动植物疫病，确保畜牧业、农业、林业的可持续发展，推进社会主义新农村建设具有重大的现实意义和深远的历史意义。

（四）农产品市场波动预测

农产品市场价格事关民众生计和社会稳定。为避免农产品市场价格大幅度波动，应加强农产品市场波动监测预警。农产品市场价格受多种复杂因素的影响，使得波动加剧、风险凸显，预测难度加大。在我国当前市场主体尚不成熟、市场体系尚不健全、法治环境尚不完善等现状下，农业生产经营者由于难以对市场供求和价格变化做出准确预期，时常面临和承担价格波动带来的市场风险。农业行政管理部门常因缺少有效的市场价格走势的预判信息，难以采取有预见性的事前调控措施。消费者由于缺少权威信息的及时引导，极易在市场价格频繁波动中产生恐慌心理，从而加速价格波动的恶性循环。因此，建设农产品市场波动预测体系对促进农业生产稳定、农民增收和农产品市场有效供给具有重要意义。

（五）农业生产经营科学决策

科学决策是指决策者为了实现某种特定的目标，运用科学的理论和方法，系统地分析主客观条件做出正确决策的过程。科学决策的根本是实事求是，决策的依据要实在，决策的方案要实际，决策的结果要实惠。

目前，我国农业生产水平较高，已摒弃了传统的简单再生产，农民对于农业生产经营的目标已由自给自足转向追求自身利益最大化。为此，农民必须考虑自身种养殖条件、自身经济水平、所种植农产品的产量、农产品价格、相关政策等对其收益造成的影响。但农民自身很难全面分析上述相关信息并制定相应的农业生产经营决策。农业信息监测预警体系采用科学的分析方法对影响农民收入的相关信息进行分析，为农民提供最优的农业生产经营决策。合理的农业生产经营决策不仅有利于提高农民的个人收入，同时对于社会资源的有效配置、国家粮食安全均具有重要意义。

（六）农机监理与农机跨区作业调度

农机监理是指对农业机械安全生产进行监督管理。跨区作业是市场经济条件下提高农机具利用率的有效途径，通过开展农机跨区作业，有力地促进机械化新技术、新机具的推广。

近年来，农业机械安全问题越来越突出，成为整个安全生产的焦点之一。由于外来的跨区作业队对当地的农业生产情况不了解，如何有序、高效安置各个跨区作业队的作业地点及作业时间，引导农机具的有序流动，做到作业队农机不停、农户不误农时等问题均亟待解决。农业信息监测预警系统通过对农业机械事故发生的规律进行分析，找出其内在隐患，进一步将隐患消除在萌芽状态。通过对当地农业种养殖现状进行分析，找出其最优作业实施流程，对于最终实现农业机械安全、优质、高效、低耗地为农业生产服务，提高农业机械化整体效益具有重要意义。

六、农副产品质量安全追溯体系

近年来，由于食品安全问题频繁发生，农副产品质量安全问题不仅危害人们的健康和生命安全，更对整个社会产生了较大的影响。因此，农副产品质量安全已经成为政府和人民关注的焦点。建立农副产品质量安全可追溯体系，已经成为迫在眉睫的任务。

建立农副产品质量安全追溯系统体系，可以有效控制产品质量安全，降低质量安全风险发生率，为自身和社会创造更大的经济效益，同时也为相关各管理部门提供有效的监控手段，宏观地掌握有机农产品的质量安全状况，为有关部门制定决策提供科学依据。

建立农副产品质量安全追溯体系，可以通过对安全信息全过程的监督来降低农副产品质量安全事故发生率，通过信息共享，强化农副产品质量安全管理手段和市场秩序，提高行业宏观调控和监管力度，增强农副产品消费信息透明度，增强消费者质量安全意识与对有机农产品的认知度。

（一）农副产品质量安全追溯相关标准

农副产品质量安全追溯的核心要素是生产档案记录和包装标识，只有在法律层面对生产经营主体进行明确要求，才有利于推进农产品质量安全追溯管理。《农产品质量安全法》和《食品安全法》的颁布与修正，《农产品包装和标识管理办法》的出台，标志着我国农产品质量安全管理进入法治化管理阶段。其中，对农产品生产企业和农民专业合作经济组织进行了相关规定，要求对市场上销售的不符合质量安全标准的农产品追根溯源，查明责任，依法处理。

农业部门在开展农产品质量安全追溯试点工作的基础上，组织制定了《农产品质量安全追溯操作规程通则》及畜肉、水果、茶叶、谷物四大类产品操作规程等五项行业标准，重点规定了农产品质量安全追溯的术语与定义、实施原则与要求、体系实施、信息管理、体系运行自查和质量安全问题处置等内容，有效指导并规范农产品质量安全追溯体系的建立和实施。我国农产品和食品质量安全追溯标准体系日臻完善。

1. 农副产品质量分级标准

农产品质量分级标准是作为提高和稳定农产品质量、实现农产品优质优价、促进农产品国际贸易、满足消费者不同产品需要的技术基础，根据农产品的质量要求和特性，将相同用途和消费人群但不同质量的农产品进行分等和定级的规范性技术文件。

我国的农产品质量分级标准是在农产品的市场、流通和消费各个环节进行农产品质量安全控制的核心和主线。分级标准在生产环节具有引导和规范农产品生产、提高农产品质量的作用，在消费环节具有农产品质量监督、清除劣质农产品和保护消费者利益的作用，在流通环节具有规范市场秩序、实现农产品优质优价及降低交易成本的作用。但对于不同的产品，我国的农产品质量分级标准在满足以上分级目的过程中是有所侧重的。对于可以由生产者和企业直接供应市场、面向消费者的农产品如水果和蔬菜等，制定分级标准的目的着重于引导和规范农产品生产，提高农产品质量。对于经过加工或通过流通企业才能供应市场的农产品如棉、麻、蚕茧和烟草等，制定分级标准的目的着重于规范市场秩序，实现我国农产品优质优价，降低交易成本。对于通过由政府参与定价或政策保护的农产品如粮食等，制定分级标准的目的是稳定产品质量，清除劣质农产品。

2. 基于二维码的农副产品编码标准

已经通过审定的《食品追溯信息编码与标识规范》规定了食品追溯

的信息编码、数据结构和载体标识，适用于食品追溯体系的建立和应用。随着二维码技术在追溯领域的广泛应用，结合二维码自身特点，应该制定相应的编码和标识规范，有助于二维码技术在农副产品追溯领域规范化应用。

基于二维码技术，对农产品进行相关编码标准研究，根据农业行业标准《农产品追溯编码导则》《农产品产地编码规则》，并结合二维码的特点，可以分别从农产品产地信息编码、农产品品种信息编码及农产品质量安全信息编码等方面进行相关编码标准研究。

3. 基于射频识别的农副产品质量安全追溯应用标准

射频识别（RFID）技术与计算机技术、通信技术、光电技术和信息技术相结合，其迅速、准确地获取、传输和反馈信息的特点在食品质量安全管理中显示出了的独特作用。射频识别技术是食品链物流与信息流之间联系纽带，其现场控制和后台控制技术可极大提高追溯系统的可靠性，射频识别技术在肉类的追溯过程中有很好的应用。基于射频识别技术，对农产品生产包装环节、仓储环节、物流环节等制定物联网应用标准、操作规范和监管机制，可以提升产品信息查询与质量追溯整体技术水平。

4. 农副产品物流数据与接口标准

以有利于农产品物流信息资源的共享与集成分析、实现农产品物流调控与管理的信息化为出发点，根据我国农产品物流信息采集、处理和系统建设的需要，遵循国家有关标准化工作导则，在广泛参考国内外有关标准和相关资料的基础上，研究制定农产品物流数据的信息表达标准，用专业名词术语和标准数据元描述和量化农产品物流调控对象与管理行为，提出规范化的信息获取方法、标准化的信息表达方式和存储交换格式，明确数据的值域和应用范围，以实现信息的正确表达及无误差传播，实现农产品物流信息在语义、标准和内容上的统一，为农产品物流信息化建设的当前及长远发展提供重要的标准规范。

（二）农副产品质量安全市场监管

农副产品质量安全市场监管，是保证消费者权益和身体健康的重要环节，加强监管还有助于农副产品市场的健康发展。近年来，我国在农副产品质量安全市场监管体系方面不断完善，互联网技术的应用，提高了监管效率。农产品质量安全监管信息化水平的提高，有力推动了农产品质量安全监测、农业投入品监管和农产品质量安全专项整治等各项工作，促进了农产品质量安全水平的稳步提高。

1. 农产品质量安全监测

（1）农产品质量安全监测的重要性。

在从农田到餐桌的农产品安全全程监管体系中，第一个环节就是在种养殖环节的监测，做好这一步，可以实现从源头保证农产品的质量安全。对农产品生产安全的监控是保障农产品安全的重要组成部分，是实现农产品从产地环境、投入品、安全生产规程到市场准入等从农田到餐桌的全程管理的重要保障，是有效保障有害有毒物质残留超标农产品进入市场，防止发生农产品中毒，提高我国农产品市场竞争力的有效措施。

（2）移动互联网技术在农产品质量安全监测中的应用。

对农业生产环境进行监控，可以为农产品提供适宜的环境基础，运用互联网技术收集采集到的环境信息，在有不良环境因素出现时发出预警，及时进行相应的调整，可以避免由于环境因素导致的农产品质量安全问题，有利于农产品的生产的顺利进行。环境监测指标一般针对土壤、空气及水源，其中土壤中影响农产品质量安全的主要是施用的农药化肥造成的重金属污染，空气温湿度的监测可以保证农产品生长条件，改善农产品品质。

随着农业信息化的发展，对生产环境的监控已经可以采用数字化的设备来实现，节省了人力，提高了效率。随着各级政府对农产品质量安全问题的行政监督管理的开展，一方面，行政执法、质量安全监测依赖于传统技术（专业监测设备）；另一方面，迫切需要信息化平台的支持，实现生产—市场—消费一站式的现代数字化监控。

2. 农副产品品质认证

无公害农产品认证工作是农产品质量安全管理的重要内容。开展无公害农产品认证工作是促进结构调整、推动农业产业化发展、实施农业名牌战略、提升农产品竞争力和扩大出口的重要手段。我国农产品认证始于20世纪90年代初实施的绿色食品认证。21世纪初，在中央提出发展高产、优质、高效、生态、安全农业的背景下，农业农村部提出了无公害农产品的概念，并组织实施无公害食品行动计划，各地自行制定标准开展了当地的无公害农产品认证。在此基础上实现了统一标准、统一标志、统一程序、统一管理、统一监督的全国统一的无公害农产品认证。

20世纪90年代后期，国内一些机构引入国外有机食品标准，实施了有机食品认证，有机食品认证是农产品质量安全认证的一个组成部分。有机食品认证机构通过认证证明该食品的生产、加工、储存、运输和销售点等环节均符合有机食品的标准，有机食品认证范围包括种植、养殖和加工的全过程。中国有机产品的标准发展经过了一个从分散到规范的过程。21世纪之前，中国没有统一的有机产品标准，各个机构制定了自己的有机认证标准。随着中国有机产业的发展和中国国家认证认可监督管理委员会（简称"认监委"）的成立，认监委发布实施了试行标准《有机食品认证规范》，在全国范围内试点实施。2019年国家标准化管理委员会发布了《有机产品生产、加工、标识与管理体系要求》（GB/T19630－2019），并于2020年1月1日起实施。

3. 农资质量安全市场监管

农资质量安全也是保证农产品质量安全的重要环节，加强对农资质量安全的市场监管可以防止假冒伪劣产品流向农资市场，也保证了农户的利益。近年来，在农业信息化的不断推进过程中，实现了将信息化技术与农资质量安全监管相结合，开发了农资打假监管信息系统，该系统在全国范围内推广应用后取得了明显成效，有效提升了农资打假监管工作信息化水平和对全国农资打假信息的全面准确掌握。农业农村部继续开展农资打假监管信息系统的推广应用工作，更加着重强调软件使用与实际业务相结合，要求各地在工作中务必使用该系统，并针对使用中出现的问题加以指导，让操作人员在使用中积累经验。

4. 农副产品质量安全市场监管

农副产品市场监管是保证农副产品质量安全的重要组成部分，近年来农副产品的质量安全问题频频遭到曝光，这些问题严重影响消费者的身体健康，也影响消费者对我国农副产品市场的信任，暴露出目前我国农副产品市场监管的漏洞，政府部门必须加强监管以保证消费者的切身利益。近年来，结合农业信息化的技术，我国农产品市场信息监测体系不断健全，为实现高效监管提供支持。

（三）农副产品质量安全追溯平台

1. 可追溯系统的发展

可追溯系统就是在产品供应的整个过程中对产品的各种相关信息进行记录存储的质量保障系统，其目的是在出现产品质量问题时，能够快速有效地查询到出问题的原料或加工环节，必要时进行产品召回，实施有针对性的惩罚措施，由此提高产品质量水平。

可追溯系统最早应用于汽车、飞机等一些工业品的产品召回制度中。自 20 世纪 70 年代以来，食品安全问题日益突出，食源性疾病危害巨大，食品安全问题引起了人们的广泛关注，实施农产品可追溯系统的重要性日益凸显。

农产品可追溯系统是追踪农产品（包括食品、饲料等）进入市场各个阶段（从生产到流通的全过程）的系统，有助于质量控制和在必要时召回产品。农产品在用途上分为食用农产品和工业用农产品。就目前食品安全事件对人类生命健康造成的危害来说，解决食用农产品的质量安全问题迫在眉睫。

2. 农产品全产业链可追溯的重要性

农产品可追溯系统是控制农产品质量安全有效的手段。ISO9000 认证、良好操作规范（GMP）、卫生标准操作程序（SSOP）、危害分析和关键点分析系统（HACCP）等多种有效地控制食品安全的管理办法纷纷被引入并在实践中运用，取得了一定的效果。但是上述的管理办法主要是对加工环节进行控制，缺少将整个供应链连接起来的手段。可追溯系统强调产品的唯一标识和全过程追踪，对实施可追溯系统的产品，在其各个生产环节，可以实行 HACCP、GMP 或 ISO9001 等质量控制方法对整个供应链各个环节的产品信息进行跟踪与追溯，一旦发生食品安全问题，可以有效地追踪到食品的源头，及时召回不合格产品，将损失降到最低。

实施农产品可追溯成为农产品国际贸易发展的趋势之一。在国际上，欧盟、美国等发达国家和地区要求对出口到当地的部分食品必须具备可追溯性要求。我国建立农产品可追溯体系不仅能为人民群众的饮食健康提供优质安全的农产品，也是打破国外因食品安全追溯而设置的贸易壁垒的重要手段，对提高我国农产品在国际市场上的竞争力起到重要的作用。

3. 移动互联网技术在农产品全产业链追溯中的应用

对农产品质量安全追溯体系的研究已经有很多成果，让人们可以在生活中可以切实体会到可追溯系统带来的方便。二维码技术与射频识别技术在追溯系统中的应用使消费者在超市中只要对着农超对接的农产品上的二维码标识扫一下或者通过电子标签识别，就可以获取相应产品的基本信息，包括产地、包装日期、等级等信息，还有生产者的相关证明信息。一方面，可以在发现农产品质量安全问题时迅速锁定源头，界定主体责任，督促生产者增强自律，落实质量控制措施；另一方面，可以让消费者更直观地了解农产品的生产加工情况，增强整个过程的透明度，推动产品信息的公开。追溯体系对于消费者和生产者都是有利的。消费者从二维码等电子信标上能够获取农产品的基本信息，通过这些信息判断出农产品是否安全，生产者则通过追溯体系来确保自己的产品免受鱼龙混杂之困。

（1）基于二维码农副产品质量安全追溯平台。

随着农副产品质量安全追溯体系的逐步完善，目前已经有许多超市出现了利用二维码向消费者传达农副产品的追溯信息的终端系统，消费者通过手机扫描二维码就能获取相关追溯信息，使消费者吃得放心。由于二维码使用方便，能够存储的信息较多，因此在农副产品追溯领域得到广泛应用。基于二维码的农副产品质量安全追溯平台是发展的趋势。

在我国，手机已经覆盖了绝大部分人群，成为人们生活中不可或缺的产品。而且农村手机用户数量呈现逐年上升趋势，这意味着农民使用手机与外界进行基本的信息交互成为可能。而智能手机具有扫描二维码获取存储数据的能力，因此使得推进基于二维码的农副产品质量安全可追溯系统在市场的广泛应用成为可能。例如，针对蔬菜生产过程中缺乏管理、安全问题严重生产管理缺乏规划的现状，再考虑蔬菜生产周期长，生产工序地点分散，从业人员受教育程度参差不齐，设计并实现一整套生产决策管理与质量安全追溯系统。该系统可以使各层权限用户在生产和查询过程中快捷地录入，准确地查询，放心地存储。蔬菜溯源系统为用户提供基于二维码的溯源查询方式，用户可以通过扫描系统生成的二维码，获取该蔬菜生产过程中的全部信息。这就保证了线上用户可以全面地查询全部信息，而线下用户可以通过任何一款扫码软件便捷地查询蔬菜的基本信息。溯源信息查询界面，微信扫描二维码获取信息界面。

（2）基于 RFID 的农副产品质量安全追溯平台。

食品的供应链主要分为种植和养殖、加工、仓储及物流运输三个部分。其中包含十几项的中间环节。因此，如何更好地控制食品加工中的各个环节，在提高效率的同时保证食品质量安全问题不出差错，成为所有食品厂商、民众、政府相关部门共同关注和急于解决的首要目标。

RFID 技术与计算机技术、通信技术、光电技术和信息技术相结合，其迅速、准确地获取、传输和反馈信息的特点在食品质量安全管理中显示出了它的独特作用。RFID 技术是食品链物流与信息流之间联系纽带，其现场控制和后台控制技术可极大提高追溯系统的可靠性。将 RFID 技术应用于食品质量安全，能建立准确、完整的食品供应链信息。RFID 技术凭借其无线传输特性与物品标识的唯一性和安全性，在标签上能覆盖食品供应链全过程的所有信息数据，完成追溯食品来源的解决方案，可以回答消费者关于食品从哪里来，中间处理环节是否完善等问题。RFID的解决方案对每一件物品提供高效、详尽地控制，在从农田到消费者餐桌的整个食品供应链中，创建一系列可靠的食品信息。至此，RFID 技术的应用可以完成两大食品质量安全管理目标，即食品质量安全源头追溯和食品供应链透明化管理。

第六章
数字经济时代农村流通全产业链整合发展

第一节 农村流通产业链整合

一、现有农产品物流体系

运行机制是指在人类社会有规律的运动中，影响这种运动的各因素的结构、功能及其相互之间的关系，以及这些因素产生影响、发挥功能的作用过程和作用原理及其运行方式。在农产品物流体系运行机制中包括物流主体、交易环节、交易方式、物流环节、物流方式等元素。物流主体体现的是物流体系中参与主体的种类、数量、结构、功能等，物流主体越多，供应链越宽、越长，交易环节和物流环节也就越多；反之物流主体越少，供应链越窄、越短，交易环节和物流环节也就越少。交易方式体现的是物流主体之间如何发生关系（如何进行交易）。物流方式体现的是农产品如何在物流主体之间进行流动。不同的农产品物流体系运行机制有不同的损耗、成本和效率等特征。

一条完整的农产品供应链包括生产者、产地批发市场或物流中心、加工商、物流商、销地批发市场或物流中心、零售商、消费者等多个主体。不同的农产品在流通过程中涉及的物流主体的种类、数量不尽相同，同一物流主体承担的角色不尽相同，由此导致不同农产品物流体系运行机制存在较大差异。但总体来讲，现有农产品物流体系运行机制涉及的物流主体多、交易环节多、交易方式落后（交易时间长、交易效率低、信息共享程度低）、物流环节多、物流方式落后（组织化程度低、冷链不畅、环节较多），导致农产品物流损耗高、成本高、效率低，买也难和卖也难的现象并存，菜贵伤民和菜贱伤农的现象并存等。其中，农产品损耗严重和有效供给不足的问题突出，农产品在物流过程中的腐损较为严重，导致大量劣质农产品充斥市场，不符合消费者的需求，而且，物流过程中的腐损损失或冷藏成本推高了农产品价格，超出了部分消费者的购买能力，这导致农产品供给与消费需求和消费能力不完全匹配。

鉴于现有农产品物流体系存在诸多问题，有必要对其进行变革。已有研究认为农产品供应链上下游之间存在双重边际效应，独立决策情境下的最终产品价格通常高于集中决策情境，减少交易环节（如农超对接）或供应链一体化成为农产品物流体系变革的战略发展方向。近年来，物联网等技术的快速发展带动了农产品经营模式的同步创新，经营模式的变革对物流模式的变革形成倒逼机制，这成为时下农产品物流体系创新的主要方向。据此，本节将重点探索基于物联网的农产品物流体系构建。

二、基于物联网的生鲜农产品冷链物流体系运行机制分析

甲醛白菜、翻新土豆、蓝矾韭菜、敌敌畏生姜、硫黄枸杞等生鲜农产品质量安全事故频发，很多都是因为运输过程中用于保鲜的有毒化学制剂所致，这在一定程度上反映出我国冷链物流发展的滞后。与巨大的需求相比，尽管我国冷库和冷车数量增长较快，制冷技术也有了显著提高，但目前我国尚未建立起一套能够监控保障农产品从生产、包装、储

存、运输到销售全过程质量状况的完整体系，缺乏相关的温度立法及食品卫生法规，冷链技术标准缺位，致使农产品在整个流通过程中的质量状况无法得到有效控制和保障。虽然冷库建设发展十分迅速，但是冷库结构不合理、布局分散、利用率不高的问题依然存在。尽管市场上大大小小的零散冷链物流企业很多，但是冷链服务水平良莠不齐，大多数运营也不规范。整体而言，冷链物流企业信息化程度低，即使冷链上的某个节点实现了信息化，也难以保证该技术已应用到整条冷链上，冷链中断现象频频发生。冷链物流体系建设关键不是强调冷，而是强调链，生鲜农产品只有在流通加工、储藏、运输、分销、零售等环节始终处于适宜的低温控制环境，才能够最大限度地保证产品品质和质量安全、减少损耗。

将物联网技术应用到冷链物流体系建设中，有助于破解当前冷链发展的难题。物联网在技术上也叫传感网，是指通过射频识别（RFID）装置、红外感应器、全球定位系统、激光扫描器、二维码识别终端等信息传感设备，按约定的协议，把任何物品与互联网相连接，进行信息交换和通信，以实现智能化识别、定位、跟踪、监控和管理的一种网络。通过物联网技术的集成运用，可以实现对农产品的位置跟踪、来源追溯，以及运输、仓储、流通加工等环节的电子化作业，特别是可以对整个物流过程进行温湿度监控，能够有效加强冷链物流各个环节的沟通，减少信息不对称现象，提高冷链效率，防止冷链中断，确保农产品质量和安全。鉴于此，本节将构建基于物联网的生鲜农产品冷链物流体系框架，并分析其运行机制。

（一）基于物联网的生鲜农产品冷链物流体系框架

基于物联网的农产品冷链物流体系建设是要综合运用射频识别技术、视频监控技术、传感器技术、移动地理信息系统技术等物联网技术，确保农产品从产地到消费者餐桌全流通过程始终处于维持其品质所必需的可控温湿度环境下，实现农产品各冷链物流环节的无缝衔接，保持冷链的完整性和可控性，同时最大限度地提高物流配送效率，降低物流成本。该体系是一个包含若干信息系统和平台的复杂工程，政府监管部门、冷链相关企业和消费者是主要的应用主体，其中冷链相关企业包括农产品冷链物流全过程涉及的企业，如农产品批发市场、农产品物流中心、农产品流通加工企业、第三方物流企业等。

构建基于物联网的农产品冷链物流体系框架，可从三方应用主体的功能需求倒推。从政府监管部门的功能需求看，为了营造安全的农产品环境，基于物联网的农产品冷链物流体系必须能够在冷链终端对于农产品进行全程可视化追溯，保证监管部门在农产品物流过程中可以随时查询并观看，及时纠正物流过程中存在的问题，变事后控制为事中控制甚至事前控制，最大限度减少不必要损失。从冷链相关企业的功能需求看，为了实现上下游信息的共享，基于物联网的农产品冷链物流体系必须能够在农产品物流的各个环节进行数据的采集、传输和管理，同时在农产品物流全程对温湿度进行有效监控，发生参数超标时，相关系统能够发出预警并进行智能调节。而且必须能够在相关智能系统的辅助下，以成本最小化为原则，设计冷链物流仓储或配送方案（包括冷链仓储管理或冷链运输路径优化方案等），提高冷链物流效率，并可对远程运输的冷藏车行驶轨迹进行有效监控。此外，还必须能够对不同冷链企业间农产品交接信息进行采集，并实现对相关农产品的可视化追溯，一旦发生质量安全问题，可以快速明确责任。从消费者的功能需求看，由于传统的物流过程使得消费者无法知晓最终购买的农产品是否存在安全隐患，如农药超标、使用有毒物质保鲜等，所以消费者从内心希望能够对所购买的冷链农产品进行物流全程的质量追溯，实现从田间到零售终端的全过程信息查询，而且如果消费者可以查询到农产品生产、加工、运输、销售的全生命周期数据，既满足消费者对所购买农产品信息知情权的需求，又可以促使消费者大胆放心地购买相关农产品。

冷链相关企业一般应建立基于物联网技术的监控中心，并建立信息采集系统、仓储管理系统、运输调度系统、监控与预警系统、企业冷链安全追溯系统以实现与监控中心的协调配合。

信息采集系统用于采集农产品在物流过程各节点上的信息（包括农产品进入物流过程的初始信息），通过 EPC 编码技术对冷链上的农产品做出唯一、标准的编码，根据编码为每组农产品建立一个档案，通过无线传感器网络（WSN）、射频识别技术（RFID）、全球定位系统（GPS）、通用分组无线服务技术（GPRS）等物联网技术进行数据信息采集，并传输到监控中心供其他物联网系统共享使用。仓储管理系统用于农产品入库到出库过程中的智能化管理，接收来自监控中心的数据信息，配合仓库管理人员的智能终端，利用 WSN 和 RFID 技术，提高农产品入库、在库盘点、出库的作业效率，减少农产品仓储过程中的损耗，还可以进行库存智能化分析，确定最优库存和补货订货点。运输调度系统通过 RFID、GPS 定位及地理信息系统（GIS）实现运输车辆跟踪、指挥调度和最优配送路线的设计，有助于进行多温共配等冷链联合配送方案的优化设计，节省配送时间，降低农产品在运输环节的损耗。监控与预警系统综合运用 RFID、温度传感器、二氧化碳传感器、声光报警器等对农产品在仓储、运输等物流环节的温湿度进行实时监控，尤其是在远距离运输过程中，即便冷藏车具有恒温控制设备，当外界温度急剧变化时，冷藏车内的实际温度也会发生变化，严重影响温度敏感性高的农产品品质，而监控与预警系统的作用恰恰在于当温湿度数据超出预设数值上限或下限时自动报警，以便冷链相关企业进行实时调控。仓储管理系统、运输调度系统、监控与预警系统的数据信息也都会通过 GPRS 无线通信技术随时传送给远程监控中心。企业冷链安全追溯系统将接收来自监控中心的信息，有针对性地对农产品冷链物流全过程进行追溯，发现问题并及时解决。

政府监管部门建立的政府监控与追溯系统主要是对农产品冷链全过程进行监控与追溯，将农产品冷链物流链条上各个节点的数据进行汇总，建立统一的安全追溯基础数据库。政府监控与追溯系统直接对接冷链相关企业的监控中心，实时获取信息采集系统、仓储管理系统、运输调度系统、监控与预警系统、企业冷链安全追溯系统的信息，将各物流节点的数据按照统一编码加以汇总形成物流节点备案。同时，政府监控与追溯系统具备公共平台性质，建立过程中还涉及配套冷链物联网标准体系的建设，即政府应该制定统一的冷链物流作业标准、物联网信息采集与传输标准、各个物流节点之间的交互标准等，形成物联网建设标准体系，指导不同的冷链相关企业按照统一标准进行物联网化改造，将不同冷链物流链的监控中心和政府监控与追溯系统进行有效的兼容和衔接，确保政府监控与追溯系统能够在区域范围内进行多品类、跨企业、跨冷链的全方位监控与追溯。

农产品全生命周期查询系统是供消费者使用的，也是基于物联网的农产品冷链物流体系框架的一个重要组成部分。由政府相关部门主持开发农产品全生命周期查询系统，并建立统一的公共信息存储后台，设计官方查询网站及客户端，成立专门的部门加以管理。消费者可通过官网或安装在电脑及智能手机等 IT 设备上的客户端查询农产品的全生命周期数据。消费者只需要输入或扫描购买的农品 EPC 码，点击产品追溯，即可获得该产品从产地到最终零售终端所经历的物流过程及所有物流节点的相关信息。

此外，在基于物联网的农产品冷链物流体系框架中，还有一个物联网信息公共平台。政府监控与追溯系统的核心信息及所有冷链相关企业监控中心的主要信息都将上传至该信息平台，该平台按照统一的信息采集标准和数据传输协议加以汇总，实现追溯数据查询统计、根据批次码正向跟踪农产品及通过追溯码反向溯源等。而该平台上集聚的大量数据信息经过整合反向提供给政府监控与追溯系统、企业的监控中心，消费者使用的农产品全生命周期查询系统的信息也来自该信息平台。而且该平台还是一个采用线下实体市场和线上虚拟市场相结合的服务平台，可以为农产品提供货源、车源、库源的交易平台，以及在线支付、供应链金融服务、农产品冷链物流行情指数发布、冷链知识普及和冷链政策信息发布等相关服务。

（二）基于物联网的农产品冷链物流体系运行机制

一条完整的农产品供应链应该包括生产者、产地批发市场或物流中心、加工商、物流商、销地批发市场或物流中心、零售商、消费者等多个主体。在冷链物流实践中，可分为以加工企业为核心的冷链物流模式、以第三方物流企业为核心的冷链物流模式、以批发市场或物流中心为核心的冷链物流模式、以零售企业为核心的冷链物流模式、以农民专业合作组织为核心的冷链物流模式等。完整的冷链物流应从农产品生产源头开始，在生产环节就采用射频识别技术详细记录农产品生产过程，将数据储存在本地数据库中。在随后的所有物流环节，农产品的信息状况都是可以监控和追溯的。本节研究仅以冷链加工、冷链仓储、冷链运输、冷链销售四个环节为基础，通过简化的模式探讨物联网架构下农产品冷链物流体系的运行机制。

消费者对所购买的生鲜农产品温度、视频信息进行全程追溯在冷链加工环节，农产品进入流通加工前的信息首先被自动采集，随后 RFID 读写器、摄像头、温度传感器等会详细记录加工全过程，采集每道加工工序的信息，包括加工过程中的温度、湿度及相应操作人员的信息等。在加工阶段，需要将原有射频标签上的信息和加工后所形成的信息进行融合，形成新的农产品信息附在电子标签中。为了降低成本，按照附加值、易腐程度对农产品采用分类 RFID 电子标签，对于低值耐腐品，单品使用条形码、整体包装应用 RFID 电子标签；对于高值易腐品，每一件产品均采用 RFID 电子标签以便对环境进行严格控制。该环节采集的信息主要包括农产品名称、农产品数量、农产品重量、原料构成、原料产地、加工企业、加工方式、生产日期、等级评定等。此阶段的信息传输是先将采集到的信息保存到企业本地的信息采集系统，再将有关安全追溯的信息通过监控中心上传至政府监控与追溯系统。在加工出库装车完成后，将车上所载产品的单品或者整体包装的电子标签整合至叉车的车载 RFID 电子标签，完成信息的整合并形成新的接入口，以便于信息的传输及与下一环节的对接。

在农产品冷链加工环节，先进的物联网设备和技术可以使农产品深加工实现标准化、流程化、自动化，典型的如产品等级评定，以往需要专业且富有经验的员工对于农产品的外观、色泽、大小、形状、气味等进行综合评估后作出认定，主观性较强、准确性较差，而基于物联网设备所具有的成像技术及嗅觉系统可以对上述农产品特点进行自动化检测，并给予可靠的评级。

冷链运输在冷链物流全程的多个阶段都会发生。以公路运输为例，冷链运输车都会配备集定位系统（GPS）、信息采集系统（RFID 读写器及传感器）和信息传送系统（无线通信）于一体的设备，并纳入物联网体系。一旦电子运单传送至运输调度系统，系统会立即对订单需求、在编车辆、GIS 和 E – Map 信息进行智能匹配，设计出合理有序的最佳运输方案，同时系统还能够将配送路线、预计到达时间与车辆调度信息自动传送至仓储管理系统以便及时调整并安排合适的仓位，实现两个系统与两个物流环节的无缝衔接。而且在运输过程中，冷链运输车的车载电子标签、司机 ID 卡及 GPS 定位技术和监控中心的第三方可视化监控平台密切结合，可以对车辆编号、货物清单、车辆司机、联系方式、收货地址、行驶路线、在线地标等进行实时监控。更为重要的是，利用传感器实时获取冷藏运输车厢的温湿度信息，通过 RFID 标签存储并传送至可视化监控平台，可以实时监控冷藏运输车的工作状态。一旦温湿度超出系统根据车载产品类别及品质等级设定的合理区间，系统便会自动预警，同时向冷藏运输车发出调控指令。

冷链仓储是农产品冷链物流的一个核心环节，无论是农产品批发市场，还是农产品物流中心，甚至大型农产品加工中心都需要进行冷链仓储。仓储管理系统需要根据产品入库和出库情况实时调整仓位信息，同时对于在库货物的温湿度进行实时的监控以确保适宜的仓储环境，还要对于仓库订货与仓位信息进行合理的匹配，因而冷链仓储往往涉及大量的信息采集与处理，而且操作繁杂、信息量大、内容复杂，如何有效地改善仓储管理系统成为冷链仓储面临的关键问题。基于物联网的农产品冷链物流体系为解决这一问题提供了可能。

首先，利用 RFID 技术和传感器对入库农产品的电子标签进行身份验证，自动采集农产品上一个物流环节的配送商名称、运输方式、运输工具、卫生环境、所运输农产品收货时间、地点、数量等信息；其次，利用数据传送器将信息汇总至仓储管理系统，从而基于智能运算以成本最小化为原则合理分配农产品的仓储空间，通过与运输调度系统的信息对接实现对农产品的跟踪定位及叉车的操作控制，整个过程完全是一种信息化、自动化的运作方式。仓库内安装多个温湿度采集装置，可以同时多点采集温湿度状况，而且在仓库内设有报警装置，当其温湿度数据超出预设数值上限或下限时，将自动报警。在冷库地面设置感应秤，可以感知冷库内农产品数量的变化，以实现对在库农产品数量的动态感知，为合理地控制库存创造条件。在清点货物或者查询货物的时候，工作人员可以运用语音识别技术或用手持读卡机直接读取农产品相关信息。农产品出库信息可以自动传送至仓储管理系统，系统收到指令后会自动查询相应产品仓位，同时将信息传送至运输调度系统，由运输调度系统安排产品的配送路线与叉车调度，该过程每一个环节的信息都会被及时地发送至监控中心，由监控中心及时纠正物流过程中不符合标准的操作行为，尽可能减少损失并保证产品的质量与安全。

在冷链销售阶段，零售商将利用 RFID 技术同上一物流环节冷链运输车辆的车载电子标签进行对接，利用企业内部追溯系统验证运送生鲜农产品的信息，对验证合格的，零售商接受农产品并进行销售，如果信息不吻合，则拒绝这些农产品进入消费点。在此阶段，利用零售卖场的 RFID 读写器、摄像机、传感器及 GPS 定位系统，还可以实现卖场内农产品在货架上的科学合理陈列，同时对售卖和零售库存的农产品实时监控以便及时补货等。

由于农产品附带可以发送传递信息的 RFID 电子标签，可以在不同时段根据环境的需要，自动发送无线电波，而且无线电波借助无线通信设备的远距离传输功能能够实现数据的分发，经由各个接收系统的解码分析整合成客户端可以识别的信息。所以无论加工商、批发市场或物流中心，还是零售商都可以采集到农产品冷链物流过程的信息，而物流服务商运输全过程的信息会通过安装在冷藏车上的传感器传输到下一个物流节点。因此，在每一个节点上，均可以查询到该节点之前的全部农产品物流信息。当加工商、批发市场或物流中心、零售商将关键的可追溯信息上传至政府监管部门物联网系统及信息平台时，该系统可以按照统一的信息采集标准和数据传输协议，汇总各物流节点的追溯信息，作为地区性农产品冷链物流追溯体系的指挥调度中心，其主要功能有物流节点备案、追溯数据查询统计、根据批次码正向跟踪农产品及对外提供通过追溯码反向溯源的查询服务等。此外，信息平台具备公共服务平台属性，可以有效连接冷链物流供需双方，例如，冷链物流企业可以将运送路线、运送的农产品种类等承运信息放在信息平台上，冷链物流需求方据此选择合适的冷链物流供应商，冷链物流需求方也可将需要运送的农产品种类、运送目的地等商讯发布在平台上，冷链物流企业据此选择合适的客户，冷链供需双方可在信息平台上进行相应交易支付操作。政府相关部门会定期在信息平台上发布最新的冷链政策信息、农产品冷链物流行情指数信息等，供相关企业作为决策依据，消费者可以通过该平台提供给农产品全生命周期查询系统的数据对所购农产品信息进行全程追溯。

通过对基于物联网的农产品冷链物流体系运行机制的分析可以看出，农产品链物流体系成功的关键在于打造一条闭环的高效冷链物流链与物联网信息链。基于此，可以总结出该体系运作效率的重要决定因素：一是农产品冷链物联网的完善程度，包括冷链物流各个主体应用物联网的完善程度，直接决定冷链物联网是否具备封闭的可能性。二是冷链物联网标准体系，直接决定冷链物联网能否实现高效率地运作。三是冷链物流各节点之间的信息共享程度，直接决定冷链物联网的发展程度。不仅如此，三个因素之间还存在内在联系，冷链物流主体的物联网应用程度低，冷链物联网的发展不完善，不仅影响冷链物联网标准体系的建设，也不利于各冷链物流节点信息的有效共享。冷链物联网标准体系的缺失，使冷链节点信息共享成为一个难题，加剧冷链中断现象的频发。这些都导致当前基于物联网的农产品冷链物流体系运作效率低下，但这为探索物联网架构下农产品冷链物流体系的建设路径提供了参考。

（三）鲜活农产品冷链物流中物联网采纳的影响因素

通过物联网技术的集成运用，可以实现对鲜活农产品的位置跟踪、来源追溯，以及运输、仓储、流通加工等环节的电子化作业，特别是可以对整个物流全程进行温湿度监控，从而加强冷链物流各个环节的沟通，减少信息不对称，提高冷链效率，防止冷链中断，确保农产品质量和安全，有利于建设良性的农产品物流生态系统。但是物联网技术的应用需要冷链企业高额的投入，势必增加企业运营成本，而在短期内冷链物流体系规模经济效益未发挥出来之前，企业的投入产出绩效难以达到理想的状态，所以一些冷链企业对应用物联网技术往往缺乏积极性。

1. 感知有用性、感知易用性与物联网采纳意愿

感知有用性、感知易用性及采纳意愿是技术接受模型（TAM）的三个核心变量，感知有用性是指潜在采纳者相信使用特定新技术会增加工作效能的程度。感知易用性是指潜在采纳者相信采纳特定技术需要付出努力的程度。采纳意愿是指个体打算完成特定行为的强度。冷链相关企业采纳物联网技术及相关系统可以实现生产、加工、物流、仓储和销售等过程环节和中间节点的信息共享，可以同时向所有冷链参与者实时传送数据，减少信息失真的现象，实现相关农产品的可视化追溯，一旦发生质量安全问题，可以明确责任。物联网的采纳还可以对鲜活农产品物流运输全过程进行温度监控，发生参数超标时，相关系统能够发出预警并进行智能调节。冷链相关企业能够在相关智能系统的辅助下，以成本最小化为原则，设计冷链物流仓储或配送方案，提高冷链物流效率，并可对远程运输的冷藏车行驶轨迹进行有效监控。

由此可见，在鲜活农产品冷链物流中采纳物联网可以明显提高冷链

物流效率，而冷链物流效率的提高恰恰是冷链相关企业所追求的目标，因此从理论上看，冷链相关企业对物联网提高工作效能的感知越强，越乐于采纳物联网技术或系统。很多研究都证实了感知有用性对采纳意愿的正向影响关系。潜在采纳者不论接触的是简便易学的新技术，还是操作复杂的新技术，都需要投入大量的时间精力消化理解，他们在认知上都要经历从需求判断、个人观感判断到价值观判断的过程来评价新技术是否易用。而当新技术易用的判断形成时，会增加其对新技术有用的判断，采纳意愿会进一步增强。感知易用性正向影响感知有用性，同时对采纳意愿产生积极影响。物联网作为一种新兴的技术尚处于探索阶段，且其建设是一项庞大和复杂的系统工程，涉及的知识和相应的技术非常广泛，加之物流企业的技术人才匮乏，冷链相关企业利用物联网提升冷链物流效率面临着一系列障碍。当下，冷链相关企业能否切实有效应用物联网技术在很大程度上取决于物联网技术是否具备简单、可操作等特性，这同时也是冷链相关企业决定是否采纳物联网技术的关键影响因素。

2. 网络外部性与物联网采纳意愿

冷链物流的核心在于链，如果仅仅链上的一家企业引入物联网技术，无论对于该企业还是对于整条冷链物流线都没有太大的意义。因此，探究已经采用物联网技术的冷链相关企业的数量就显得尤为重要。基于此，本节引入网络外部性的概念，对此问题加以具体分析。

根据网络外部性理论，当一种产品或技术对用户的价值随着采用相同产品（技术）或可兼容产品（技术）的用户增加而增大时，就出现了网络外部性。网络外部性理论可以用来解释产品的价值与使用产品的用户数量紧密相关这一现象。本节用感知的用户数量代替实际用户数量，认为感知的用户数量影响感知的物联网采纳有用性，因为物联网用户数量越多，冷链物流体系越能形成基于物联网的封闭链条，从而带来巨大的冷链物流效率提升。除了对于新用户产生一定程度的示范效应外，物联网用户数量越多，越能对于未使用物联网的冷链相关企业造成巨大的压力，这种压力既来源于采用物联网提升效率的渴望，也来源于不使用物联网造成冷链物流链条中合作关系破裂的担忧。因此，感知到使用物联网用户数量很多有利于鼓励新用户学习使用物联网技术。不仅如此，新老用户对使用方法和经验交流得越多，新采纳者越会认为物联网技术不难使用，越有可能对采纳物联网持积极的态度。已有研究证实了新技术的推广需要众多的用户参与，从而产生一种集体行为，几乎没有用户愿意单独使用某项技术。

3. 感知成本与物联网采纳意愿

新技术的采纳必然伴随着成本的增加，特别是对于学科交叉性强、技术范围广、产业集成度高、应用涵盖面宽的物联网而言更是如此，而成本正是用户考虑使用或购买某产品的重要影响因素。因此，探究物联网使用成本对于冷链相关企业物联网采纳意愿的影响至关重要。

很多已有研究已经证实了使用成本与采纳意愿的负向影响关系，在对移动银行使用者采纳意愿探讨时加入了感知财务成本，发现感知财务成本对消费者采纳意愿有显著负向影响。之后在对移动服务的消费者采纳意愿的研究中也证实了移动银行模型中关于感知财务成本的假设。基于有关学者的研究，本书某模型中的感知财务成本扩充为更具一般性的概念，即感知成本，并将其纳入本研究模型。这里将感知成本定义为冷链相关企业在采纳物联网技术或系统时所支出全部成本的量化，包括技术或系统的采购成本、后续升级及维护的成本等。冷链相关企业对物联网采纳的成本收益情况进行评价，感知成本越大，意味着相对收益越小，感知到的物联网有用性就越低，越不利于物联网的采纳。

4. 感知兼容性与物联网采纳意愿

物联网技术是多种新技术的交融与创新，每一项技术革新，都对与之相关联的技术产生重大影响，这些技术创新之间形成强烈的联系和互动。更为重要的是，采纳物联网技术并不是简单地替换掉原有冷链物流体系中的系统平台，而是将物联网系统与原有的系统、数据、平台衔接，进行技术整合、流程重组进而形成新的系统架构来逐步创造价值。因此，物联网的兼容性是冷链相关企业必须考虑的因素。

物联网的兼容性主要是指物联网技术和冷链相关企业的业务流程、IT 基础设施、分销渠道、企业文化和价值体系的兼容程度。一般地，如果感知到新技术具有较好的兼容性，那么企业可以预期该技术能带来更大的效用，操作起来较容易，从而更愿意采纳该技术。具体而言，如果冷链相关企业认为物联网技术能与企业现有的业务流程、员工经验、软件系统、硬件设备等进行很好的融合，则企业能够充分发挥现有的优势以更低的重置成本引入物联网技术，从而降低物联网采纳的难度系数，而且能够更有效地将物联网应用于冷链物流体系，进而大大提升物流效率，冷链相关企业的采纳意愿也随之增强。已有的实证研究证实，物联网与现有软件、硬件设置的兼容性正向影响物联网感知的有用性和易用性，同时正向影响物联网用户的采纳意愿。

首先，感知易用性对感知有用性和物联网采纳意愿均具有显著的正向影响，而感知有用性对物联网采纳意愿并不具备显著的影响。虽然物联网作为新兴的技术得到了初步推广，但是其重要性已经得到学术界和企业界的一致认同。物联网应用于冷链物流所孕育的广阔前景也开始得到高度重视，但是本研究中感知有用性并没有表现出对物联网采纳意愿的积极影响，这反映出当下冷链相关企业在采纳物联网过程中面临着一系列挑战，如流通主体弱小、技术操作困难、价格不被认可等。特别是物联网技术的前沿性及嵌入冷链物流的复杂性导致的高难度引入系数成为制约物联网应用于冷链物流的关键要素，提高感知易用性成为冷链相关企业的共识。因此，培育流通主体、降低技术门槛、提高市场认可度成为提高物联网采纳意愿的重要手段。

其次，网络外部性对感知有用性、感知易用性与物联网采纳意愿均具有显著的正向影响。物联网作为贯穿整条冷链物流体系的信息系统、监控系统、追溯系统，只有形成从田间到餐桌的完整闭环系统才能真正提升整条冷链物流体系的效率。然而目前物联网在冷链物流领域的应用尚处于导入期，应用物联网的冷链相关企业数量并不是太多，很难形成真正的闭环系统。而且，物联网的很大功能在于优化鲜活农产品的配送路径，这对于有效降低重复配送、货车空驶从而提升冷链物流效率具有巨大的推动作用，而物联网这一功能的实现需要企业内部的协调与企业之间的协作，但是由于企业内部的物联网普及进度缓慢及同质企业物联网推广速度迟缓，物联网的作用发挥受到很大抑制。因此，鼓励冷链相关企业积极采用物联网，为构造基于物联网的闭环冷链物流系统建立规模基础具有非常重要的意义。

再次，感知成本对感知有用性与物联网采纳意愿不存在显著的影响。这与已有关于新技术采纳的研究结论不一致，之所以产生这种偏差，原因在于已有研究的新技术如移动银行等，针对的应用主体主要是消费者个体，涉及的新技术相对简单、便于操作，技术市场透明度高，应用新技术的过程并不复杂，使用得失比较容易测量。而物联网技术相关研究针对的应用主体主要是冷链相关企业，而且物联网技术比较复杂，技术市场较为混乱，物联网切实嵌入鲜活农产品冷链物流体系是一个漫长的过程，并不能一蹴而就，更为重要的是没有标准化地引入规程，短期内很难对使用得失进行准确的评估。因而，该结论反映的是物联网采纳过程中面临的技术采购不规范、应用方案不成熟、评估体系不完善，这既是本研究结论出现偏差的原因，也是未来冷链相关企业在产业链内推广物联网需要解决的关键问题。

最后，感知兼容性对感知易用性与物联网采纳意愿均具有显著的正向影响，而对感知有用性的影响效应却不显著。物联网嵌入鲜活农产品冷链物流体系不仅是一种简单的新技术采用，而是意味着整条物流体系的重构。传统的鲜活农产品冷链物流体系沿袭了商流、物流、信息流、资金流共同支撑、联动发展的四流融合发展趋势，仍然是一种以商流为基础、物流为手段、信息流为支撑、资金流为归属的配送模式，而基于物联网的鲜活农产品冷链物流系统则是依靠强大信息流引导商流、物流、资金流的快速流转，特别强调企业内部的协调运作、节点之间的协作配合、运输过程的协同控制。因此，基于物联网的鲜活农产品冷链物流体系要确保农产品从产地到消费者餐桌全流通过程始终处于维持其品质所必需的可控温湿度环境下，实现农产品冷链物流各环节的无缝衔接，保持冷链的完整性和可控性，同时最大限度地提高物流配送效率，降低物流成本，仅仅依靠公司现有的业务流程、信息系统、员工经验是远远不够的。要实现对于鲜活农产品冷链物流体系的物联网化改造，必须进行企业再造。因此，物联网的兼容性仅仅提高了推广的便利度，能否真正提升鲜活农产品的冷链物流效率还在于物流体系的重构。

5. 政策启示

首先，降低物联网技术在冷链物流中的采纳门槛，提升感知易用性。政府应投入资金开展物联网技术的研发工作，联合高校、科研院所、物联网企业、冷链相关企业等相关机构，共同推动物联网设备的标准化、简捷化、集成化、开放化、智能化、自动化，致力于为冷链相关企业采纳物联网提供一揽子解决方案。鼓励冷链相关企业与高校之间开展合作，联合培养具备物联网知识的专业物流人才，保证冷链相关企业的关键岗位拥有专业化技术员工，为鲜活农产品冷链物流体系采纳物联网创造良好的外部人才环境。冷链相关企业应不断加强对现有员工的培养，开通对现有员工的再教育平台，为其提供免费培训，使其能够有效运作基于物联网的冷链物流系统，为鲜活农产品冷链物流体系采纳物联网创造良好的内部人才环境。

其次，以财税优惠措施鼓励冷链相关企业积极采纳物联网，扩大网络外部性。对于引入物联网的冷链相关企业提供融资支持，如低息、贴息、放宽还贷期限、放宽抵押条件、支持外资介入等优惠贷款措施，鼓励更多的企业加入冷链物联网建设。采取购买物联网技术及相关设备抵扣所得税政策，鼓励更多的冷链相关企业引入物联网。引导企业在采纳物联网过程中不断向纵深化方向发展，将物联网应用于企业的每一个工作环节，鼓励冷链相关企业不断完善自己内部的物联网化改造，而且特别针对冷链物流体系物联网化改造一揽子解决方案推出有吸引力的优惠措施，鼓励冷链相关企业上下游之间在引入物联网过程中的协同合作，实现冷链物流运输过程中的有效衔接。

　　再次，物联网兼容性与企业再造优势并举，建立真正的基于物联网的冷链物流运作系统。鼓励冷链相关企业在引入物联网过程中充分发挥现有的优势，在保证冷链物流体系物联网化改造效率的前提下，尽可能采用与原有的业务流程、员工经验、软件系统、硬件设备相兼容的物联网技术、设备及改造程序，发挥物联网的兼容性以降低应用过程中的障碍。鼓励冷链物流节点企业基于统一标准建立开放式的信息系统、监控系统与追溯系统，确保冷链物流供应链上物联网系统的兼容性，利用物联网技术将鲜活农产品在物流配送过程中每一个环节的信息整合至系统，为企业改善配送流程、降低产品损耗及政府主导建立质量追溯体系提供有效的支撑。鼓励冷链相关企业进行基于物联网的企业再造，根据物联网时代的要求，改造原有的业务流程，使得物联网技术能够与业务流程实现有效的融合，建立真正属于物联网时代的鲜活农产品冷链物流体系，最大限度地提升冷链物流效率。

　　最后，采取措施破除鲜活农产品冷链物流采纳物联网过程中面临的其他障碍。鼓励鲜活农产品生产合作社与合作联社的发展，强化鲜活农产品批发市场的标准化建设，推动鲜活农产品零售企业的连锁化经营，确定一批鲜活农产品物流与流通加工企业作为重点企业予以扶持培育，提高流通主体的组织化程度与集约化程度。为采用基于物联网的冷链物流体系配送的鲜活农产品提供质量认证服务及必要的价格补贴，提高消费者的认可度和产品的市场竞争力，变鲜活农产品冷链物流体系的物联网化改造由供给推动为需求拉动。规范物联网市场，为物联网技术及相关设备制定法定标准，将不符合标准的产品退出市场，同时建立统一完善的价格认证与质量公证体系。开展物联网技术应用于冷链相关企业的试点工作，并安排相关研究人员进驻，及时调整物联网技术存在的问题，确定鲜活农产品冷链物联网标准体系，总结出分阶段、分步骤、规范化地引入流程与应用方案，从而建立完善的基于物联网的冷链物流效率评估体系，以此作为冷链相关企业引入物联网的评估标准。

（四）农产品冷链物流配送的干扰管理

即使冷链物联网的完善程度高，冷链各节点之间的信息程度高，具备完善的冷链物流网标准体系，但天有不测风云，由于冷链配送过程具有高度的不确定性、动态性和连锁性等特点，很容易受到众多干扰事件的负面影响，如车辆故障造成冷藏箱体难以密封、车辆制冷机组突然失灵、交通事故造成车辆受损等，使得事先制定好的计划受到影响，甚至导致冷链中断，此时不仅会加剧农产品的腐损，还进一步威胁了居民的消费安全。因此，如何在冷链中断后进行科学处理尤为重要。由于冷链物流配送系统是一个典型的人—机系统，除了考虑降低生鲜农产品这类易腐品的成本损失外，人的参与也必须受到重视。而人在面对扰动时作出的反应是不同的，因此发生干扰事件后，需要调整剩余服务对象的配送顺序，这样势必导致连锁反应，造成整个系统的混乱。此时就需要考虑扰动对整个冷链物流配送系统的影响，生成使系统扰动最小的调整方案。在这种情况下，生鲜农产品冷链物流配送问题变得更加复杂，现有的方法和理论体系将难以胜任相关的研究工作。如何有效地处理导致冷链中断的干扰事件，已成为影响生鲜农产品冷链物流模式生存和发展的关键。鉴于此，本节将重点探讨农产品冷链物流配送的干扰管理。

1. 基于行为的扰动分析

干扰事件发生后，为了有效地生成使系统扰动最小的调整方案，首先需要对扰动造成的影响进行分析。由于生产商、客户（包括分销商、零售商和终端客户等）和物流配送运营商是使配送过程能够顺利运行的行为主体，三者的利益是研究的关键。因此，首先分析扰动对上述行为主体的影响，具体如下。

第一，对于生产商。冷链中断后，传统方法是从配送成本的角度，凭经验进行重调度。通过调研发现，在光明牛奶"酸败门"、速冻食品"病菌门"等一系列事件发生后，冷链配送中断导致的食品安全问题越来越突出，即当冷藏箱体无法正常工作时，如果继续配送，产品将发生腐坏。这些产品经过二次冷冻并销售时，实际上已经部分变质，这是难以从正常产品中区分出来的，当问题产品流入消费者手中而引起健康问题时，将严重影响企业的可持续发展。因此，如何将受扰箱体内产品的温度控制在合理的范围，从而使产品不发生腐坏，是生产商考虑的首要目标。

第二，对于客户。客户是物流配送过程的接收者。扰动必然会引起连锁反应，影响后续一系列剩余货物的配送任务，使得某些客户可能无法按时收到货物。因此，对于客户来说，能否在要求的时间范围内收到货物，是其考虑的首要目标。

第三，对于物流配送运营商。物流配送运营商是物流配送过程的主导者。扰动发生后，配送车辆的行车路线随之发生变化，此时势必影响配送成本。由于在整个物流配送过程中，配送成本是物流配送运营商关注的核心，因此，在生成调整方案时，应适当兼顾成本因素，尽可能节约配送成本。

2. 基于前景理论的扰动测量方法

前景理论是行为科学中具有重大影响的行为决策理论，以人的有限理性为基础，能够更加真实地描述人在不确定条件下的决策行为。因此，本节以前景理论为基础，提出系统扰动的测量方法。

3. 生鲜农产品冷链物流配送的干扰管理模型

本节研究的问题是指一个冷链配送中心为多个客户配送生鲜农产品，配送产品类型单一，冷藏配送车辆类型相同，需满足以下条件：第一，每辆冷藏车从配送中心出发，沿着行车路线把装载的产品配送到指定客户后，返回配送中心。第二，客户的需求量已知，所需产品只能由一辆冷藏车完成，且所有客户都应该得到服务。第三，冷藏车所载的产品不能超过其装载能力。第四，每个客户都有其接受服务的时间窗，即客户对产品到达时间的要求是在某个时间段上。在满足这些条件后，要求合理安排配送路线，使得目标函数最优，即配送成本最低。

在按照最优配送路线执行配送计划的过程中，干扰事件将导致冷链中断，原有的配送方案将不再最优，甚至不可行，此时就需要构建干扰管理模型，从而生成使系统扰动最小的调整方案。本节以最频繁发生的干扰事件冷藏箱体无法正常工作为例，阐述干扰管理模型的构建。

4. 干扰管理模型的求解方法

物流配送问题已被证明是 NP - hard 的，而干扰管理模型以物流配送问题为基础，求解起来将更加困难。另外，为了尽快恢复系统的正常运行，干扰事件的处理具有很强的实时性。在这种背景下，由于蚁群算法具有正回馈、分布式计算及贪婪的启发式搜索等特点，为有效地求解上述问题提供了可能。但是，由于该算法仍然存在着容易陷入局部优化、搜索速度较慢的缺陷，因此提出改进的蚁群算法混合蚁群算法（Hybrid Ant Colony Optimization，HACO），对干扰管理模型进行求解。算法的基本原理如下。

在 HACO 中，采用信息素调整策略、最优个体变异策略来防止陷入局部优化，改善搜索结果。采用救援车辆选择策略、集成其他算法策略来减少计算量，提高搜索速度。

（1）信息素调整策略。

蚁群算法中，蚁群运动总是趋近于信息量最强的路径，但是如果该路径离最优解相差较远，将会导致信息量得到不应有的增强，使得后续的蚂蚁难以发现更好的全局最优解，这说明信息量最强的路径不一定能反映出最优的路径。为了提高算法的全局搜索能力，采用确定性选择和随机性选择相结合的策略，即当搜索陷入局部最优时，对路径上的信息量进行动态调整，缩小最好和最差路径上信息量的差距，并适当加大随机选择的概率，以利于对解空间更完全地搜索。

由于信息素的更新作用，每条路径上信息量可能在某次搜索后出现极大值或极小值现象，极大值使搜索早熟，极小值不利于全局搜索，因此吸收最值蚂蚁算法的思想，将信息素水平限制在最大值和最小值之间，同时在搜索前将所有边的信息素水平设为最大值，从而使蚂蚁在搜索初期具有更大的搜索范围。另外，当各边信息素水平相差很大时，将各边

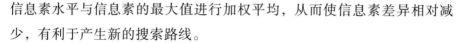

信息素水平与信息素的最大值进行加权平均，从而使信息素差异相对减少，有利于产生新的搜索路线。

（2）最优个体变异策略。

由于蚁群算法是一种正反馈的启发式搜索方法，因此算法在具有较快搜索速度的同时，也容易陷入局部优化。为克服此问题，本研究考虑蚁群在搜索到食物后，如果通向食物的道路上突然遇到自然灾害，蚂蚁更换路径后仍然可以觅到原来的食物。为此，引入变异算子克服算法容易陷入局部优化的缺陷。

当发现多次相同结果、开始倾向于局部收敛时，算法将很难跳出这个局部最优解，于是实施变异，即在这个局部最优路径上取任意一段或几段，让信息素大幅度减少，甚至减为最小值。于是下次不得不跳出此路径，去寻找另外可能的更好路径，实验表明变异有助于摆脱局部最优。

（3）救援车辆选择策略。

在对受扰车辆进行救援时，可供选择的车辆很多，包括配送中心的后备车辆和所有的在途车辆，但并不是所有这些车辆都能进行救援的，如果对这些车辆的救援路线都进行计算，必然耗费较长的计算时间。

为了缩小解空间的范围，提出两个原则来选择救援车辆：一是容量原则，在对受扰车辆进行救援时，判断将受扰箱体内的产品转移到自身箱体后，是否超过了车辆的载重量，如果不超载，则将该车辆加入候选车辆集合，否则放弃该车辆，维持其初始路线不变。二是距离原则，在干扰管理模型中，生产商目标的优先级最高，即受扰箱体内温度升高之前，必须将生鲜农产品转移到救援车辆上，以防止农产品的腐败。

（4）集成其他算法策略。

蚁群算法易与传统启发式算法相结合的特点，决定其具有很强的耦合性，因此将节约法、邻域交换法两种简洁高效的优化算法集成到蚁群算法中，可大幅度提高算法的求解速度。

因此，基于物联网的农产品冷链物流体系建设困难重重。在当前该体系建设严重滞后的背景下，应呼吁全社会关注农产品冷链物流，积极倡导物联网技术在农产品冷链物流中的应用，通过科学合理的建设路径促进基于物联网的农产品冷链物流体系的建设。

第二节　数字经济时代农村商品流通产业全产业链模式

一、物流中心或批发市场主导运作模式

我国农业发展相对滞后，产品流通效率低、成本高、损耗大，为此，大力发展农产品物流势在必行。电子商务的发展给农产品物流的发展带来了新的动力。农产品物流在电子商务平台的引导下实现协调整合，将使农产品生产者根据消费者的需求合理安排生产，减少因中间环节过多、市场需求失真而带来的农产品损耗，提高农产品物流的运作效率，最大限度地降低农产品损耗，为提高农民收入水平奠定坚实的基础。

(一) 物流中心或批发市场主导运作模式简介

物流中心或批发市场主导运作模式通过对批发市场的改造，采用先进的电子信息技术辅助农产品交易，使得物流中心成为联结生产、加工、零售的核心环节。物流中心或批发市场为主导的运营模式应该整合上游生产者、下游批发零售企业采取以市场引导企业，企业带动农户的机制，更好地促进农产品的流通的方式运行，电子商务平台下以物流为主导的运作模式需要把农产品生产者、供应商、经销商、零售商、生产企业、消费者联系起来。在农产品供应链系统中，生产者是最薄弱一环，由于农户分散经营，组织化程度低，在供应链中处于不对称的弱势地位，因而可以通过建立以加工企业为中心的一体化供应链系统。

在该模式下，一方面，加工企业具有较强的市场力量，以加工企业

为中心能够保证生产活动的稳定性，在资金、技术和生产资料等方面由公司为农户提供支持；另一方面，企业在加工原料的供应上获得了保证通过农户的组织，可以通过规模经济提高生产效率，降低生产成本。供应链整合的过程是通过加工企业内部整合和信息化水平的提高，带动上下游环节进行相应的协调与整合，最终形成统一的供应链管理平台包括电子信息系统、网络等硬件，也包括企业间的利益联结机制与统一的战略目标管理机制及供应链绩效评估机制。

（二）物流中心或批发市场主导运作模式特点

1. 在电子商务平台下该模式在成长中逐渐走向规范化

在电子商务平台下物流中心或批发市场将整个供应链推向了网络化、数字化。在政府政策的大力扶持和培育引导下，中国农产品物流中心或批发市场模式逐渐走向规范化市场布局更加合理，初步形成分区域、分层次、分类别的市场体系，行业标准法规体系逐渐建立健全，实施第二方体系认证，以点带面推动标准化市场建设。

2. 电子商务农产品批发市场进入全面升级改造时期

随着电子商务在农产品物流中的应用，伴随着基础设施日趋发展成熟的形势，电子商务平台为适应市场竞争和食品安全的需要，国家政策对加强市场管理规范的全面展开，使中国农产品批发市场普遍进入升级改造期，目前人民币亿元以上交易额的市场已经全部进行了升级改造，使农产品物流实现数字化、网络化。

3. 电子商务在该模式的应用提高了服务能力

随着近年来电子商务在农产品物流中的应用，农产品物流中心可以获得更多的信息，可以获得更早的信息，针对各种信息的及时处理，提高了服务质量。电子商务购物平台也积聚了越来越多的用户，它以其方便、快捷、不受时间限制、跨越空间距离的种种优势，提高企业的服务质量，在未来的发展中，将逐步成为电子商务购物平台的核心竞争力。

（三）农产品物流（批发市场）为中心运作模式的优势

1. 结合电子商务使农产品公司品牌优势得以发挥

电子商务新的商业经济模式，其迅速发展引领交易方式的创新。尤其是流通模式的改变，在电子商务环境下的现代物流，其经济的发展更趋向于自动化、智能化及一体化方向发展。电子商务能够提高物流的效率和效益。电子商务的快速发展，使农产品批发市场可以扩大更大的市场，拓展更广的供应链，而电子商务平台下农产品拥有品牌优势，是国家农业产业化经营重点企业，目前尚未形成全国性、连锁性的专营农产品批发市场的企业，在此情况下，农产品加工公司在异地扩张、获得低价土地供应的政府扶持等方面，品牌优势得以体现，这是一般民营企业不具有的。

2. 电子商务平台下农产品拥有先进的电子交易信息系统

新型的电子流替代了传统的实物流，由于农产品的非标准化，存在很多细小的实际问题，在具体实施电子信息系统时会很复杂，涉及对整个农产品供应链条、客户需求、精细化管理等。农产品所拥有的一批专业化经验丰富的农产品批发市场经营专家，是其在电子化改造中取得较为成功的关键因素。而受限于人员素质等各方面因素制约，目前全国大多数的农产品批发市场尚未建立有效的电子商务信息系统。

3. 电子商务平台下农产品市场之间可实现资源共享

电子商务时代，可以使农产品企业销售范围扩大，农产品在全国许多地区有布点，完全有机会实现系统内的资源共享，增强竞争力通过系统内对接，能够互通有无，有利于实现农产品在系统内的大循环，产生意想不到的叠加效应，这是系统以外的市场所难以获得的机会。

（四）我国农产品物流（批发市场）存在的问题

1. 产地与销地及集散地之间布局不合理

近年来，随着全国优势农产品区域布局规划的实施，优势区域农产品集中度稳步上升。生产向优势产区集中后，客观上要求建立集散能力强的产地批发市场和冷藏能力大的保鲜库。但目前产地与销售地及集散地之间布局不合理，销售地市场发展比较充分，生产和市场建设不均衡，这是导致优势产区鲜活农产品滞销难卖时有发生的重要原因。

2. 市场交易方式陈旧，交易效率低

目前，大多数产地批发市场仍沿用对手成交、现金结算的交易方式，处于自发、紊乱状态，难以形成公开、公正的交易价格，影响交易安全，还经常导致强买强卖等欺行霸市现象发生，既降低了流通效率，也增加了流通成本，不利于农民增收，对于我国农产品批发市场参与国际竞争带来较大的负面影响。

3. 流通主体的组织化程度低，营销规模小、效率低

由于农民个体户或农村经纪人是目前承担农产品运销的主要力量，农民专业合作组织的发展起步较晚，农产品批发市场内大多数经销商的营销规模小、效率低，缺乏有实力、信誉好、规范化的大批发商、代理商组织，因此不能形成稳定的、规模化的农产品供应链条。而且，运销商与生产者之间是一种买断关系，这样既不利于提高农民在市场交易中的谈判讨价能力，又不能使农民分享流通环节的利润。

（五）物流中心（批发市场）为主导的运作模式的改革措施

1. 在电商引导下发挥物流的主导作用

加强农产品储备、加工配送和信息开发利用的能力与农户共享物流信息，发挥物流中心信息节点的功能和辐射能力，提高物流管理水平和物流服务质量。物流中心节点的选择配合区域与农业产业化的发展，有利于组织农产品加工，有利于农业产业化及经营一体化发展的需要，以良好的物流服务体系推进农业产业化的发展，因为其在生产资料供应与农产品销售环节实现了集中供应和收购，反过来促进了农产品物流的发展。

2. 结合批发市场，连接上下游企业

批发市场与物流企业相结合，连接上游农产品生产者与下游批发、零售企业及大量消费者。与上下游企业建立长期购销合同，采取以市场引导企业，企业带动基地，基地指导农户的运行机制，就利润分配，统一管理、风险共担。通过批发市场与物流相结合连接上下游企业的运作模式提高整体经营效益。

3. 加大电子商务在农产品物流的运用

发展电子商务农产品物流是非常有必要的，随着电子信息化的发展，企业的经营方式由传统的实体经营转向网络运作，电子商务作为一种现代化的经营方式，已具备信息化、自动化、网络化、智能化和柔性化等特征，为解决农产品的流通问题提供了思路。根据农产品物流市场的自身特点，制定适宜的农产品物流标准，加强与电子商务的完美结合。应该根据农产品批量大、季节性强、长途运输不便的特点建立物流园区，大力发展电子商务农产品物流。

二、以加工企业为核心的整合运作模式

在农产品供应链系统中，生产者是最薄弱一环，由于农户分散经营，组织化程度低，在供应链中处于不对称的弱势地位，同时，由于单个企业自营物流对企业的资金和物流管理水平要求很高，实力较弱的农业企业一般无法承受，因而可以通过建立以加工企业为中心的一体化。供应链系统在供应链整合中，供应链管理的主要任务交给加工企业，有可能使加工企业的管理成本提高，风险增加。如果不能有效地进行科学管理，很容易造成规模不经济。由此可见，信息技术和管理思想的引入是供应链整合的关键因素之一，加工企业必须根据供应链管理理论，进行业务流程重组，通过信息化建设逐步提高管理效率，降低管理成本。从经济效益上说，农产品物流联盟对不同角色的成员企业都大有裨益。对拥有物流资产的提供方而言，物流设施一经投入就成为不可回收的成本，且

农业物流设备的资产专用性较高，若没有物流的规模效应，农业企业则面临较大的资金占用和资源浪费的困境。

（一）以加工企业为核心的整合运作模式简介

电子商务平台下的农产品物流应以加工企业为核心整合上游农产品生产者和下游批发、零售企业并借助电子商务平台、物流企业的运营模式。农产品加工企业作为农产品供应链上重要的一环以加工企业为核心的农产品管理模式可以提高农产品生产的高效率，以及解决农产品的安全、流通及市场问题，增强农产品供应链的集体竞争优势。同时，电子商务平台的构建可有效地解决农产品物流的运营模式，增加农户收入。因此，以加工企业为核心，充分利用电子商务平台与物流市场整合运作模式势在必行。在电子商务平台引导下使农产品生产者、消费者、供应商、零售终端及第三方物流公司实现协调整合。

（二）以加工企业为核心的整合运作模式的优势

1. 在电子商务引导下农业产业化进程加快

在电子商务引导下，农产品加工企业加快农业现代化进程，提高农业综合生产能力的主要动力。在农业产业化发展过程中，实力雄厚的农产品加工企业，一方面积极聚集、引进资金、购置高科技型农产品及高附加值的加工产品，为企业创造辉煌业绩；另一方面聘用农业专业技术人才，研究探索并组织生产加工所需的优质农产品及加工新材料。形成多元化农业科技服务体系，以便在更大范围内和更高层次上实现农业资源的优化配置，提高农业综合生产能力。

2. 农产品原料丰富

因地制宜地发挥本地在资源、经济、市场和技术等方面的区域优势，结合电子商务平台坚持有所为、有所不为，提倡科学规划、合理布局，积极发展有明显农产品优势的加工业，要注重利用当地农产品资源优势、技术优势和地域优势，以市场需求为出发点，进行农产品加工，逐步形成各具特色的农产品加工业区域布局，不断满足社会对农产品及其加工品的数量和多样化、多层次、优质化、方便化、安全化的需求。

3. 农产品加工企业众多

随着电子商务的日趋发展和完善，以农产品加工业为主的产业集群实际上是基于农产品加工深度和产业链的延伸，成熟的产业集群可以带动农业、农产品加工业及其关联产业的结构调整和优化升级，促进其形成动态、可持续的竞争优势，逐步形成合理的产业布局，农产品加工业的集群可以充分融合各种优势资源，发挥更好的辐射带动作用，加强企业内部管理，促进农产品商业流通体系的共同完善，逐步推动电子商务的发展。

（三）以加工企业为核心的整合运作模式存在的问题

1. 初加工产品比重大，产品市场竞争力弱

多数农产品加工企业仍然停留在初级加工水平上，精深加工企业少，加工水平低，一些产品无包装、无标识、无品牌、无条形码，产品在国内进不了超市，出口借助国外企业的包装、商标、品牌，市场狭窄，竞争力弱。

2. 企业与农民利益联结不够紧密

我国的订单农业有了一定发展，但农产品加工企业与农户之间只是低层次的利益合作伙伴，订单不规范，企业与农户之间缺少相应的中介机构和运行机制，还是你买我卖模式，双方利益均没有切实保证。

3. 企业发展需要雄厚资金支持

普遍存在融资渠道狭窄、贷款困难的问题，一方面银行贷款门槛较高；另一方面企业自身抵押担保能力不足，因此很多农产品加工企业很难得到贷款支持。

4. 企业人才匮乏

就企业人才来说，缺少懂得电子商务和操作电子商务的人才，特别是高端技术人才尤其匮乏，技术工人素质不高、年龄结构偏大，企业招

工难、技工荒的问题亟待解决。

（四）以加工企业为核心的整合运作模式的改革措施

1. 科学制定发展规划，建立电子商务平台

积极应用电子商务农产品物流，实现从传统农业向现代农业转变，并且还将促进特色农产品走向高端发展路线。在规划制定上，要充分掌握以下原则：一是农产品加工业的发展，要立足于利用本地的资源优势，充分利用资源条件，将农业产品优势转化为产业优势，确保取得良好成效；二是农产品加工业的发展，要适应市场需求通过挖潜改造，开拓新产品，实现农产品多层次、多环节的转化增值提高农业综合效益，促进产业结构调整，增加农民收入。

2. 提高电子商务在农产品物流中的应用，培育壮大龙头企业

加强电子商务在农产品物流中的应用，大力发展电子商务农产品物流，培育壮大龙头企业，为农产品加工业发展打造强势主体，按照大小并举的要求，积极培育和扶持一批竞争力强、外向度高、带动能力强的龙头企业。充分利用本地农产品资源丰富、成本低廉、交通便利、工业发展空间广阔等综合优势，把农产品加工项目作为招商引资的主攻方向之一，引进一批产业关联度高、品牌知名度高、科技含量高的农产品深加工、精加工企业。启动民资建龙头，充分发挥民间资本优势，通过政策引导，宣传发动，引导工商资金投入农产品加工业。

3. 加快配套基地建设，完善电子商务平台

运用电子商务现代化方式和手段完善产品生产、定价、促销等过程。目前，我国许多农业企业网站和农户自身必须以市场为导向，以自身资源优势为依托，加紧制定农产品基地建设的具体规划，进一步调整优化农业区域布局，把优势产业与基地建设结合起来，以满足龙头企业日益增长的加工需求。充分发挥政府职能，切实抓好协调和服务通过制定切实可行的政策，鼓励企业、农户、中介组织等各类市场主体投资基地建设、稳妥有序地推进土地使用权的流转，提高土地规模化、集约化的程度，为企业的发展建立稳固可靠的配套基地。

4. 重视人才，加强人才队伍建设

要大力发展熟练掌握电子商务的人才。发展农产品加工业，人才是关键。针对电子商务还没有完全在农产品加工业人才队伍中普及的现状，要为现有的农产品加工业人才创造良好的创业、工作和生活环境，最大限度地调动和发挥他们的积极性。要鼓励企业建立和完善人才引进、培养、使用的激励机制，挖掘现有人才的潜力。要进一步强化岗位技能培训，提高整体素质，建设一支高素质的农产品加工业工人队伍。研究制定农产品加工业重点技术人才引进的政策措施，有效地解决人才不足的问题。

三、第三方物流为核心的外包运作模式

在市场竞争日益激烈的今天，农业面临着巨大的挑战，消费者对农产品多样化、个性化、准时化和环保性的要求越来越高，农民实现农产品向商品的转化越来越困难。作为农产品进入市场关键的一环，物流在农业的作用显得越来越重要。但是，目前我国农业物流的发展还很落后，基本上还处于原始的自给自足状态，没有形成规范的组织和管理。散、乱、条块分割、各自为政的不规范管理直接导致农产品流通不畅、物流成本增加。针对这种状况，本书提出农产品第三方物流管理模式，以实现农业市场的规范管理和高效运作。

（一）农产品的第三方物流外包运作模式简介

农产品种类繁多，进入市场的农产品有农业生产后不需深加工的蔬菜、水果、粮食等，有需要进行深加工的各类食品、棉花等，以及鱼、肉、禽、蛋等肉类食品农产品属于生命周期短的产品，保质保鲜困难，运输储存需要具有专门的低温保存措施。一般消费者对农产品的保鲜程度要求很高，因此，农产品销售的时效性很高，在一日之内农产品的价

格变动也很大。农产品的特性决定了市场对农产品物流的依赖程度很大。但长期以来，我国农业受计划经济体制的影响，存在重生产、轻流通现象，农业生产与消费之间的关系散乱，流通渠道多，但不稳定。企业和农产品销售店对农产品的采购、运输、仓储、包装、加工、配送没有形成规范的管理和控制，销售点多方采购各种农产品，与众多的农产品供应商发生业务联系。

我国农产品物流形式基本上是传统的自营物流，在这种物流模式下，各农产品供应商分别对销售商供应不同种类的农产品，是典型的多对多关系。这种模式下的物流配送无论由供应商完成，还是由销售商完成，都是小规模的零星物流，存在车辆迂回重复运输的现象，配送成本高、效率低，配送的时靠性得不到保障，而且随着供应商和销售商业务的扩大，对物流资源的调度越来越困难，若仍采用这种分散的自营物流模式，势必要增加费用的投入。因此，农产品物流未来发展的趋势是加强行业分工，将农产品的物流配送从供应商和销售商处分离出来，交给专门的农产品第三方物流企业完成，使农产品的供应商和销售商专注于农业生产、加工和销售市场的开拓。因此，第三方物流模式将成为农业市场未来的主导物流模式。即农产品供应商和销售商将一部分或全部物流活动外包给专业农产品物流企业完成。

（二）农产品采用第三方物流外包运作模式的优势

1. 物流总成本的降低

第三方物流外包运作模式通过整合流通环节，建立信息网络，加速农产品周转。将农产品物流外包给专业物流公司，即第三方物流企业，第三方物流企业整合农产品的存储、加工、包装、运输、销售及伴随的信息的收集和管理等一系列环节，能够缩短农产品流通时间，降低流动成本，减少不必要的农产品损失，从而降低农产品流通成本和交易费用。传统物流模式是多对多关系，物流分散、规模小，不易形成专业化、规模化效应。而第三方物流企业客户多、市场范围大，能对诸如订货、质检、报关等方面实行统一批量作业，对物流资源实行合理安排，从而节省各种物流成本费用。

2. 具有强大的信息优势

农产品第三方物流外包运作模式通过完善的信息系统将供应商与销售者联系起来，信息收集、信息处理速度快，具有强大的信息优势，能够使双方比较及时、全面地了解农产品市场的信息，促成交易，提高物流效率。农业产业与工业相比，其从业者很多分布在农村，农村的信息较为闭塞，很多农产品供应商找不到合适的销售商，而有农产品需求的销售商也不知道存在这样的供应商，造成农民愁销路、商家忙采购的状况。在第三方物流管理模式下，信息优势比较明显，通过建立的信息网络系统，信息收集快，处理速度快，能够比较及时、全面地掌握农业市场的信息，将供应商与销售商互相联系起来，促成交易，平衡供需。

3. 提高物流服务质量，实现规模效益

通过配备专业化设备，制定作业规范，保障农产品品质将农产品物流活动外包给第三方物流企业，第三方物流企业通过其拥有的专业物流管理技术人员、配备专业运输车辆及仓库，有利于农产品的保质保值。以第三方物流为核心，各节点之间建立共生共赢关系，建设农产品追溯体系加农产品质量监控。对农产品进行标准化地分拣、加工、保鲜处理、包装，通过形成规模经济，降低物流成本，增加产品多样性。采用专业物流运作模式，能延长产品配送半径，保证产品的完整性和多样性。凭借较强的协调能力和谈判能力，可以得到更为低廉的运输价格，可大批量购买运输能力，集中配载较多客户的货物，大幅降低单位运输成本，有效地降低交易费用，同时可以降低农产品到消费者手中的价格，从而获得规模效益。第三方物流模式通过包装、储藏、运输，能够有效改进农产品品质，同时第三方物流强调服务观念，通过优质高效的服务提高物流中心的名誉度。

4. 缩短配送时间，简化销售、采购

物流时间越短，农产品的价值就越容易保持，农产品的浪费随之降

低，成本也随之自然降低，企业的竞争力增强。专业物流配送企业的物流设施更加完备，可以借助计算机信息网络系统、自动化系统，使信息传递、资源调度能在最短时间完成。在传统物流模式下，销售点需采购多类农产品，需直接面对更多的供应商，这种方式效率低，过程复杂。通过以第三方物流为核心外包，企业可以利用自己广阔的供应商渠道，对品种繁杂的农产品进行集中采购，销售点只需要跟第三方物流公司取得联系，让第三方物流企业根据自己的需求直接对农产品实行快速配送，这就使销售点的采购管理更加趋于合理化。

四、期货套期保值模式

（一）期货套期相关概念

期货套期保值是指把期货市场当作转移价格风险的场所，利用期货合约作为将来在现货市场上买卖商品的临时替代物，对其现在买进准备以后售出商品或对将来需要买进商品的价格进行保险的交易活动期货套期保值。

期货套期分为多头套期保值和空头套期保值。多头套期保值是指交易者先在期货市场买进期货，以便在将来现货市场买进时不至于因价格上涨而给自己造成经济损失的一种期货交易方式，因此又称为多头保值或买空保值。空头套期保值又称卖出套期保值，是指交易者先在期货市场卖出期货，当现货价格下跌时以期货市场的盈利来弥补现货市场的损失，从而达到保值的一种期货交易方式。

（二）合理利用农产品期货市场的优势进行套期保值

我国农业的发展一直没有从根本上消除因价格波动的困扰而造成的生产不稳定影响，农产品期货市场正是适应中国经济市场化的必然趋势，为避免粮食生产和流通中的市场经营风险而产生，它能够发现远期价格变动趋势，为粮食生产经营者提供套期保值的途径。期货交易所的运行，保证了粮食市场的稳定，为企业回避粮食生产和经营中一些内在的风险提供了一个中介手段。大量事实说明，期货合约在农产品营销中广泛使用。

（三）套期保值与实物交割

在实际的期货交易中，绝大部分期货合约都采用对冲的方式了结交易，这意味着大多数期货交易者都是在买进合约后又卖出，或卖出后又买进，很少交付或收受实货商品。这是因为对于期货市场上最基本的两类交易者套期保值者和投机者来说，他们进入期货市场的目的不是为了实货商品的交割，他们买卖期货合约的目的只是把期货合约当作一种工具。套期保值者是把期货合约当作其在现货市场买卖现货商品的保值手段，投机者是把期货合约当作他获取利润的手段，因此，套期保值并不等于实物交割。

在商品期货市场，大部分实物交割是由现货商完成的，所以，人们有一种不太符合期货理论的观点，认为实物交割就是套期保值。事实上，把套期保值与实物交割相混淆的观念是错误的。从理论上讲，实物交割是一种套利行为，一是跨市场套利，就是通过在现货市场买进，然后到期货市场卖出交割，或者在期货市场买入交割，在现货市场销售。二是跨月交割套利，是在某一月份买入交割，在下一月份卖出交割，以谋取利益的行为。

当然，套期保值交易也可能向实物交割转化，当基差变化对套期保值者非常不利时，套期保值者只能选择实物交割。

（四）套期保值的方法

1. 生产者的卖期保值

不论是向市场提供农副产品的农民，还是向市场提供铜、锡、铅、石油等基础原材料的企业，作为社会商品的供应者，为保证其已经生产出来准备提供给市场或尚在生产过程中将来要向市场出售商品的合理的经济利润，以防止正式出售时价格的可能下跌而遭受损失，可以采用卖期保值的交易方式减小价格风险，即在期货市场以卖主的身份售出数量相等的期货作为保值手段。

对于生产商来说，可以分为三种情况。

第一种，在没有找到现货市场买主之前，对未来产量可以在期货市场进行卖出套期保值。如果以后找到现货买主，可将相应部分产量平仓；如果至合约到期仍未找到现货买主，可以进行交割或将期货持仓平仓并在现货市场销售产品。选用的方式以成本最低为准。

第二种，已经找到现货买主，签订了远期合约但签订的是活价，即按交货时的现货价格进行交易。为防止未来价格下跌，需要进行卖出套期保值，到期时将期货平仓同时履行现货合同，此时，期货买现货卖，方向相反。

第三种，已经找到现货买主，签订了远期合同，而且已经确定了远期价格，此时由于已经消除了未来价格的不确定性，可以不进行期货交易但如果签订远期合约时嫌价格过低，或者防止交割时价格上升，可以买入现货的期货合约到期，如果价格上涨，带来盈余；如果现货交割时，价格不涨反而下跌，就会带来价格下跌的亏损。

2. 经营者卖期保值

对于经营者来说，其所面临的市场风险是在商品收购后尚未转售出去时，商品价格下跌，会使他的经营利润减少甚至发生亏损为回避此类市场风险，经营者可采用卖期保值方式来进行价格保险。

3. 加工者的综合套期保值

对于加工者来说，市场风险来自买和卖两个方面。他既担心原材料价格上涨，又担心成品价格下跌，更怕原材料上升、成品价格下跌局面的出现。只要该加工者所需的材料及加工后的成品都可进入期货市场进行交易，那么他就可以利用期货市场进行综合套期保值，即对购进的原材料进行买期保值，对其产品进行卖期保值，可以解除他的后顾之忧，锁牢其加工利润，从而专门进行加工生产，对于加工商来说也存在三种情况。

第一种，在没有找到原料供应商之前，对未来所需原料可以在期货市场进行买入套期保值。如果以后找到原料供应商，可将相应部分原料平仓，如果至期货合约到期仍未找到原料供应商，可以进行期货交割或将期货持仓平仓，并在现货批发市场买入原料选用的方式以成本最低为准。

第二种，已经找到原料供应商，签订远期合约，但签订的是活价，即按交货时的现货价格进行交易，为防止未来价格上涨，需要进行买入套期保值，到期时，将期货平仓同时履行现货合同。此时，期货卖，现货买，方向相反。

第三种，已经找到原料供应商，签订了远期合约，而且已经确定远期价格，此时由于已经消除了未来价格的不确定性，可以不进行期货交易。但如果签订远期合约时嫌价格过高或者防止交割月的价格下跌，可以卖出现货到期月的期货合约。到期时，如果价格下跌，带来盈余，使原料成本下降；如果现货交割时，价格不跌反而上涨，就会带来价格上涨的亏损，原料成本上升。

第三节　数字经济时代农村流通产业链发展的政策建议

一、农产品物流的基础设施优化

（一）加强交通基础设施建设

交通基础设施建设是物流大系统的重要组成部分，加强交通基础设施建设可从以下几个方面入手：首先，政府出面协调各部门工作。由于各部门之间的协调和沟通不畅，缺乏统筹规划，农产品运输在"最先一公里"上还存在很多问题，应从改善农产品物流基础设施建设的角度出发，对边远地区、山区及村道的改善进行统筹规划，解决当前农产品收购和调运中的障碍，提高农产品运输的效率。相关部门应相互配合，在有矛盾冲突时政府应出面协调统筹，调配资源。其次，积极推进重大基础设施项目建设。重点包括中西部铁路、城际铁路、国家高速公路的"断头路"和普通国道"瓶颈路段"、内河高等级航道、新建干线机场等，在细节上提高交通网络的质量和水平，为农产品物流的运输过程扫清障碍。同时应积极推进重大交通基础设施建设，提高交通路网密度，以提高农产品物流的运输效率，尤其是农产品跨省跨区域长距离物流的运输效率。

（二）加强物联网和冷链物流的基础设施建设

农产品冷链物流的物流信息主要产生于物联网，所以农产品冷链物流的设施和设备主要分为两个部分：一部分是保证农产品始终处于规定的低温状态所需要的各种设施设备，如冷加工设备、冷藏库、冷藏车、冷藏船、铁路机械冷藏车、冷藏销售柜台等；另一部分是物联网所需要的各种信息感应设备，即射频识别（RFID）装置、红外线传感器、GPS定位系统、激光扫描器、二维码识别终端等信息感应设备等。

要使这条保鲜链发挥作用，实现物流模式上的突破，这两部分的基础设施和设备缺一不可。在冷链设备方面，应重点投资建设冷库、冷链运输车辆及制冷设备，尤其是批发零售冷库，鼓励冷链企业购置冷藏车辆，提高冷链运输能力，减少断链现象产生，确保整个运输过程都处在规定的低温环境下。同时，要改进冷库安装技术和工艺，使保鲜冷藏运输车厢和温度控制设施规范化，提高整个冷链物流过程的效率。

在物联网所需的基础设施和设备方面，目前冷链物流的信息化程度非常低，不但信息基础设施落后，而且缺乏统一的信息标准和信息平台。我国农产品物流信息化技术主体分散、规模小、技术基础薄弱，RFID、EDI技术、条形码、GIS等在工业物流领域广泛运用的技术，在农产品物流领域未能得到大力推广和应用。应加强物联网技术在农产品物流领域的推广，积极推进相关项目的建设，扩大资金来源，同时加强监管，确保资金的使用效率。应加强农产品物流信息网络建设，采取建立大型数据库的方式，即一定规模的在储、在流农产品皆入库，及时采集各物流环节的信息，并进行科学归纳、整理、更新，形成大型动态的数据库，为农户、企业的生产决策提供实时的动态信息，从而提高物流的效率。

二、农产品物流的社会化创新

（一）探索农产品物流平台众包模式

农产品物流社会化的一个重要途径就是众包。农产品物流众包模式分为全民众包和企业众包。针对全民众包，应对从业人员的资质进行严格的审核，充分开发民众的闲散运力，降低配送成本。企业众包模式是针对物流公司的众包模式，应针对服务和流程进行标准化规范，做好众包物流的信用管控，形成标准化的服务流程，整合物流企业的资源，大大降低农产品物流的成本。

（二）发展农产品物流企业园区

农产品社会化的另一个重要途径是物流企业群的建设。具体来说就是要打造专为农产品物流服务的物流企业园区，整合物流需求、物流设施、物流客户及管理服务等资源，为众多物流企业提供系统服务，将众多服务功能不同的农产品物流公司集聚在一起，通过园区的协作功能，实现物流信息和物流基础设施的共享，从而形成紧密的协作关系，实现集约化经营，提高农产品物流的规模效应，降低物流成本，充分发挥专业化农产品物流企业的作用，实现农产品物流服务的各项功能，提供全系列的服务。

（三）构建城乡共同配送体系

由政府牵头，构建开放式的城乡一体化共同配送和仓储服务体系，加强物流末端配送网络建设、城乡客货运基础设施建设、物流龙头企业的营业网点建设及第三方物流企业的高效物流系统建设，促进企业间资源共享、优势互补，减少不必要的项目建设，降低物流成本，以减轻甚至消除行业间同质化竞争和恶性竞争的问题；协调公安、交通、财政、市政等部门，推进物流配送车辆的标准化，减少不必要的交通管制，降低物流成本，提高配送效率。

三、农产品物流信息化、标准化建设

（一）农产品物流信息化

1. 建立实时的农产品物流信息采集系统

从政府的角度看，政府应当扮演信息系统发起者和企业间信息互联协调者的角色，应该为企业之间的信息互联提供多方面的支持，包括专业的技术人才、资金及相关的支撑。从企业的角度去看，应该及早认识到建立实时的农产品物流信息采集系统的重要性，组织相关的专业人员，搭建信息平台，与相关企业进行平台对接，共享相关信息，实现信息资源共享。最终使供应链各相关企业间达到平台互通、信息共享、行动一致，从而构成一个信息对称的动态系统，提高信息交流的效率。

2. 建立完备的数据库系统

数据库系统可以对采集到的物流信息进行分类储存，以便随时快速提取。对于政府机构，需要安排相关技术人员，设计完备的数据库系统，将物流信息采集系统采集到的物流信息录入其中，以便进行数据分析和查询。政府的数据库最好能够和企业的数据库实现互联，以便能够达到数据共享。企业也应建立自己的数据库系统。企业应组织相关专业技术人员，将本企业物流信息进行量化、分类、加工处理，最终录入数据库，以便实时对数据进行提取分析，作出有效预测。

3. 实现物流信息传递双向一体化

双向一体化是指物流信息传递的横向和重大课题攻关项目纵向一体化。物流信息横向一体化即实现从物流信息的生成、采集、存储、加工处理、传送、共享等一系列程序的一体化，物流信息的纵向一体化即是与供应链上下游企业的信息连通，与政府数据库的连通。对于数据的生成，可以采用物联网技术，实时生成有关产品的一系列数据，在数据采集阶段，利用物流信息采集系统，系统地采集各种实时的物流信息，之后采用数据库技术对信息进行分类储存，最后通过信息平台，进行企业间的信息共享。以上是企业取得物流信息的基本流程，关键要在每个流程中采取标准化，使信息能够高效地运转。

（二）农产品物流标准化

1. 建立和完善物流标准化体系

我国农产品自身的标准化程度较低，许多产品的分类、分级大多是凭借人工感觉，这给农产品的存储、运输和加工造成一定的困难。政府与企业要积极组织相关专家，对国外先进的物流标准进行研究，并结合我国物流行业的实际情况，制定符合我国行业情况的物流标准。所制定的标准应该是一个科学、完整的标准体系，应包含物流过程中每项技术环节、软硬件的详细标准。

2. 促进硬件与流程的双标准化模式

硬件标准化是整个物流过程标准化的基础，要与国际先进的物流标准接轨，首先要在硬件条件上进行相应的改善，即要促进货运设备、仓储设施、搬运设施等基础物流设施、设备的标准化。其次，在改善硬件条件的同时，还要对相应的物流流程进行标准化改造，如运输、仓储、装卸、搬运、流通加工等流程要随着设备的升级而进行完善，打破传统的无标准化限制、凭经验操作的做法。

3. 充分发挥政府在标准化建设中所起的作用

政府部门作为国家标准的制定者和推广者，应积极协调好相关部门、企业统一标准，实现物流效率的最大化。我国现已成立包括物流信息技术委员会、物流标准化技术委员会及中国物品编码中心等多个物流标准化组织。各相关部门应该积极地参与物流标准的研究与制定。并且在制定物流技术标准的同时，更要出台政策，规定各相关企业执行的标准，不仅要成为标准的制定者和推广者，更要成为标准实施的监督者。

四、推进新兴技术在农产品物流中的应用

（一）推进冷链技术在农产品物流领域的应用

整体设计、梯度推进，统筹规划、多方协调，构建合适冷链物流体系。由于中国人口众多，地域广大，区域特点明显，因此要进行整体设计、梯度推进，统筹规划、多方协调，选择重点品种、重点区域先行试点，构建适合中国国情的农产品冷链物流体系。

第一，充分发挥政府的宏观调控作用，建立政府、行业协会和龙头企业联动机制，制定国家农产品冷链物流发展规划。要根据目前中国优势农产品区域布局和农产品冷链物流的特点，建立多种组织形式并存的农产品冷链物流体系。例如，以冷链物流配送中心为核心，发展区域内农产品短途冷链物流体系；利用第三方冷链物流，发展跨区域的农产品长途冷链物流体系；突出农产品加工企业的优点，实施供应链管理，建立专业化和多元化的农产品冷链物流宏观体系。

第二，充分调动冷链环节行为主体的积极性，特别是重点培育第三方冷链物流、提高农民的组织化程度。根据国家农产品冷链物流发展规划的总体要求，优化农产品冷链物流布局，积极推进各具特色的区域农产品冷链物流体系建设，选择重要品种（如热带水果等高价值量农产品，肉类等易腐败产品）建立冷链通道试点。首先，在中小城市开展"生产

基地＋大型批发市场＋配送中心＋超市"试点，优化以大型农产品批发市场运营商为主导的冷链物流模式。其次，在大城市开展"生产基地＋配送中心＋超市"冷链物流试点，积极倡导发展以连锁超市为主导的冷链物流模式。最后，在农产品出口优势产区开展"加工企业＋生产基地"冷链物流试点，也就是中国冷链物流运作的第三种模式，即以加工企业为主导的冷链物流模式，在总结示范、试点成功经验的基础上，逐步向全国辐射、推广。

第三，出台相关政策法规，规范市场，支持和引导冷链物流企业的发展。各政府部门要根据中国农产品冷链物流发展要求，完善和建立健全的检查与监督机制，尽早出台农产品冷链物流业发展相关扶持政策，使中国农产品冷链物流有一个良好健康稳定的市场环境，为了尽快推动中国农产品冷链物流业的快速发展，国家必须尽早制定和实施科学、有效的宏观政策。

一是在科技政策方面。将冷链物流技术发展作为重要内容，纳入国家发展规划和科技计划。加大国家对冷链物流的科技政策性投入，设立专项基金，并列入预算。加大国家科技支撑计划、中小企业创新基金、国际合作等项目计划的资助强度。重视农产品冷链物流平台建设，在国家重点实验室、国家工程中心、部门重点实验室、中试基地、质量标准与检验中心、食品安全评价研究中心等国家工程项目建设中，给予优先支持。

二是在财政金融政策方面。建议把农产品冷链物流作为国家投资、政策引导和吸引外资的战略重点，在预算安排和工农业建设项目计划中，给予集中支持和适当倾斜。适当考虑冷链物流企业、批发市场、配送中心，减免增值税和所得税。对农产品冷链物流业实行优惠贷款政策，包括低息、贴息、放宽还贷期限、放宽抵押条件、支持外资介入等。

三是在产业政策方面。尽快理顺多部门管理的局面，成立协调组织，理顺科研、生产、贸易等部门的关系。按照国家产业政策要求，根据优势农产品的区域布局引导农产品冷链物流业的合理布局。加速农产品冷链物流园区建设，引导一体化发展。

四是在贸易政策方面。鼓励、支持农产品冷链物流企业积极参与国际竞争。采取有效手段和政策，扶持与保护具有自主知识产权的农产品冷链物流商标和品牌，扩大其在国际市场的影响。引进、消化发达国家农产品冷链物流技术，包括项目、设备仪器等硬件，以及开展产权许可证贸易或软件贸易。

（二）推进物联网技术在农产品物流中的应用

近年来，我国企业已经逐步实现将物联网技术应用至农产品物流领域，然而，随着冷链技术在农产品物流中的应用不断增多，将物联网技术应用到农产品冷链物流体系建设中就变得尤为关键。将物联网技术应用到农产品冷链物流体系建设中有助于破解当前冷链物流中断频发的难题，对于确保生鲜农产品质量安全、稳定农产品价格具有重要意义。以下是对推进物联网技术在农产品冷链物流中应用的建议。

第一，政府将先期投入与优惠措施并举，支持基于物联网的生鲜农产品冷链物流体系建设。生鲜农产品冷链物联网建设不仅仅是简单的商业行为，还存在一定的社会性，所以应由政府先期引导投入，当冷链物联网体系发展到一定市场规模后，逐步实现政府与市场的双轮驱动。首先，政府应当成立专门的基金用于农产品冷链物流体系建设，尤其要建立起完善的生鲜农产品冷链物流监控与追溯系统及冷链物流信息公共平台，成立专门的部门加强管理，允许不同的冷链相关企业免费接入，在一定程度上减轻冷链相关企业的负担，促进物联网架构下生鲜农产品冷链物流体系的发展。其次，政府应采取多种优惠政策激励和促进冷链相关企业推进物联网化改造，并积极实现和政府监控与追溯系统的对接，对于引入物联网的冷链相关企业适当减免增值税或所得税，给予相应的补贴，并提供低息或无息贷款、许诺更长的还贷期间、允许外资介入等融资优惠政策。最后，政府还应该建立完善的责任认定机制，一旦发生安全事故，尽快锁定相关责任方，保障消费者的切身利益和其他利益相关者的品牌权益，从而形成对冷链相关企业与消费者的激励。

第二，组建多种形式的冷链物流联盟体系，共建基于物联网的冷链系统。由于生鲜农产品农田到餐桌的冷链物流全过程较长，且我国农产品冷链物流发展刚刚起步，农产品物流主体的组织化程度低，物联网技术的应用需要冷链企业的高额投入，生鲜农产品冷链物联网的建设难以依靠一家或几家企业。因此，加强生鲜农产品冷链物流领域的战略合作，科学构建生鲜农产品冷链物联网供应链体系成为必然。农户或农民合作组织可以联合中小型物流企业共同组建冷链物流合作联盟，实现生鲜农产品在周边区域范围内的配送及其在产地批发市场或物流中心的集聚。产地批发市场或物流中心可以与大型第三方物流企业合作，联合销地批发市场或物流中心等下游企业结成战略合作伙伴关系，建立生鲜农产品长途冷链物流联盟，实现生鲜农产品在全国范围内的跨区域冷链运输。销地批发市场或物流中心全面整合区域范围内的中小型物流企业、大型连锁超市、社区店等，共同解决生鲜农产品冷链物流配送的"最后一公里"问题。冷链物流联盟内的企业完全按照国家统一的生鲜农产品冷链物联网建设标准进行企业再造，龙头企业牵头共建统一的监控中心及配套的信息采集系统、仓储管理系统、运输调度系统、监控与预警系统、企业冷链安全追溯系统，政府主导建设政府监控与追溯系统及物联网信息公共平台，联盟内企业自行配备设备接入冷链物联网体系，实现成本分摊、收益共享，在一定程度上解决冷链中断问题。

第三，分阶段、分步骤逐步推进冷链相关企业的物联网化改造。冷链物流各个主体应用物联网也不可能一蹴而就。不同生鲜农产品的耐腐性不同，对冷链物流的需求强度也不同，不同地区消费者可接受的价格水平也不同，所以面对冷链建设大规模的固定资产投资，尤其是物联网技术应用的高额成本，冷链相关企业不可能实行大推动的模式，一次性全面推进物联网化改造，而应采取分阶段、分步骤逐步推进的方式。首先，科学地筛选出具备冷链物联网应用可行性的生鲜农产品类型，并依据易腐性、价值、消费者可接受的价格水平等因素确定不同生鲜农产品冷链物联网应用的优先级顺序，如冷链相关企业可尝试在部分重点地区或大城市，在高品质的肉类、水产品及高档进口易腐性水果等高端生鲜农产品中开展冷链物联网的先行试点。其次，冷链相关企业应强调从生产环节开始，经过集中、批发、分散到零售等整个物流环节都配以完善的冷链运输、仓储和交易设施，并运用物联网技术实现数据的共享和传输，从而确保冷链过程的完整性。最后，冷链相关企业可以联合高校和科研院所的力量，开展体系建设成本与效率的研究，对不同类型生鲜农产品冷链物联网采用前后，农产品损耗率、物流费用、相关企业收益变化情况进行调研分析，以确保物联网采纳确实有效。当发现改造目标没有达到时，要及时总结原因，纠正偏差。当冷链物联网运行绩效良好时，可以考虑拓展企业经营的生鲜农产品类别或扩大区域范围。

第四，引导消费者需求，实现需求拉动与供给推动并举。冷链物联网建设既需要大量的初始投资，也面临着高昂的运营成本，倒逼经其配送的生鲜农产品不得不采用高价格。如果消费者对于产品不认可，也不愿为其额外成本买单，则很难建立起基于物联网的生鲜农产品冷链物流体系，即使通过强力的供给推动能够一时建立，长期后也会因为无人问津而难以维持。因此，引导消费者需求，确保经由冷链物联网配送的生鲜农产品能够得到应有的市场回报，实现需求拉动与供给推动并举成为必然。首先，整合电视频道、报刊专栏、官方微博、微信公众号、广播专栏等多种媒介，宣传冷链物联网相关知识及食品安全常识，定期发布生鲜农产品质量安全事件、质量安全问题对消费者身体造成的危害和防治知识等，引导消费者主动了解生鲜农产品的质量特征及冷链物联网的优势，理性看待冷链物联网配送产生的高价格，提高消费者的认可度。其次，作为消费者自身，应该为自己及家人的健康考虑，培养食品安全意识，主动选用经由冷链物联网配送的生鲜农产品，并自觉充当宣传员，让基于物联网的生鲜农产品冷链物流体系造福更多的民众。

五、农产品物流模式优化

构筑高效的农产品物流模式，其目的是为提高农产品流通效率、减少农产品损失、缩短物流时间、降低库存水平、扩大物流半径。为此，本研究提出以下建议。

第一，构建基于供应链的准时农产品物流运行模式。准时农产品物流是以终端消费者对农产品的需求为起点，拉动零售商供货，并依次传递到批发商甚至农户或农业企业生产的一种与现行农产品流通路径相反的运作管理系统。这样，不仅有利于满足消费者的需求，提高客服水平，而且还可以通过上述过程的标准化管理，大大降低农产品库存水平和库存成本，从而实现在必需的时间内以必要的品种、数量和质量，运送到客户手中，以达到缩减时间、减少浪费、降低成本和提高服务质量的目的。

第二，构建电子商务下农产品物流运行模式。一是以物流中心或批发市场主导一体化农产品供应链系统，通过采用先进的电子信息技术辅助农产品交易，通过完善物流体系和构建信息技术平台，使物流中心（批发市场）成为联结生产、加工、零售的核心环节，进行农产品物流运作。二是通过大型商业连锁企业建立农产品配送中心，从供应链上游（批发市场）向上进行信息整合，实现农产品大宗交易跨地区调配，以快速满足消费者需求。三是大力发展农产品电子期货交易市场。农民及农产品经销商通过期货交易，套期保值，从而规避经营风险。此外，期货交易还能帮助农民做到将产品规格化、标准化，并引导农产品加工业发展，拓展农业产业价值链，从而有效地提升我国农产品的国际竞争力。

第三，创新农产品组织模式，构建新型的流通渠道关系。提高农产品的渠道经营效率，是降低农产品流通成本的重要环节。全国各地方农产品渠道的建设应做到整体布局和科学规划，农产品的渠道关系应转变当前以权利与冲突为重点的关系形式，逐步过渡到关系与联盟并注重效率与效益的业务关系合作方式，不断形成有深度的联盟渠道模式。具体包括合作社（协会）指导下的农户生产联盟、龙头加工企业主导下的农产品企业加工联盟、龙头商业营销企业主导下的流通联盟和中心城市大型卖场主导下的纵向直销联盟。通过以上联盟方式完善农产品流通体系，优化农产品生产布局，减少流通环节，从而减少农产品消耗，节约交易时间，降低农产品物流成本。

第七章
完善政府主导下的多元推进模式

第一节　我国政府主导下的多元推进模式

多式联运系统对地区经济的影响主要表现在可通过溢出效应等作用实现经济聚集，使当地经济实现高水平增长。多式联运系统的这种独特性质，决定了运输体系的改善对整个区域经济产生正向作用，利于产业结构进一步优化，促进当地经济持续增长。

一、多式联运系统对地区经济的影响

多式联运系统由不同运输方式共同构成，是国民经济中的重要基础设施组织。多式联运系统通过互相配合的形式共同构成交通循环系统，给当地经济发展奠定基础，有利于实现资源在不同部门的调动。交通运输发展的水平是一个政府非常关注的要素，更是政府在调控宏观经济时的关键手段，为了保证现代社会经济有序运行，必须正确看待当地的交通运输条件。

（一）多式联运系统对地区经济总量的促进

地区性经济理论认为，第一产业和第二产业在促进当地经济发展中

发挥着重要作用，尤其在商品集散及加工产业占领导地位的地区更能发挥作用。这主要是因为这些地区交通网络十分发达，基础设施比较完善。地区经济中心经过长时间的自我完善，已经初步形成了一定规模，整个地区发展成一个完善的商品流通整体。因此，多式联运系统有利于在当地形成辐射范围广、高效方便的运输流通网络，促进当地经济协同性总体式发展。

1. 多式联运系统对区域经济总量的直接促进作用

加大对交通运输基础设施投资，提高交通运输量，有利于实现当地经济发展，主要表现为建设多式联运基础设施的同时，进一步优化了当地交通条件，缓解了当地的交通运输压力，可以降低运输成本，给当地政府带来更多收益，有利于提高产品进入市场的竞争力，最终让整个地区经济总量不断提高。

2. 多式联运系统对地区经济总量的间接促进作用

多式联运系统对地区经济总量起到的作用主要体现在有助于促进交通基础设施建设连锁性效果、不同产业关联效果的发挥。随着交通基础设施日益趋于发达，加深了人们对各类生产要素的需求。政府加大对交通基础设施的投资，能够促进商品、人员等要素的有效流通，让新的生产要素进入生产要素匮乏地区，带动当地经济发展，促进产业升级和产业重组。先进生产要素的融入有利于拉动相关行业发展，促进当地经济增长，对当地经济的发展有极大的正导向作用。如新知识、新技术往往诞生于空间中的一个小点，但是可以通过交通运输，将这种新知识运输到其他地区，供当地技术专家们研究，让当地技术专家们学习这种新知识及其蕴含的新技术，并在当地进行推广。多式联运系统的推行有利于提高知识与技术的传播速度，形成经济外溢效应。这将非常有利于实现产业的重新布局，最终让高品质交通基础设施发展日益完善。

（二）多式联运系统对市场和结构的优化

随着市场趋于一体化，多式联运系统的作用越来越明显。综合交通运输网络的存在有利于打破不同地区之间物质交流、资源交流的限制，也有利于实现不同地区的优劣势互补，从而使资源重新整合，实现不同地区协调发展。一个地区的多式联运系统越发达，说明这个地区和其他地区的交流能力越强。如果某个地区因为技术进步，产品单位边际效用发生改变，将导致市场吞噬现象发生。这类现象的发生造成周边地区的行业技术水平大幅改变，低经济技术水平的市场将逐渐萎缩，整个产业趋向于更高层次。但是，若当地的交通体系落后，将使市场吞噬现象无法发挥应有的作用，最终导致统一的市场格局无法形成。多式联运系统的存在有利于提高区域和区域之间的物质流通，也有利于降低交通成本，最终让当地经济趋于一体化。

地区产业结构优化是指使一个地区的第一产业、第二产业和第三产业处于最佳比例，并且让这些产业向更高产业水平发展。随着市场格局逐渐趋于稳定，会产生优胜劣汰机制，一些产业的融合推动市场一体化、产业规模化的实现。同时有利于产业结构发生大幅调整，并且趋于合理结构，为当地居民提高生活水平带来更多好处。

（三）多式联运系统对地区经济生产力的影响

随着交通工具质量提升，对当地生产力产生了积极影响，生产某种商品需要的社会必要劳动时间降低，不同地区的贸易来往增加，因此运输系统的发展有利于改善整个生产力的空间布局。

多式联运系统的逐渐完善是为了促进不同物质在不同空间内发生位移，从而实现经济要素在空间布局上的合理性，保证经济活动能稳定运行。本质上是让多种经济要素在不同空间区域内重新分配，让缺乏某种生产要素的地域获得补充的过程，在这个过程中，交通运输系统尤其是多式联运的完善发挥了关键性作用。

生产力布局具有多个层次，是一个多维系统。多式联运系统对一个地区的影响力主要体现在对当地的产业布局重新优化，对当地的城镇布局重新调整等方面。因为市场上出现了各式各样的交通运输方式，这些交通运输方式的出现，改变了当地的运输条件，也有效增加了当地农产品的生产能力和当地居民的消费能力。一般来说，生产地和消费地之间存在地理距离，有了交通工具，地理距离的长度能够在空间上缩短。如果某种生产要素投放到其他地区能获得更高经济效益，将驱使人们把生产要素运送到指定地区，以期获取更高收入，从而形成新的区域产业格局。多式联运系统势必在这种环境中发挥出关键作用，它的存在有利于改变当地的空间形态。

二、多式联运系统对地区经济的作用机制

多式联运系统对当地的影响之所以如此剧烈，主要是因为交通运输方式自身特点所导致的。不同的交通运输方式具有不同的特点，都有各自的适应范围。不同交通运输方式对当地经济影响的差异各不相同，导致这些交通运输方式综合起来对当地经济演化产生了影响。多式联运系统有利于实现资源配置，让当地的资源更加优化，让经济发展不再受到行政区域限制，并且可以收集社会环境中需要的资源，让多式联运系统获得更广阔的发展空间。本书认为，从多式联运系统的视角看，地区经济演化的最本质原因是这类系统能够通过各种运输模式，有效连接其他组织，产生出一种张力，改变并影响当地的空间格局，最终对当地区域经济产生影响。

由前述可知，多式联运系统由多种运输方式构成，可以影响当地经济发展。因此，多式联运系统与区域经济之间是互为因果的关系。系统动力学能够很好地体现出多式联运系统的影响因素，多式联运系统受到多种外界环境影响，这些影响因素主要为几个变量：一是主要状态变量，当地人口数量、需要运送的货物数量、当地的经济发达程度、交通基础设施建设程度、当地居民的消费能力等。二是主要速率变量，当地年均就业人数增加数目、当地运输资源和经济增长情况、生产总值变化情况、交通消费水平变化情况、人口数量变化情况等。三是辅助变量，当地运

输资源是否匮乏、客货运输的需求和供给是否相适应。多式联运系统对区域经济造成的影响体现在很多领域，这些变化组成为多条传导变量，不同的变量均对地区经济产生影响。对多式联运系统的要素分析表明，这类系统大部分由基本要素和延伸要素两个要素构成。基本要素对当地的经济影响最为显著，如当地交通建设情况、当地的交通运输效率等，下面分别对这几个因素对当地经济的作用机制进行分析。

（一）基础设施投资的作用机制

一个地区的交通基础设施建设水平，直接影响当地居民的生活质量。交通基础设施建设水平包括公路建设水平、铁路建设水平、航运建设水平等，是保证多式联运系统中各种运输方式正常运行所需要的基础性条件和设备。所谓交通基础设施，是指当地的交通道路和各个服务区建设水平，不包含运输车辆和运输货物。

1. 交通基础设施投资对地区经济宏观层面的作用

一般来说，一个地区的交通基础设施越发达，对经济发展的促进作用也就越明显，但交通基础设施建设往往不会直接影响到当地经济，而是间接影响当地的经济发展水平。不同地区的交通基础设施发展水平具有差异性，世界银行对此表示，一般而言，一个地区的运输业增加值在整个经济环境中占到 GDP 的 3% ~ 5%。学者们对交通基础设施和经济发达程度之间的关系建立了诸多数学模型，结果表明一个地区的交通基础设施与当地的经济增长有很大关系，而交通基础设施产出弹性水平一般维持在 0.02 ~ 0.9。

通过比较不同地区的经济发展水平差异，可以看出，交通基础设施发达程度对中等发达地区影响最大，如果加大对中等发达地区的交通基础设施投入，将有利于获得更多回报。目前我国经济正处于高速发展阶段，增加对交通基础设施的投入，将有利于我国获得更高回报、改变当前我国的区域经济格局。不过，由于这些区域的经济增长速度彼此存在出入，得到的回报率不同，产生的效果也略有不同。

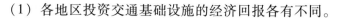

（1）各地区投资交通基础设施的经济回报各有不同。

投资交通基础设施得到的回报会因地区发展水平的不同而略有不同，主要是因为在不同的地区中，交通基础设施起到的作用不同，得到的回报也有很大差距，与人均的联系也很大。

（2）建设交通基础设施，有利于提高经济发展速度。

随着交通基础设施的不断完善，不仅有利于改善当地交通环境，而且还有利于降低在交通成本上的花费，提高整体的经济发展速度。发达的交通设施有利于提高当地运输效率，让商品从一个地点运输到另一个地点的速度加快，拉近地区和地区之间的距离，从而扩大贸易规模。

（3）推动城镇化发展步伐，实现城市和农村协调发展。

交通是城市的生命线，完善的交通基础设施有利于改善当地的交通条件，促进地区和地区之间的交流，带动城市的辐射效应，缩小城市和乡村差距。可以将农村生产的农产品快速运输到城市中，让农产品能快速销售给城市消费者。同时，也有利于农村劳动力进入城市工作，实现城乡一体化，完善的交通设施还有利于各个生产要素在不同的空间区域内达到平衡。

2. 交通基础设施投资对地区经济微观层面的作用

交通基础设施具有网络性。增加对交通基础设施的投入，会影响各个交通节点的联系，也会影响不同地区的资本、劳动等的流动。交通基础设施可以发挥对当地经济的微观调控作用，带动当地经济发展。当前我国对交通基础设施的投资大多是国有投资，投资不均衡一定程度上影响了交通基础设施的发展内驱力，影响了交通基础设施走向多元化。投资者的博弈行为会影响地区经济在微观层面上的不断演化。如果国家对交通基础设施的投资环境敞开更大空间，将有利于多种经济成分在市场中公平竞争，有利于限制投资者对某种产品的盲目投资，降低对资本的浪费。交通基础设施的不断完善，会推动地区经济向最佳效率前进，最终达到帕累托最优。

随着交通基础设施的日益完善，政府对交通基础设施的影响力较大，企业多种经济活动也影响到交通运输成本的变动，从而形成有序的关联机制，而区位交通可达性直接影响转接活动。

（二）运输可达性的作用机制

可达性是处于交通网络中的不同节点发生相互作用的概率。在多式联运理论中，可达性的概念已经得到了多数学者的认可。但是，因为可达性的概念十分抽象，导致不同学者对这一概念存在不同看法。本书认为，可达性是指当地的公路、铁路等运输模式满足当地经济发展需要的程度，或者是当地交通运输条件满足个体需要的程度。

1. 交通可达性通过影响企业运输成本作用于地区经济

一般来说，两个地区的交通距离越长，进行交通运输所花费的成本代价就越高。对需求方而言，面对不同的交通运输方式，交通可达性的主要区别在于成本差异。因为市场上还存在知识溢出效应，因此企业和企业之间彼此存在吸引力，而因为竞争的存在，导致企业和企业之间不能完全靠拢。企业希望能达到利益最大化，这就促使企业希望能够和与它有密切合作关系的企业聚集在一起，从而产生了重叠市场域，即区域空间聚集。企业的这种聚集效应直接影响企业的运输成本，最终影响整个市场的产业格局。因此，从这个角度看，虽然企业和企业之间的空间距离不会影响整个地区的区域经济格局，但若企业的空间距离都发生变化，必然导致整个地区的区域经济格局发生巨大改变。交通可达性就是通过上述作用影响当地的经济。

2. 交通可达性通过影响产业空间集聚形态作用于地区经济

随着世界渐渐走向全球化，不同生产要素彼此能够高效率完成配置。因此一个地区的交通可达性直接影响当地的区域关系，影响当地产业的关联程度，影响当地的产业竞争关系。区域的经济发展要依托当地交通运输体系的发达程度，而多式联运系统是否发达影响着当地的交通可达性。如果当地的多式联运系统发达，势必能够帮助企业克服生产发展过程中遇到的困难，进一步优化产业空间布局。

第一，交通可达性拉动实物资源和人力资源的空间集聚。随着经济的快速发展，交通可达性可以用于评估当地的交通网络质量，对优化区域经济发展，改变当地的经济发展格局起到关键效果。一个地区拥有便利的交通，能够帮助当地吸引更多实物资源。例如，有利于该地区获取原材料，或将该地区的农产品运输到其他地区。发达的交通也有利于吸引投资者来到该地区投资，提高当地的经济发展速度。便利的交通还有利于吸引人才前往该地区扎根落户，为当地的经济发展贡献力量。如果一个地区的公共交通覆盖率增长，当地的居住人口也会相应增长。

第二，交通可达性有利于改变当地经济格局。一个地区的地理位置很大程度上决定了该地区的发展机会，随着交通运输业的不断发展，可以通过优化一个地区的可达性，让当地的经济区位得到进一步优化。整体来说，交通可达性越好，其经济优势就越明显，经济发展潜力也就越高。优越的地理位置优势，往往能转变为交通优势，因此交通优势好的地区能够凭借这一要素发展起来。

第三，提高交通可达性，有利于降低运输成本。基础设施的不断完善，能够改善交通条件，有利于提高交通可达性，还有利于生产要素快速到达指定区域。理想的交通环境能让产品的市场范围得到进一步扩展，将产品销售到更广泛区域。区域经济优势的不断提高，有利于提高不同区域的产业分工，使各个区域的支柱产业得到进一步强化，产业链的辐射范围进一步加大。与此同时，会额外催生出其他与交通有关的产业，如物流产业等，让当地的产业布局趋于合理。

3. 交通可达性通过推动产业要素扩散作用于地区经济

第一，影响交通廊道，实现产业结构调整。交通廊道的逐渐成熟，有利于该地区产生集聚效应，让当地的影响力不断增加。当区域经济发展到一定规模之后，会影响到邻近地区，使当地的交通线路变得更发达，围绕沿交通廊道形成特殊的经济带。随着交通可达性的不断加强，交通廊道起到的辐射作用也变得越来越明显。但是，这种辐射作用不是无限增强的，随着距离扩大，影响力会逐渐降低。只要在交通廊道的辐射范围覆盖下，交通可达性都会对当地的产业格局产生影响，让其产业的现代化水平得到大幅度提高。第二，交通可达性还会影响产业要素分布合理性，有利于让当地交通网络变得更密集，实现城市和城市、地区和地区的有效对接，让当地的交通环境变得越来越理想。随着生产要素不断向城市中涌入，当地的竞争优势变得越来越明显，最终形成完善的空间格局。

4. 交通可达性通过的城市空间格局演变作用于地区经济

第一，交通可达性将让城市空间格局成为点轴形态。随着城市空间格局不断完善，当地的产业地域分布情况也在不断发生变化。这个过程中起主要作用的依然是交通可达性，通过影响不同组成要素在空间上的布局分布，最终影响交通可达性。对于城市格局来说，企业为节点，交通线路为连接各个节点的轴，通过各个节点和轴的绘制，表现在地图中就构成了整个城市的空间格局。城市发展依赖于交通，交通发展又形成了城市。随着交通的不断发展，人力流、物流等有效连通起来，在城市中发挥着重要作用。有了这些生产要素的流动，就需要与之匹配的交通相适应。随着城市的不断发展，对交通质量和交通安全提出了更高要求，需要能够以更低廉的成本完成交通运输。随着城市规模不断扩张，运输线路在地域范围内不断往前演进。可以说，城市发展和交通可达性之间具有很深的联系，城市发展使交通可达性得到了提高，而交通可达性的发展也使城市规模不断扩张，城市人口数量越来越多，大量生产资源聚集在了城市。这样反反复复，最终构成建立在交通走廊基础上的经济发展轴，即城市点轴格局。

第二，城市发展需要依靠交通可达性提供动力。在促进城市发展的诸多要素中，交通可达性占据了重要比例。随着经济水平进一步提升，资源不仅为国内企业所用，更为国际企业所用，资源在不同城市有序流动，降低了城市发展的制约作用。交通可达性决定着资源流动速度，影响着城市发展速度，更影响着城市和城市的联系。

通过对城市发展的轨迹分析可以看出，交通枢纽旁最易产生城市。

很多古代城市都起源于河流沿岸，原因是这些河流沿岸的城市往往意味着水路交通发达，能够实现货物的快速运转。而现代社会中，铁路运输取代水路运输成为运输方式的主流，是否居住在铁路运输枢纽附近，成为当地能否成为城市的重要要素，依靠水路运输发展起来的城市渐渐衰落。城市发展需要资源，部分产业对资源的需求较大，使公路运输和铁路运输快速崛起。从运输网络看，公路运输、铁路运输、水路运输等共同组成了多式联运系统，通过这种合作式的交通运输方式运输原材料和产品有利于降低运输成本，也有利于提高商品从发货人手中到收货人手中的运输效率。因此，交通可达性在区域经济一体化和区域空间格局的演化过程中起到重要的引导作用，一个地区的交通可达程度影响了当地的辐射效应。

（三）运输效率的作用机制

效率被认为是有效输出量与输入量的比率。这一概念不仅应用在物理学领域，还被应用在经济学领域，一个人在单位时间内做的工作越多，效率产出就越高。效率体现的是商品投入和商品产出之比，但是对于交通运输领域来说，运输效率体现的是对一个地区交通资源的投入和交通资源的产出之比。

第一，运输效率体现了当地交通资源分布是否合理。交通运输资源分配是否合理直接影响当地的经济发展速度，运输资源在不同部门的分配状态，是多式联运效率能否提升的关键。对于某个地区来说，如果当地拥有很多运输资源，那么投资资金用来建设当地的交通设施，将获得更多产出，当地的交通运输效率将得到提高。但是现实情况显示，作为一个地区的交通运输业投入的资金往往由国家决定，对该地区的运输资源投入越多，并不意味着产出越多，因为当投入的资源达到一定限度的时候，将无法获得与之相匹配的产出。

第二，运输效率还体现了运输资源在某个区域的分布情况。一般来说，多式联运系统效率取决于学术资源的分配情况和运输体系对资源的利用情况两个因素。一个地区的组织管理能力、交通管理能力等，都会影响当地企业的交通资源利用能力。若是投资的总资源一致，管理水平不同，得到的产出也有差异。

1. 运输效率影响地区产业空间布局

在地区经济中各种产业及其内部各部门在区域内的分布及组合情况，就是该地区产业空间布局情况，是对各种产业空间布局、结构与产业间量的一种比例分布的展现。在地区产业空间布局方面，运输效率有着不容忽视的作用，直接影响具体的地区产业分布状况。运输费用的差异会给产业空间布局带来直接影响。一般而言，不同产业产品的差异，运输费用会有一定的区别。交通运输会对运输费用较高的产品产生较大影响。例如，在港口及铁路交通枢纽周边，往往是重型原材料工业，因为其运输更加便利一些。而一些新兴工业所需要的产品，由于其相对较轻、小、短等特点，所以可以使用航空运输，从而形成了临空型的新型工业区。即运输方式的具体运输效率会直接影响产业布局。

制造业在发展过程中往往需要很多的原料及燃料等，都具有较高的运输费用要求，所以在产业空间布局方面会对运输给予较多关注，尤其是钢铁、建材等。而对一些新兴的高新技术产业布局产生影响的因素不能单纯地考虑运输费用，而是应当对运输速度、安全等给予关注。不仅要对原材料及产品的运输给予关注，同时还应对相关信息的交流及传递给予重视。所以，即使高新技术产品在运输方面费用并不是很高，但由于其对运输的要求更高，所以通常会选择在高速公路沿线、国际机场等周边地区建设发展。由于运输方式的效率差异，使各个地区对不同产业的吸引力有较大的差异，导致地区产业空间布局的变动。

2. 产业结构升级离不开运输效率的支撑

产业结构从低级向高级形态的转变过程，就是其结构升级的过程。进行产业结构升级的关键是要促使各产业之间的比例关系更加合理，以此为根基探索产业未来的发展方向，使其可以向着更高层次进行转变，变得更加规范、高效、合理。产业结构升级在吸引外来投资方面所表现出来的规律如下：第一，非制造业投资占比较多；第二，制造业投资比重增加较快；第三，服务业投资有所增多。对区域外来直接投资产业结构而言，运输效率也有着直接影响。运输体系还在初级发展的状态时，运输效率较低、成本较高，只能吸引一些技术含量低且有较大污染的制造工业。但在运输发展及改进的过程中，运输效率提升、运输服务质量更高，运输变得更加便利，可以进一步促进生产力提升及产品流动，进而促进产业之间的资源配置，使产业结构得到进一步的优化。这是因为，一方面，将过去由于距离问题无法合作的企业连接起来，使供应链合作伙伴选择范围进一步拓宽，不但带来聚集效应，规模经济的效果也很突出；另一方面，促使运输变得更加安全、快速，这使深度加工业及服务业对运输的要求得到满足，从而进一步促使区域产业结构升级。

3. 运输效率影响地区经济

地区经济要素在一个范围内的相对区位关系及分布形式，实际上就是地区经济。这是在经济长期发展的过程中，人类经济活动及区位选择所导致的。在经济空间格局的变动中，交通运输有着不容忽视的作用，其具体作用表现为阶段性的特征。不同发展时期的地区经济形式有很大差异。处于早期阶段，区域空间中港口、铁路等枢纽因为交通比较便利，吸引了很多经济活动，构成了区域经济发展增长极。而发展到初级阶段，交通运输自身就是沿线上各类经济活动的关键联系，各种经济要素在交通线的周边进行扩散，形成以交通主干线为支撑，将人口、产业、物流等相结合的线状空间，即形成了交通经济带。而在交通及经济持续进步与发展的过程中，地域空间格局也会发生改变，这是由于对运输提出了新要求，地域经济水平进一步提升导致的。在这种情况下，会形成一个层次清晰、彼此作用的区域，其运输效率是随着运输发展水平而提升的。从规模经济及集聚经济中将得到更多的收益，以促使其在市场中有更强的竞争力。交通运输与其他产业之间表现出一种联系与成熟效应，这使其分布集聚受到进一步影响，有关的企业在本地区落户及发展，进而增加本地的人口数量，促使行业的发展速度提升。这样的效应持续下去会使整个区域经济得到更好的发展。

就当前国内地区分布在运输效率影响下的分布情况看，不管是旅客运输还是货物运输都存在严重不均衡的问题。中东部地区是客货运总量较大的地区，而西部地区，如宁夏、内蒙古、西藏等地运输发展较为落后。说明运输效率与地区经济发展之间有着密不可分的联系，运输量越大，运输的效率越高，能够给经济发展带来较大的推动作用，以促使经济发展的整体水平进一步提升。整体来说，地区内交通运输发展较好、基础设施完善、运输效率高，会使其周边经济发展得到进一步的推动，可以促使周边区域市场的联系更加紧密。同时人、物和资金等会在交通运输的影响下逐步向周边地区进一步扩散，使城镇的发展进入一个崭新的阶段，进一步促使城市化进程的推进。经济发展的各要素会逐步向着交通干线地区聚集，并形成以交通干线为核心的经济集聚带。

第二节　打造数字化农业的硬环境

在系统演变及发展中，动力与机制都是必不可少的一部分。事物发展离不开动力的支撑，同时，在系统内部要素及组织部分进行联系及作用的重点是机制，实际上是促进、维持及制约系统运行的工作方式。在诸多经济系统中，多式联运十分典型，在地区经济塑造方面，这种系统是诸多动力共同作用的结果，所以在对多式联运系统对地区经济塑造的动力机制探究中，需要从对动力渠道的分析开始。

一、多式联运系统对地区经济塑造的动力渠道

多式联运系统对地区经济塑造的动力主要表现为可促使多式联运系统中的要素流动自如，并通过各种运输方式与各节点之间的有机联结构成空间布局。由于具体空间尺度方面的差异，多式联运系统对地区经济

塑造主要是通过区内渠道与区际渠道展开。前者包括环城网络、区内双核式及区内网络式三种渠道，后者分别为区际双核式和区际网络式两种渠道。

（一）区内渠道

1. 环城网络渠道

环城网络渠道是以区域内核心城市为核心展开，与市区、近远郊和周边市县等构成环城网络渠道，对城市特别是城市核心地区与周边地区的交通运输提供了巨大便利，对路过境内的交通也有一定的促进及缓解。如绕城高速公路，实际上就是环城网络渠道，通过与城市中的运输线路联系在一起，构成了一种圈层结构。

2. 区内双核城市渠道

区内双核城市渠道将区内两个中心城市作为节点，形成一个由两种或多种运输方式为主的运输主干线，这个线路并非单纯串联而成的，还通过并联等形成一种全面的网络模式，使交通运输变得更加方便、高效。具体针对区域及核心城市之间的交通运输，此种渠道能够促使区域内重要城市之间变成经济发展走廊，使渠道内大小城市之间的联系更加紧密，进而使城市体系模式逐步向着"哑铃"型转变。由于不同运输方式路径及其节点连接都有一定的差异，因此多式联运系统对区域内双核式城市的动力作用也表现为多种不同形式。

3. 区内网络式渠道

区内网络式渠道是指在区域经济发展的影响下，本区域的核心城市不断增多，各种运输方式及路线促使不同核心城市之间的联系更加紧密，并构成区域网络式多式联运系统。各种要素沿多式联运系统流动，从而形成区内网络式动力作用渠道。

（二）区际渠道

区际渠道是建立在不同区域大城市之间的通道，重点是通过各种运输方式将两个区域联系在一起，属于大型作用通道。这种渠道使城市区联系在一起，也使其沿线多个大城市联系在一起。在多式联运网络中是主体架构的关键构成，使区际间、社会经济联系等都更加紧密，满足其在运输方面的需求，在国家经济整体发展中发挥着不容小觑的作用。由于运输方式、路径或路径及节点之间的连接方法有所差异，还可分为区际双核式渠道和区际网络式渠道两种。

1. 区际双核式渠道

区际双核式渠道是在两个经济区域的城市之间形成的，在运输方式、连接方法等方面都有所不同，进而产生动力作用。具体包括区际双核串联式渠道、区际双核并联式渠道和区际双核混联式渠道。

2. 区际网络式渠道

受到多式联运体系的构建，地区经济的发展进入一个崭新阶段，地区城市开始向城市群的方向发展。受到运输体系的影响，促使区际核心城市彼此之间的联系更加紧密，不同运输方式在区域内相互融合并建立了区域多式联运系统。同时，在区际方面实现了运输方式彼此互补。在这种情况下，地区内的动力作用渠道成为区际大渠道的子渠道，以此为根基促使区际网络式渠道的形成。

在城市化进程推进的影响下，城市和周边的关系越发紧密，原来的网格状在动力作用渠道的影响下变得突出，城市发展进入城市群的发展模式。这种发展模式使城市之间的通道向着立体化方向转变，作用渠道也开始向立体方向变动。

二、多式联运系统对地区经济塑造的动力机制

多式联运系统对地区经济塑造的动力机制可以分为动力生成机制和动力传导机制两个阶段。

（一）多式联运系统对地区经济的动力生成机制

多式联运系统对地区经济塑造的动力生成机制分为动力的外部生成

机制和动力的内部生成机制两部分。

1. 动力的外部生成机制

多式联运系统内各种运输方式的技术发展变化情况，影响着一体化技术基础外部生成机制。从整体看，随着技术的不断提高，多式联运系统内部不同运输方式间、各运输方式内的协调和整合更容易实现，推动了多式联运系统发展。

2. 动力的内部生成机制

第一，多式联运系统协调发展，多式联运系统的协调发展主要表现形式为系统内外部的协调性发展，如投入—产出关系的协调等。据此，多式联运系统的协调发展表现为多式联运系统内部各个子系统、子系统的各个要素互相扶持、互相促进、最终完成多式联运系统的有序性转变。要达到这种局面，必须实现多式联运系统内部协调发展。第二，多式联运系统结构优化，随着交通系统结构日益趋于优化，需要改变原来不合理的交通运输结构，让系统的各个要素相协调。多式联运系统内部各结构要素的相互作用在不同阶段存在差异，促使系统内部的组合排序趋于优化。对多式联运系统进行优化，还体现在对系统结构演变的优化，让系统能够从低水平转向高水平，实现优化发展。

（二）多式联运系统对地区经济的动力传导机制

多式联运系统对地区经济塑造的动力传导机制体现在紧密连接的两个动力传导过程中，提高区域可达性有利于促进各个要素的流动。

1. 区域可达性对要素空间流动的动力传导机制

区域可达性对要素空间流动的动力传导机制通过两种机制产生作用：一是时空收缩机制，随着多式联运系统的完善，能够促进生产要素流动，让铁路、公路等用最快的速度有效连接起来，原本地理位置相距较远的城市分割格局被打破，在道路附近设立城市的概率大大增加，因而区域可达性造成的时空收缩机制有利于各种生产要素的快速流动。二是空间叠加机制，在多式联运系统中，交通运输系统属于基础设施，对交通基础设施进行改善会带来成倍效果。网络系统越发达，各个交通线路也就越紧密，越容易让当前封闭的经济格局变得开放，增强空间叠加效应，最大限度发挥城市的地理位置优势。

2. 要素空间运动的动力传导机制

要素空间运动的动力传导机制体现为两方面：一是要素集聚效应的强大吸引力，一个地区的区域可达性越好，说明当地的交通基础条件越强，越容易源源不断地吸引生产要素聚集起来，发挥城市的聚集效应。随着聚集效应增长，各种生产要素被带动到该区域中，成为促进当地经济发展的直接动力。二是要素空间运动有利于推动地区经济廊道诞生，随着要素空间不断聚集，有利于促进交通走廊的形成，提高不同区域的联系，给核心和外围区域的互动创造了条件，最终有利于形成地区经济走廊。

综上所述，多式联运系统对地区经济塑造的动力机制由多种因素组成，可以将其分为动力生成机制和动力传导机制两个阶段。前者主要来源于交通系统内部，后者作用于交通系统的外部。随着技术的发展，动力机制对当地经济的带动作用越强。多式联运系统的发展，使当地的区域可达性更高，更有利于当地变成交通经济纽带，从而产生对地区经济的塑造作用。

三、多式联运系统通道对地区经济结构的塑造

运输通道性质上属于随着交通设施不断发展所构成的交通通道，对当地经济发展起到聚集作用和扩展扩散作用，其对地区经济的塑造作用主要表现为在交通通道沿线最终形成交通经济带，逐渐改善当地经济。在多式联运系统的各主要运输方式中，最重要的运输方式是高速公路和高速铁路，而国家也非常重视扶持这两种运输方式的发展，以下内容以这两种运输方式为例展开分析。

（一）高速公路对地区经济的塑造

多式联运系统内部不同组成部分互相补充，互相协调，最终构成完善的多式联运系统。系统内部各个生产要素互相补充，最终成为区域和区域之间的联系手段，成为社会劳动地域分工的杠杆。交通运输在区域中的作用非常关键，与当地经济联系密切。在进行地区经济扩张的时候，交通因素是首要考虑的因素。

1. 高速公路影响地区经济的梯度转移

第一，高速公路的出现带动了经济发展梯度。在高速公路周围，经济最发达的地区和经济最不发达的地区之间存在若干个层次。整体来看，与高速公路距离较近的地区，经济变化和经济格局变化越明显，随着与高速公路的距离变远，影响逐渐变弱。

第二，高速公路的出现实现了地区经济梯度转移。持有地区经济梯度转移理念的学者认为，各个地区的主导产业部门不同，梯度转移主要由生产力布局等因素决定。正处于蓬勃发展的创新阶段地区与处于衰退区的产业结构中间存在地区经济梯度。高速公路的出现有利于区域内产业部门布局发生梯度转移，使经济活动逐渐转移到低梯度地区，这一过程的动力来源于地区城市系统。

自从多式联运系统出现，改变了当地的运输条件，当地的资源也产生了较大变化。随着高速公路在各个交通节点布局，原来发达的城市发展速度可能逐渐放缓，新的城镇逐渐出现在人们面前。信息、技术、资金涌入这些新城镇，新城镇发展起来并且向周围的乡村扩散，周而复始，最终形成了一定的产业层次。随着时间的不断推移，新兴产业部门渐渐无法满足当前人们对市场的要求，开始向更大范围扩展并且快速发展，产品在第二梯度地区已经发展成熟，开始衰退。而此时，相对落后地区对产品的需求量很大，对于他们来说，这类产品属于朝阳产业，随着高速公路的发展，将推动产品产业结构向经济发展最低梯度的地区完成转移过程。

2. 高速公路促进地区经济的辐射扩散

一个地区的经济发展，主要体现在资本、技术等领域。能够对周围地区起到辐射作用，区域经济发展带来的辐射作用主要体现在中心城市充当的角色为辐射点、高速公路充当的角色为辐射线和周围的交通经济带等充当的角色为辐射面三个方面。

（1）点辐射。

以各大城市为中心，向周围发出辐射效应，这种现象被人们称为点辐射。一般来说，中心城市相对于其他城市较为发展梯度转移理论主张优先发展经济发达地区，然后其生产要素逐渐向较发达地区和欠发达地区转移，最终带动经济的全面繁荣，这些城市对劳动力和资源的需求量较大，而周边地区可能存在大量劳动力，但是经济发展水平较低。周边地区的劳动力可以补充城市对劳动力的需求，并给这些劳动力提供就业机会。点辐射必须通过良好的辐射媒介才能实现，如交通、信息等。就交通而言，多式联运系统与地区经济协同发展要求周边落后地区建立交通体系，从而降低农村资源输出到城市的成本。

（2）线辐射。

围绕铁路干线、公路干线等构成的辐射区域，被形象地称为辐射线。一般而言，处于辐射线周围的城市发展水平比较高，距离辐射线较远的城市发展水平较低。围绕在公路干线、铁路干线附近的城市会向远距离的城市不断传播先进知识、先进文化，最终实现双方优势互补，带动城市和地区发展。

（3）面辐射。

随着高速公路发展，通过点辐射和线辐射增加了当地农村的现代化过程，最终形成了一片经济发展水平相对其他区域较高的区域。改革开放以来，我国建立了很多交通线路，这些交通线路周围形成了大量城市群，如珠江三角洲等。面辐射可以分为两种类型：一种类型为跳跃式辐射，从空间角度看，先进地区和落后地区存在间隔；另一种类型为摊饼式辐射，从空间角度看，先进地区和落后地区之间是连续的。上述两种模式都依赖于高速公路，后者更多靠的是短程高速公路带动发展，前者则与长距离高速公路的关系较为密切。

（二）高速铁路对地区经济的塑造

1. 高速铁路对地区交通可达性的塑造

如果空间距离是一定的，一个地区的交通运输设施越发达，则当地的交通运输效率就越高，可达性也就越高。高速铁路拥有更高速度、更高频率的发车速率，能够实现旅客在短时间内从一个地区转移到另一个地区，因此受到广大群众的欢迎。随着高速铁路的修建，有利于在特定区域内搭建完善的交通要道，大大提高生产要素的流通能力。有利于实现人力资本的快速流动、实现信息、资金等的大范围流动，让生产要素完成合理调配，在不同区域发挥重要功能。

2. 高速铁路与地区产业结构优化

自从我国开通高速铁路，高速铁路的沿线地区聚集了大量生产要素。通过高速铁路的联通，不同区域的交流变得越来越密切，给当地经济带来了重要影响。随着高速铁路的快速发展，当地的科技水平得到提升，确立了第二产业的主体地位。通过高速铁路，不同区域的分工变得越来越紧密，发展水平较低的地区能够与发展水平较发达的地区合作，学习这些地区的先进管理经验，促进产业结构升级。高速铁路的发展有利于带动当地产业结构实现更优化发展。

3. 高速铁路对区域经济增长的拉动效应

高速铁路对当地经济的带动作用还体现在 GDP 指标上。第一，高速铁路能够直接带动当地经济发展，但高速铁路需要较大投资和高端先进技术，而对于高速铁路的投资越大，其对经济的贡献就越大。高速铁路带来的经济效益远远超过高速公路。第二，除了自身带动作用外，高速铁路还具有前向与后向效应。因为自身特点的原因，其波及效应很复杂，覆盖范围也很广泛。修建普通铁路远远无法达到修建高速铁路起到的带动效果。

4. 高速铁路对沿线城市空间相互作用的影响

修建高速铁路能够实现不同城市之间的劳动力转移、人口转移和信息流动。通过这种空间相互作用，有利于加强不同城市的联系，让城市获得更多发展机会，促进这些城市之间生产要素的流动，实现更好发展。修建高速铁路能够缩短人们在不同城市的通行时间，有利于加快人力资源要素流动速度，能够大大提高客货运输能力，让不同城市的生产要素频繁互动，发挥不同城市生产要素的互补性作用，最大限度发挥空间相互作用，实现城市高速发展。

第三节　塑造数字化农业的软环境

一、协调优化发展的指导思想和战略方案

（一）指导原则

改革开放以后，中国的货运业取得了长足发展，对我国经济社会提供了很多帮助，成为地区经济进步的基石。为了使多式联运系统对我国经济的快速发展起到推动作用，避免地区经济的发展受地理位置的限制，我国多式联运系统的发展应以完善交通基础设施、全面提升货运和客运的服务态度和安全保障等作为重点，多方位地加快多式联运系统与区域经济协调优化发展。

多式联运系统的建设发展过程中地区自然区域特点与人数、地区产业空间分布等势必会影响地区运输网络的空间方向更好地分布。认真研究地区客运和货运的流动需要之后，将所有运输方式组成路线的承载力与基础规划情形纳入考虑范围内，确定在多种方式共同运行的系统中各种运送方式的功能，利用信息化的手段，确保多种运输方式系统推动经

济发展。以当地有限资源和能够负担的成本为基础，建设可以及时运送农产品及其他货物、居民能够便利出行、优化城市居民所处的社会环境的多式联运系统。

（二）战略方案

依据多式联运系统的自身特点，将各地区经济发展的现状和各地区形势的变化结合到一起进行分析，提出以下几点对战略方案的意见。

第一，适应地区经济发展需要，扩大多式联运系统规模。交通基础设施的完善程度决定着当地的资源配置，对当地的经济发展和提升地区的竞争力具有重要意义。目前，我国的基础建设虽然得到了大幅提高，但是总体水平依然不高，网络体系并不完善，各地区之间的运输方式所占比例存在较大差距。因此，我国未来的发展依然需要增加基础设施的建设，增加其总体规模，提升其运输能力，建立一个具有强大功能的、能够满足市场需要的、为社会服务的现代化多式联运系统。

第二，优化多式联运网络结构，发挥多式联运系统优势。目前，政府正逐渐增强对各地方交通设备的注资和发展，进行整合优化，以期实现水、陆、空三方为一体的多式联运系统。着手构建各省市之间、各区域之间通道，增强多方联运，特别是铁路和公路的联合运输，形成高效率、省时省力的运输系统。组建大型网络体系、航空航海系统、特殊大件物流系统及对应的服务系统，实现水、陆、空三方的现代化，发挥多式联运系统的集成优势，更好地适应区域经济发展及空间格局演变的需要。

具体而言，我国多式联运系统的完善须以国家各项规划、纲要为基本依据，如《国家中长期铁路规划纲要》等，进一步建设不同的交通运输模式的规模大小和组合方式。在公路领域，以当前的高速公路格局、国道和省道的运输格局为基础，逐渐建立完备的公路系统，提升重要道路的运载水平，使公路线路与关键交通枢纽更好地衔接。进一步建设横竖交通线路和环状道路融合的道路结构。航运方面，以带动辐射区经济水平提高为目标，完善重要港口、水运环节关键枢纽、物流基地，使港口整体竞争力得到提升，服务能力增强。建设主要线路效率高，支线通达，干线支线直通的水上运输系统。铁路方面加大新铁路线的建设，改善现有铁路网络，同时更好地与其他交通方式连接。航空方面改善运载能力分布状况，打造东部与西部连接，南方与北方畅通，区域遍布全国及邻近区域的航空线路，满足日后的地区经济需要，使航空点更好地服务于每个区域。

第三，加强与地区发展的互动优化，重点建设多式联运枢纽。多式联运枢纽是连接各种交通运输的节点，既是为顾客或农产品的运输提供中转和休息的地方，也是提供发货和仓储服务的地方。多式联运枢纽的构建能够增强道路设施的使用比例，是保障各种运输设备之间能够协调统一的前提，是实现一体化的基础。多式联运枢纽的合理布局是优化多式联运系统与区域经济协同发展的重要内容，能够减少地区与地区之间资源配置的不合理性，例如，有的地区部分资源已经饱和，但有的区域资源却很匮乏，可以使地区与地区之间的生产要素和资源相互支援、相互补充。

多式联运交通枢纽的完善与地区经济共同发展的主要方式包括：首先，立足于当地自然条件，基础配套设备的施工必须根据当地的地形地势条件进行。我国西部地势高东部地势低，多种地形交错分布，交通枢纽的建立和完善应当以各地的自然条件为基础，保护各地不同的生态特征。其次，配合整体交通线，全国范围内的交通运输布局是改善交通运输结构的基础，只有以整体结构为基础，才能确保线路整体的最优发展。建设和完善交通枢纽及运输网路需考虑不同的客运、货运量需要，从而保证整个系统的正常运行，提高每个环节的运输水平。再次，根据当地的社会经济水平及未来发展规划进行建设，地区内的经济水平与枢纽的位置不无关系，经济水平高则交通枢纽等级高。经济水平高的城市，如北京，会带动整个周边地区交通枢纽的建设。最后，与周边地区相适应，多种方式运行的交通系统并非独立存在，需要与周边地区相协调。

第四，立足地区交通的供需矛盾，提高多式联运智能化水平。一味地增加设施和服务并不能使运输需求得到满足，也无法使地区的经济发展得到实际的好处，只有提高交通运输的效率、提升服务人员的技术水平、不断更新设备、提升资源整合的能力，才能减少空间及资源对交通运输的限制，实现跨地区运输。随着中国地区经济日益强大，基础设施远不能够满足迅速提升的需求，因此，提升技术创新能力，采用高科技的装备，才可能使多式联运系统发挥出最大功效，增加其效率，满足市场需求，保障系统的安全性。目前，发达国家已经从建设更多的交通基础设施或者是扩大交通规模、建设交通网络的方向转变为建设质量更优的运输系统。体现为以高科技为辅助，提升系统整合能力和智能化水平，这已成为现代多式联运系统的发展方向。铁路运输方式主要是推广电气化铁路和自动化铁路。公路运输主要着力于引进更舒适的客车和能够承载集装箱并快速装运的专业车辆。航空运输主要是智能系统和安全系统的应用。这些提高有利于从单纯的基础设施增长型转变为集约型增长，有利于运输行业的发展。以信息和系统为主，向智能型运输方式发展智慧交通是我国目前交通运输业的发展方向。发展智能化、智慧化的运输系统将会促进我国交通运输业进行资源整合，解决运输对环境造成的影响，目前是现代交通运输工作的重点。

第五，坚持地区可持续发展战略，构建环保节能型多式联运。综合运输的进步一方面促进了经济社会的发展；另一方面却侵占了许多石油化工能源，占用了许多土地资源，甚至在某些方面破坏了生态平衡。多种方式共同运输的系统建设，很大程度上推动了经济社会的进步、提高了人民生活水平，更重要的是，可以充分使用自然资源、保护生态环境，实现可持续的发展。中国是一个人口大国，平均每人拥有的自然资源较少，交通运输业的快速建设并不能与发达国家相提并论。要使交通运输业成为我国经济社会发展的基石，必须坚持科学发展观，注意保护生态环境，同时减少能耗。

从环境保护方面看，交通运输行业是非常消耗能源的，在资源的利用上排在制造业之后。为响应我国低碳经济的号召，应促进能源消耗系统的建立，加大监测力度，加大低碳出行的理念。倡导人们减少不必要的能源消耗，保护环境，鼓励小排量汽车的使用，大力推行新能源汽车。政府应对此给予政策上的优惠，努力实现低排放、低污染、高效率的交通运输方法，构建节约型系统。与此同时，通过调整运输方式及各种运输结构的布局，如地区之间的差异、城乡之间的差异等，提高交通运输能力，降低能源的不必要损耗，缩小城乡差距，整合信息网络，形成良性的可持续发展的局面。

二、多式联运系统与地区经济协同发展对策

（一）建立互动优化与协调发展的市场调控体系

交通运输对地区经济起到基本的扶持作用，同时是地区经济构成的一个主要分子，应该由市场经济把控其发展方向。市场经济通过价格、竞争、供求等方式对所有的资源进行调节控制和分配。市场经济之所以能够调控交通运输，是因为它能够调节交通运输系统的供给与需要、影响费用的高低及各方式线路之间的竞争。市场经济能够协调地区的经济发展的需求和多式联运之间的关系，使两者能够协调发展。同时，它促进了相关主体组织增加科技创新的投入，最终反作用于运输市场，使运输系统高效运转，并且注重服务水平的提高，从而使整个社会的运输费用降低、运输质量提高。

中国的市场经济体系正在逐步建立和完善，对于不同地区进行资源优化起到了非常重要的调控作用。与此相对，我国的交通运输改革并不顺利，对多式联运系统的建设起到了相对负面的影响，影响了运输的效率。具体体现为以下几个方面：首先，运输价格还没有真正实现市场化。铁路和海运的价格受国家管控，由政府统一制定，虽然航空运输是由企业自己定价，但因航空体量过大，民营企业很难有足够的资本进入该行业。航空运输的价格并没有完全体现市场的波动。公路等其他运输方式

的价格也没有实现市场化。其次，交通运输业的金融市场较为封闭。基础设施需要大量的资金进行建设，当前中国的基础设施融资还是以国家融资为主。当国家的资金投入不能支撑其需求时，应当降低行业壁垒，吸引更多的资本进入该行业，施行多元化的融资方式。最后，交通运输业的管理方式依然十分落后，国家的宏观调整手段非常固化。因为长期社会化的经济状态，交通运输业受政府管控。直到今天，交通运输也依然是半垄断的状态。以国有企业为主，受政府监管的交通运输企业，产权责任不明确，缺乏有效率的经营管理模式和机制。多式联运系统要想进行改革，应当首先明确负责人。要想实施市场化经营，须在肯定政府首要地位的同时，降低行业壁垒，开放多元化融资，减少进入门槛，加速改革。按照市场的规律，如供求关系等科学发展方式，不断地增强企业在市场中的竞争力。

（二）深入推进交通运输管理体制改革

在长期的发展中，各种运输机构是由各自相对应的独立的交通部门监管，多种方式共同运行的交通运输难以形成统一的整体，且缺乏政策上的保证。多种运输方式不能够互相促进，导致效率不高、重复建设，阻碍了我国多式联运系统的进一步发展。因此，在我国目前交通运输系统的发展情况下，多式联运系统进一步发展变革应该分两步走。

第一步，在充分了解国内外发展规律的基础上，建立多式联运管理体制，增加基础设施和交通枢纽。与此同时，增加对该系统及其构建的研究，并针对系统进行法律法规的理论体系及政策进行相应研究。政府应当转变发展理念，由大包大揽，转变为监督宏观调控。

第二步，深化多式联运管理体制改革。多式联运系统主要由公路、铁路、水路和空运四种主要方式组成。它们都由政府进行统一管理，说明国家对我国的运输实现了宏观调控和监督。但是，我国并未在各地域之间建立起合理的管理机制，即便有的省份已经有了相关管理部门进行管理，但因没有相关的法律法规，难以进行统筹规划。因而，我国要想深化体制改革，推行多式联运系统还有相当长的路要走。

目前，多式联运系统应当接受国家引领、明确其主体，将各种运输方式进行有机的管理，对资源配置进行整合，形成健康有序的管理体制。

（三）强化地区间多种运输方式的共存互补

多式联运系统是地区和地区之间的沟通桥梁。多式联运系统的成熟与否决定每个地区是否有发达的交通运输业。这不仅影响了地区和地区之间的经济发展，也影响了地区与地区之间未来的空间演变。从多式联运系统本身看，尽管各种运输方式可以相互替换，但并不是所有的运输方式都可以相互替换。且运输方式的替换还可能造成成本增加，有些运输方式并不适用于每个地区等。单一的运输方式并不能满足各个地区的运输需求。仅靠单一的运输方式，会影响地区与地区之间商品的流通，对人们的出行造成困难，降低人们对整个运输行业的评价。因而，采用多种运输方式进行地区之间的沟通是非常有必要的，它们可以弥补不同方式的不足，只有这样才能真正建立起一个社会所需要的现代化、智能化的多式联运系统。

就我国国情来说，应在以下方面进行提高：首先，增强对普通干线的改造。在公路设施方面，应当增加干线的改造，扩宽马路，将断头路与公路网路相连。在水路运输方面，应增加内河河道的疏通和清理，对其进行改造，提升其承载能力。在铁路运输方面，应重点建设一批主干线，主干线应能够承载庞大的运输量，并能够在生活中大量使用。可以建造电气化铁路及多种路线，通过这种方式提升其运载能力和运行速度。在航空运输方面，应对机场进行扩容，并建立完善的设施。其次，应加大主要通道的建设及提高其服务。主要通路的建设由各种运输方式组成，这也是国家和各个区域运输网络的支柱。区际干道方面，重点是四纵四横铁路干线的建设等。就各个城市来讲，重中之重是长江三角洲、珠江三角洲等地区，城市主要通路还需要进行修缮，除此之外还有胶东半岛、长江中游等地区，这些大型和特大型城市的主要通路需要进行不断完善。

这类地区人口众多、产业发达、经济活跃，不同的地区内部与内部之间、内部与外部之间人员的流动和货物的流通上体量非常庞大。对于交通运输业的要求也非常高，为了满足它们的需求，应首先对其进行多式联运系统的改造，只有这样才能为地方的经济带来更多的帮助，为经济的快速发展提供有力的保障，进而促进各个产业的协同发展。

（四）加强多式联运系统的法规制度建设

多式联运系统的几种不同运输方式涉及不同的机构、企业和管理部门。要想进行合理的分工，高效率、高质量地实现运输任务，促进当地经济的发展，需要有合理的法律法规作为基础。构建和完善多式联运系统的法律制度有利于经济的发展，是各个运输企业和相关管理部门能够和谐相处的保障。构建和完善信用保障制度及相关的合作方式是实现运输服务一体化的基础。运输服务在大多数情况下都是由多种运输方式或者是多个企业合作完成的，只有极少数的中短途运输，特别是公路运输由单个运输方式或企业完成。因大多数运输服务有跨地区和运输距离较长的特点，经常要多个地区的多种运输方式及不同的运输企业进行合作才能完成。每一个环节都至关重要，任何一个环节在交接过程中出现问题，都会对运输的最终效果产生影响。如在运输过程中，如果没有保存好货物会影响顾客的满意度。因而构建货运企业的信用机制和相关合作体系非常关键，只有这样才能保障运输过程中能够达到无缝对接。推进多式联运系统一体化、标准化管理需要从服务和效率两个方面着手，统一运输服务需要减少运输中浪费的时间，提高运输效率就必须进行规范化操作。多式联运系统的程序和规范应做到统一化、标准化，如相关收据实行标准化、货运代理商规范等。统一规范的制度可以保障全程化运输服务的整齐有序扩张，将运输工具、运输技术等进行数字化管理，货运代理商的行为规范化管理，由地区代理商向全国性的代理商、全路程的代理商发展，组建相应代理服务网络。

（五）提高交通运输从业人员的总体素质

随着多式联运系统一体化发展格局的初步形成，从事运输行业的人员不断增多。因为货运可以通过多种方式进行运输，如船运、铁路和空运等，各种运输方式都有各自不同的要求。对于行业的准入门槛和人员的服务、技术水平要求也不相同，管理方式也不一样。因而加强对服务人员的管理，对其进行必要的培训是提高从业人员素质的有效方法，也是建设交通运输体系的基础环节。若要提高人们对现代化、智慧型多式联运系统的满意程度，加强交通运输业的发展，人是最基础、最根本的因素。必须努力提高从业人员的水平，全方面地提升服务、技术和管理人员的水平，如政治觉悟和知识技能水平等。加强组织管理，加强对人才的重视程度，提供可靠的培养和选拔方式，使优秀人才可以通过自己的努力得到更多回报，才可以使更多的人愿意为服务多式联运系统的建设而作出贡献，多式联运系统的发展才会更加长久和可持续性。

参 考 文 献

［1］姬江涛，金鑫．小型农业机械模块化设计技术［M］．北京：机械工业出版社，2018.

［2］易高峰．数字经济与创新管理实务［M］．北京：中国经济出版社，2018.

［3］颜阳，王斌，邹均．区块链＋赋能数字经济［M］．北京：机械工业出版社，2018.

［4］张向飞．上海"互联网＋"现代农业建设与实践［M］．上海：上海科学技术出版社，2018.

［5］徐虹．双创环境下京津冀休闲农业与乡村旅游可持续发展研究［M］．北京：中国旅游出版社，2018.

［6］王黎明．互联网＋农业智慧粮食的电商流通营销管理生态圈研究［M］．杭州：浙江工商大学出版社，2018.

［7］兰建平，徐运红．中国数字经济理论与实践［M］．杭州：浙江大学出版社，2017.

［8］曹宏鑫．互联网＋现代农业给农业插上梦想的翅膀［M］．南京：江苏科学技术出版社，2017.

［9］唐珂．互联网＋现代农业的中国实践［M］．北京：中国农业大学出版社，2017.

［10］刘军稳．区块链＋资产数字化［M］．北京：中国经济出版社，2019.

［11］张贵友，李健美．农民增收减负百问百答［M］．广州：广东

人民出版社，2019.

[12] 刘成晨. 半解乡村 [M]. 上海：上海三联书店，2019.

[13] 刘宁波. 产业互联网大变局 [M] 北京：新华出版社，2019.

[14] 谢能付. 智能农业 [M]. 北京：中国铁道出版社，2020.

[15] 周承波，侯传本，左振朋. 物联网智慧农业 [M]. 济南：济南出版社，2020.

[16] 张天柱. 农业嘉年华运营管理 [M]. 北京：中国轻工业出版社，2020.

[17] 曹旭平. 苏州现代农业发展路径研究 [M]. 长春：吉林人民出版社，2020.

[18] 胡德. 武陵山地区农业实用技术 [M]. 重庆：重庆大学出版社，2020.

[19] 陈海生，王文林. 中国南亚热带特色农业研究 [M]. 沈阳：沈阳出版社，2020.

[20] 龙陈锋，方遑，朱幸辉. 智慧农业农村关键技术研究与应用 [M]. 天津：天津大学出版社，2020.

[21] 李睿. 中国古代农业生产与商业化经济研究 [M]. 长春：吉林人民出版社，2020.

[22] 程欣炜. 农业转移人口消费金融结构差异问题研究 [M]. 天津：天津科学技术出版社，2020.

[23] 周培. 现代农业理论与实践 [M]. 上海：上海交通大学出版社，2021.

[24] 李进霞. 近代中国农业生产结构的演变研究 [M]. 厦门：厦门大学出版社，2021.

[25] 周芳. 西藏农业绿色发展指数构建与提升对策研究 [M]. 南京：东南大学出版社，2021

[26] 黄子珩. 农业供应链金融的发展趋势与风险治理研究 [M]. 北京：中国商业出版社，2021.

［27］赵丹丹. 农业生产集聚对粮食生产效率的影响研究［M］. 杭州：浙江大学出版社，2021.

［28］孔令刚. 乡村振兴战略背景下的农业支持保护政策研究［M］. 北京：光明日报出版社，2021.

［29］马丽娟，高万里. 特色农业应用型人才培养与助力乡村振兴战略研究［M］. 西安：陕西科学技术出版社，2021.